SHUI FA

税　　法

何恩良　黄亿红　仇丹虹　主编

中国财经出版传媒集团
中国财政经济出版社

图书在版编目（CIP）数据

税法 / 何恩良，黄亿红，仇丹虹主编. -- 北京：中国财政经济出版社，2019.12
ISBN 978-7-5095-9263-2

Ⅰ.①税… Ⅱ.①何…②黄…③仇… Ⅲ.①税法－中国－教材 Ⅳ.①D922.22

中国版本图书馆 CIP 数据核字（2019）第 212700 号

责任编辑：孙 琛　　　　责任校对：徐艳丽
封面设计：智点创意

中国财政经济出版社 出版
URL：http：//www.cfeph.cn
E-mail：cfeph @ cfemg.cn

社址：北京市海淀区阜成路甲 28 号　邮政编码：100142
营销中心电话：010-88191537
北京财经印刷厂印装　各地新华书店经销
787×1092 毫米　16 开　14.5 印张　350 000 字
2019 年 12 月第 1 版　2019 年 12 月北京第 1 次印刷
定价：45.00 元
ISBN 978-7-5095-9263-2
（图书出现印装问题，本社负责调换）
本社质量投诉电话：010-88190744
打击盗版举报热线：010-88191661　QQ：2242791300

前　言

2011年底，国家决定在上海市启动营业税改征增值税工作，经过近5年"营改增"试点产生了显著效益。2016年3月23日，经国务院批准，财政部和国家税务总局发布了《关于全面推开营业税改征增值税试点的通知》（财税〔2016〕36号），通知决定自2016年5月1日起，在全国范围内全面推开"营改增"改革，将建筑业、房地产业、金融业、生活服务业等全部营业税改为缴纳增值税。2018年8月31日，第十三届全国人民代表大会常务委员会第五次会议修改通过了《中华人民共和国个人所得税法》，自2019年1月1日起施行。2019年3月5日，国务院总理李克强的政府工作报告明确指出，深化增值税改革，将制造业等行业原有16%的税率降至13%，将交通运输业、建筑业等行业现行10%的税率降为9%，确保主要行业税负明显降低。为了适应这些变化，本教材吸收了这一系列税收法律法规改革的最新内容。

本教材由三部分构成：第一部分是税收基础理论，主要介绍税收法律关系、税法要素、税收管理体制等内容；第二部分是实体法，主要介绍增值税法、消费税法、土地增值税法、企业所得税法、个人所得税法、城市维护建设税法、关税法、资源税法、房产税法、印花税法等内容；第三部分是程序法，介绍税收征收管理法的主要内容。具体每章节编写分工如下：第一章、第二章由南昌大学会计系何恩良教授编写；第三章由国家税务总局德庆县税务局苏颖瑶编写；第四章由南昌大学计划财务处卢钱红编写；第五章、第六章由南昌大学会计系黄亿红副教授编写；第七章、第八章由南昌大学会计系仇丹虹副教授编写；第九章的第一、二节由罗振兴编写，第三节由吴烨编写，第四节由孟祥冰编写，第五节由王彤丽编写，第六节由叶丹妮编写；第十章由中国科技大学财务处张伟编写；复习测试题由周琦编写。初稿完成后，经过多次修改后定稿。

本教材编写过程中，我们参考了许多文献资料，在此对这些文献资料的作者表示衷心的感谢！本教材获得南昌大学9166项目资助出版，我们对南昌大学表示感谢！

由于编写者水平有限，书中可能存在不足或者错误，恳请读者批评指正！

编者

2019年9月

前言

目　录

第一章

税法概论

第一节　相关概念

一、税收

税收是政府为了满足社会公共需要，凭借政治权力，按照法律的规定，强制、无偿地取得财政收入的一种形式。税收包括以下三个方面的含义。

（一）税收是国家取得财政收入的一种重要工具

国家要行使职能必须有一定的财政收入作为保障。税收是大部分国家取得财政收入的主要形式。我国自1994年税制改革以来，税收收入占财政收入的比重大多数年份都维持在90%左右。在社会再生产过程中，分配是连接生产与消费的必要环节，在市场经济条件下，分配主要是对社会产品价值的分割。税收是国家参与社会产品价值分配的法定形式，其本质是一种分配关系。

（二）国家征税的依据是政治权力

国家通过征税，将一部分社会产品由纳税人所有转变为国家所有。税收是凭政治权力进行的分配，是马克思主义经典作家的基本观点。马克思指出："赋税是政府机器的经济基础，而不是其他任何东西。"恩格斯在《家庭、私有制和国家起源》中也指出："为了维持这种公共权力，就需要公民缴纳费用——捐税。"国家依据符合宪法的税收法律对公民和法人行使一种请求权，体现的关系即为类似公法上的债权债务关系，即政府依据税法拥有公民和法人某些财产或收入的债权，公民或法人则对政府承担了债务，这种债务即是税收。公民或法人缴纳税收即偿还了债务，以后即拥有了享受政府提供的公共产品的权利，此时税收相当于一种价格，公民和法人与政府应该具有某种等价交换的关系，国家行使请求权的同时，负有向纳税人提供高质有效的公共产品的义务；从纳税人这方面来讲，在享受政府提供的公共产品的同时，也依法负有纳税的义务。在这种等价交换中，税收体现了国家和纳税人之间的对等关系。

（三）国家征税的目的是满足社会公共需要

国家在履行其公共职能的过程中必然要有一定的公共支出。公共产品提供的特殊性决定了公共支出一般情况下不可能由公民个人、企业采取自愿出价的方式，而只能采用由国家（政府）强制征税的方式，由经济组织、单位和个人来负担。国家征税的目的是满足提供社会公共产品的需要，以及弥补市场失灵、促进公平分配等的需要。

二、税法

税法是国家立法机关制定的用以调整国家与纳税人之间在征纳税方面的权利及义务关系的法律规范的总称。税法构建了国家及纳税人依法征税、依法纳税的行为准则体系，其目的是保障国家利益和纳税人的合法权益，维护正常的税收秩序，保证国家的财政收入。其内容主要包括各税种的法律法规以及为了保证这些税法得以实施的税收征管制度。

税法具有义务性法规和综合性法规的特点。首先，税法属于义务性法规，以规定纳税人的义务为主，但并不是指税法没有规定纳税人的权利，而是指纳税人的权利是建立在其纳税义务的基础之上，处于从属地位。其次，税法的另一特点是具有综合性，它是由一系列单行税收法律法规及行政规章制度组成的体系，其内容涉及课税的基本原则、征纳双方的权利和义务、税收管理规则、法律责任、解决税务争议的法律规范等。税法的本质是正确处理国家与纳税人之间因税收而产生的税收法律关系和社会关系，既要保证国家税收收入，也要保护纳税人的权利。

三、税收法律关系

税收法律关系是税法所确认和调整的国家与纳税人之间、国家与国家之间以及各级政府之间在税收分配过程中形成的权利与义务关系。

（一）税收法律关系的构成

税收法律关系与其他法律关系一样，是由税收法律关系的主体、客体和内容三方面构成。但在三方面的内涵上，税收法律关系又具有一定的特殊性。

1. 税收法律关系的主体

在我国，税收法律关系的主体包括征纳双方，一方是代表国家行使征税职责的国家行政机关，包括国家各级税务机关和海关；另一方是履行纳税义务的人，包括法人、自然人和其他组织，在华的外国企业、组织、外籍人、无国籍人，以及在华虽然没有机构、场所但有来源于中国境内所得的外国企业或组织。

2. 税收法律关系的客体

客体即税收法律关系主体的权利、义务所共同指向的对象，也就是征税对象。比如所得税法律关系客体就是生产经营所得和其他所得。税收法律关系客体也是国家利用税收杠杆调整和控制的目标。

3. 税收法律关系的内容

税收法律关系的内容就是主体所享有的权利和所应承担的义务，这是税收法律关系中最实质的东西，也是税法的灵魂。它规定权利主体可以有什么行为，不可以有什么行为，若违反了这些规定，须承担相应的法律责任。

（二）税收法律关系的产生、变更与消灭

税收法律关系的产生、变更与消灭必须有能够引起税收法律关系产生、变更或消灭的客观情况，也就是税收法律事实。税收法律事实可分为税收法律事件和税收法律行为，税收法律事件是指不以税收法律关系权力主体的意志为转移的客观事件。例如，自然灾害可以导致税收减免，从而改变税收法律关系内容的变化。税收法律行为是指税收法律关系主体在正常意志支配下做出的活动。例如，纳税人开业经营即产生税收法律关系，纳税人转业或停业就会造成税收法律关系的变更或消灭。

（三）税收法律关系的保护

税收法律关系是同国家利益及企业和个人的权益相联系的。保护税收法律关系，实质上就是保护国家正常的经济秩序、保障国家财政收入、维护纳税人的合法权益。税收法律关系的保护形式和方法是很多的，税法中关于限期纳税、征收滞纳金和罚款的规定，《刑法》对构成逃税、抗税罪给予刑罚的规定，以及税法中对纳税人不服税务机关征税处理决定，可以申请复议或提出诉讼的规定等都是对税收法律关系的直接保护。税收法律关系的保护对权利主体双方是平等的，不能只对一方保护，而对另一方不予保护。

四、税法种类

税法按基本内容和效力、职能作用的不同，可分为不同类型。

（一）按照税法的基本内容和效力的不同，可分为税收基本法和税收普通法

税收基本法也称税收通则，是税法体系的主体和核心，在税法体系中起着税收母法的作用。其基本内容一般包括税收制度的性质、税务管理机构、税收立法与管理权限、纳税人的基本权利与义务、征税机关的权利和义务、税种设置等。我国目前还没有制定统一的税收基本法。税收普通法是根据税收基本法的原则，对税收基本法规定的事项分别立法实施的法律。如个人所得税法、税收征收管理法等。

（二）按照税法的职能作用的不同，可分为税收实体法和税收程序法

1. 税收实体法

税收实体法主要是指确定税种的要素，具体规定各税种的征收对象、税率、纳税地点等。中华人民共和国现行税收实体法大致分为以下五类：

（1）商品（货物）和劳务税类。包括增值税、消费税，主要在生产、流通或者服务业中发挥调节作用。

（2）所得税类。包括企业所得税、个人所得税、土地增值税，主要是在国民收入形成后，对生产经营者的利润和个人的纯收入发挥调节作用。

（3）财产和行为税类。包括房产税、车船税、印花税、契税，主要是对某些财产和行为发挥调节作用。

（4）资源和环境保护税类。包括资源税、环境保护税、城镇土地使用税和耕地占用税，

主要是对因开发和利用自然资源差异而形成的级差收入发挥调节作用。

(5) 特定目的税类。包括城市维护建设税、关税、车辆购置税、船舶吨税和烟叶税，主要是为了达到特定目的，对特定对象和特定行为发挥调节作用。

上述税种一共有18个，其中进口的增值税和消费税、关税和船舶吨税由海关负责征收管理，其他税种由税务机关负责征收管理。

2. 税收程序法

税收程序法是指税务管理方面的法律，主要包括税收管理法、纳税程序法、发票管理法、税务机关组织法、税务争议处理法等。例如，《税收征收管理法》就属于税收程序法。

第二节 税法原则

税法原则是税收法律制度建立的基础。税法原则包括税法基本原则和税法适用原则。

一、税法基本原则

税法基本原则是统领所有税收规范的根本准则，为包括税收立法、执法、司法在内的一切税收活动所必须遵守。

(一) 税收法定原则

税收法定原则是税法基本原则中的核心。税收法定原则又称为税收法定主义，是指税法主体的权利义务必须由法律加以规定，税法的各类构成要素皆必须且只能由法律予以明确。税收法定主义贯穿税收立法和执法的全部领域，其内容包括税收要件法定原则和税务合法性原则。

税收要件法定原则是指有关纳税人、课税对象、课税标准等税收要件必须以法律形式作出规定，且有关课税要素的规定必须尽量明确。比如，国家对其开征的任何税种都必须由法律对其进行专门确定才能实施；国家对任何税种征税要素的变动都应当按相关法律的规定进行。

税务合法性原则是指税务机关按法定程序依法征税，不得随意减征、停征或免征，无法律依据不征税。

(二) 税收公平原则

一般认为税收公平原则包括税收横向公平和纵向公平，即税收负担必须根据纳税人的负担能力分配，负担能力相等，税负相同；负担能力不等，税负不同。税收公平原则源于法律上的平等性原则，禁止对特定纳税人给予歧视性对待，也禁止在没有正当理由的情况下对特定纳税人给予特别优惠。

(三) 税收效率原则

税收效率原则包含经济效率和行政效率两方面。前者要求税法的制定要有利于资源的有效配置和经济体制的有效运行，后者要求提高税收行政效率，节约税收征管成本。

（四）实质课税原则

实质课税原则指应根据客观事实确定是否符合课税要件，并根据纳税人的真实负担能力决定纳税人的税负。

二、税法适用原则

税法适用原则是指税务行政机关和司法机关运用税收法律规范解决具体问题所必须遵循的准则。税法适用原则并不违背税法基本原则，与其相比，税法适用原则含有更多的法律技术性准则，更为具体化。

（一）法律优位原则

法律优位原则是指法律的效力高于行政立法的效力。法律优位原则明确了税收法律的效力高于税收行政法规的效力，税收行政法规的效力优于税收行政规章的效力。效力低的税法与效力高的税法发生冲突，效力低的税法即是无效的。

（二）法律不溯及既往原则

法律不溯及既往原则是指一部新法实施后，对新法实施之前人们的行为不得适用新法，而只能沿用旧法。在税法领域内坚持这一原则，目的在于维护税法的稳定性和可预测性，使纳税人能在知道纳税结果的前提下作出相应的经济决策，税收的调节作用才会较为有效。

（三）新法优于旧法原则

新法优于旧法原则是指新法、旧法对同一事项有不同规定时，新法的效力优于旧法。其作用在于避免因法律修订带来新法、旧法对同一事项有不同的规定而引起法律适用的混乱，为法律的更新与完善提供法律适用上的保障。新法优于旧法原则在税法中普遍适用。

（四）特别法优于普通法原则

特别法优于普通法原则是指对同一事项两部法律分别定有一般和特别规定时，特别规定的效力高于一般规定的效力。特别法优于普通法原则打破了税法效力等级的限制，即居于特别法地位的级别较低的税法，其效力可以高于作为普通法的级别较高的税法。

（五）实体从旧、程序从新原则

该原则包括两个方面的含义：一是实体税法不具备溯及力。即以纳税义务发生时的税法规定为准，实体性的税法规定不具有向前的溯及力；二是程序性税法在特定条件下具备一定的溯及力。即对于新税法公布实施之前发生，却在新税法公布实施之后进入税款征收程序的纳税义务，原则上新税法具有约束力。

（六）程序优于实体原则

程序优于实体原则是关于税收争议诉讼的原则，即在税收诉讼发生时税收程序法优于税收实体法。适用这一原则，是为了确保不因税收争议发生而影响税款的及时、足额入库。

第三节 税法要素

税法要素是指各种单行税法具有的共同的基本要素的总称。税法要素一般包括总则、纳税义务人、征税对象（税目）、税率、纳税环节、纳税期限、纳税地点、减税免税、罚则、附则等。

一、总则

总则主要包括立法依据、立法目的、适用原则等。如《耕地占用税条例》规定，“为了合理利用土地资源，加强土地管理，保护农用耕地，特制定本条例。”此条突出了该条例的立法目的。

二、纳税义务人

纳税义务人又叫纳税主体，是税法规定的直接负有纳税义务的单位和个人。纳税人有两种基本形式：自然人和法人。法人是基于法律规定享有权利能力和行为能力，具有独立的财产和经费，依法独立承担民事责任的社会组织。我国的法人主要有四种：机关法人、事业法人、企业法人和社团法人。自然人可划分为居民纳税人、非居民纳税人、个体经营者和其他个人等。

三、征税对象

征税对象又叫课税对象、征税客体，是指税法规定的对什么征税，也是征纳税双方权利义务共同指向的客体或标的物。如消费税的征税对象是《消费税条例》所列举的应税消费品，房产税的征税对象是房屋。征税对象是税法最基本的要素。与课税对象相关的两个基本概念：税目和税基。

（一）税目

税目是在税法中对征税对象分类规定的具体项目，反映具体的征税范围，是对课税对象质的界定。并非所有税种都需规定税目，有些税种不分课税对象的具体项目，一律按照课税对象的应税数额采用同一税率计征税款，如企业所得税。有些税种具体课税对象比较复杂，需要规定税目，如消费税，规定有不同的税目。

（二）税基

税基又叫计税依据，是计算征税对象应纳税款的直接数量依据，是对课税对象的量的规定。计税依据按照计量单位的性质划分，有两种基本形态：价值形态和物理形态。价值形态包括应纳税所得额、销售收入、营业收入等；物理形态包括面积、体积、容积、重量等。以价值形态作为税基，称为从价计征（即按征税对象的货币价值计算）。以物理形态作为税基，称为从量计征（即按征税对象的自然单位计算），如城镇土地使用税的税基为占用土地的面积。

四、税率

税率是对征税对象的征收比例或征收程度。税率是计算税额的尺度，也是衡量税负轻重与否的重要标志。我国现行的税率形式主要有比例税率、定额税率和累进税率等。

（一）比例税率

比例税率是对同一征税对象，不分数额大小，规定相同的征收比例。如我国的增值税、城市维护建设税、企业所得税等采用的是比例税率。比例税率又可分为三种具体形式：

1. 单一比例税率，是指对同一征税对象的所有纳税人都适用同一比例税率。

2. 差别比例税率，是指对同一征税对象的不同纳税人适用不同的比例征税。我国现行包括：（1）产品差别比例税率，即对不同产品分别适用不同的比例税率，如消费税；（2）行业差别比例税率，即对不同行业分别适用不同的比例税率，如增值税；（3）地区差别比例税率，即区分不同的地区分别适用不同的比例税率，如城市维护建设税。

3. 幅度比例税率，是指对同一征税对象，税法只规定最低税率和最高税率，各地区在该幅度内自行确定具体适用的比例税率。

（二）定额税率

定额税率是按征税对象确定的计算单位，直接规定一个固定的税额。目前采用定额税率的有城镇土地使用税和车船税等。

（三）累进税率

累进税率是指随着征税对象数量增大而随之提高的税率，即按征税对象数额（比率）的大小划分为若干等级，不同等级的课税数额（比率）分别适用不同的税率，课税数额（比率）越大，适用税率越高。累进税率一般在所得课税中使用，可以充分体现对纳税人收入多的多征、收入少的少征、无收入的不征的税收原则，从而有效地调节纳税人的收入，正确处理税收负担的公平问题。

1. 超额累进税率

超额累进税率指把征税对象按数额的大小分成若干等级，每一等级规定一个税率，税率依次提高，但每一纳税人的征税对象则依所属等级同时适用几个税率分别计算，将计算结果相加后得出应纳税款，如个人所得税的“工资薪金所得”税目就是采用这种税率。

2. 超率累进税率

超率累进税率是以征税对象数额的相对率（称为“比率”）划分若干级距，分别规定相应的差别税率，比率每超过一个级距的，对超过的部分就按高一级的税率计算征税。土地增值税就是采用这种税率。

五、纳税环节

纳税环节是指税法规定的征税对象在从生产到消费的流转过程中应当缴纳税款的环节。如流转税在生产和流通环节纳税、所得税在分配环节纳税等。

考虑到税收对经济的影响、财政收入的需要以及税收征管的能力等因素，国家常常对在商品流转过程中所征税种规定不同的纳税环节。按照某种税征税环节的多少，可以将税种划分为一次课征制或多次课征制。合理选择纳税环节，对加强税收征管、有效控制税源、保证国家财政收入的及时、稳定、可靠，方便纳税人生产经营活动和财务核算，灵活机动地发挥税收调节经济的作用，具有十分重要的理论和实践意义。

六、纳税期限

纳税期限是指税法规定的关于税款缴纳时间即纳税时限方面的限定。

税法关于纳税时限的规定，有三个相关概念：一是纳税义务发生时间。纳税义务发生时间是指应税行为发生的时间。如增值税暂行条例规定采取预收货款方式销售货物的，其纳税义务发生时间为货物发出的当天；二是纳税期限，纳税人每次发生纳税义务后，不可能马上去缴纳税款。税法规定了每种税的纳税期限，即每隔固定时间汇总一次纳税义务的时间。如增值税条例规定，增值税的具体纳税期限分别为 1 日、3 日、5 日、10 日、15 日、1 个月或者 1 个季度。纳税人的具体纳税期限，由主管税务机关根据纳税人应纳税额的大小分别核定；三是缴库期限，即税法规定的纳税期满后，纳税人将应纳税款缴入国库的期限。如增值税暂行条例规定，纳税人以 1 个月或者 1 个季度为 1 个纳税期的，自期满之日起 15 日内申报纳税。

七、纳税地点

纳税地点是指根据各个税种纳税对象的纳税环节和有利于对税款的源泉控制而规定的纳税人（包括代征、代扣、代缴义务人）的具体申报缴纳税收的地方。

八、减税免税

减税免税是对某些纳税人和征税对象采取减少征税或者免予征税的特殊规定。

九、罚则

罚则主要是指对纳税人违反税法的行为采取的处罚措施。

十、附则

附则一般都规定与该法紧密相关的内容，如税法的解释权、生效时间等。

第四节 税务主体权利与义务

一、征税主体的权利与义务

目前由税务机关征收的税种适用《税收征收管理法》，在该项法规中主要规定了在税收征收管理中，税务机关和纳税人的权利与义务。《税收征收管理法》第一条规定：“为了加强税收征收管理，规范税收征收和缴纳行为，保障国家税收收入，保护纳税人的合法权益，促进经济和社会发展，制定本法。”《税收征收管理法》第五条规定：“国务院税务主管部门主管全国税收征收管理工作。各地国家税务局和地方税务局应当按照国务院规定的税收征收管理范围分别进行征收管理。”《税收征收管理法》明确了税务行政主体是税务机关及税务人员。税务机关和税务人员的权利与义务具体如下：

（一）税务机关和税务人员的权利

1. 负责税收征收管理工作。

2. 税务机关依法执行职务，任何单位和个人不得阻挠。

（二）税务机关和税务人员的义务

1. 税务机关应当广泛宣传税收法律、行政法规，普及纳税知识，无偿地为纳税人提供纳税咨询服务。

2. 税务机关应当加强队伍建设，提高税务人员的政治业务素质。

3. 税务机关、税务人员必须秉公执法、忠于职守、清正廉洁、礼貌待人、文明服务，尊重和保护纳税人、扣缴义务人的权利，依法接受监督。

4. 税务人员不得索贿受贿、徇私舞弊、玩忽职守，不征或者少征应征税款；不得滥用职权多征税款或者故意刁难纳税人和扣缴义务人。

5. 各级税务机关应当建立、健全内部制约和监督管理制度。

6. 上级税务机关应当对下级税务机关的执法活动依法进行监督。

7. 各级税务机关应当对其工作人员执行法律、行政法规和廉洁自律准则的情况进行监督检查。

8. 税务机关负责征收、管理、稽查，行政复议人员的职责应当明确，并相互分离、相互制约。

9. 税务机关应为检举人保密，并按照规定给予奖励。

10. 税务人员在核定应纳税额、调整税收定额、进行税务检查、实施税务行政处罚、办理税务行政复议时，与纳税人、扣缴义务人或者其法定代表人、直接责任人有下列关系之一的，应当回避：（1）夫妻关系；（2）直系血亲关系；（3）三代以内旁系血亲关系；（4）近姻亲关系；（5）可能影响公正执法的其他利益关系。

二、纳税主体的权利与义务

（一）纳税人、扣缴义务人的权利

1. 纳税人、扣缴义务人有权向税务机关了解国家税收法律、行政法规的规定以及与纳税程序有关的情况。

2. 纳税人、扣缴义务人有权要求税务机关为纳税人、扣缴义务人的情况保密。保密是指纳税人、扣缴义务人的商业秘密及个人隐私。纳税人、扣缴义务人的税收违法行为不属于保密范围。

3. 纳税人依法享有申请减税、免税、退税的权利。

4. 纳税人、扣缴义务人对税务机关所做出的决定，享有陈述权、申辩权；依法享有申请行政复议、提起行政诉讼、请求国家赔偿等权利。

5. 纳税人、扣缴义务人有权控告和检举税务机关、税务人员的违法违纪行为。

（二）纳税人、扣缴义务人的义务

1. 纳税人、扣缴义务人必须依照法律、行政法规的规定纳税和代扣代缴、代收代缴税款。

2. 纳税人、扣缴义务人应当按照国家有关规定如实向税务机关提供与纳税和代扣代缴、代收代缴税款有关的信息。

3. 纳税人、扣缴义务人应当接受税务机关依法进行的税务检查。

三、地方各级人民政府、有关部门和单位的权利与义务

（一）地方各级人民政府、有关部门和单位的权利

1. 地方各级人民政府应当依法加强对本行政区域内税收征收管理工作的领导或者协调，支持税务机关依法执行职务。

2. 各有关部门和单位应当支持、协助税务机关依法执行职务。

3. 任何单位和个人都有权检举违反税收法律、行政法规的行为。

（二）地方各级人民政府、有关部门和单位的义务

1. 任何机关、单位和个人不得违反法律、行政法规的规定，擅自作出税收开征、停征以及减税、免税、退税、补税和其他与税收法律、行政法规相抵触的决定。

2. 收到违反税收法律、行政法规行为检举的机关和负责查处的机关应当为检举人保密。

第五节　税收立法与执法

一、税收立法

税收立法是指有权的机关依据一定的程序，遵循一定的原则，运用一定的技术，制定、公布、修改、补充和废止有关税收法律、法规、规章的活动。税收立法是税法实施的前提，有法可依，有法必依，执法必严，违法必究，是税收立法与税法实施过程中必须遵循的基本原则。

（一）税收立法原则

税收立法原则是指在税收立法活动中必须遵循的准则。我国的税收立法原则是根据我国的社会性质和具体国情确定的，是立法机关根据社会经济活动、经济关系，特别是税收征纳双方的特点确定的，并贯穿于税收立法工作始终的指导方针。税收立法主要应遵循以下几个原则：

1. 从实际出发的原则

这个原则要求税收立法必须客观反映一定时期国家、社会、政治、经济等各方面的实际情况，既不能被某些条条框框束缚，也不能盲目抄袭别国的立法模式。从中国国情出发，充分尊重经济社会发展规律和税收分配理论。

2. 公平原则

所谓公平，就是要体现合理负担原则。在市场经济体制下，参加市场竞争的各个主体需要有一个平等竞争的环境，而税收的公平是实现平等竞争的重要条件。公平主要体现在：负担能力大的应多纳税，负担能力小的应少纳税，没有负担能力的不纳税；不同地区、不同行业间及多种经济成分之间的实际税负必须尽可能公平。

3. 民主决策的原则

民主决策的原则主要指税收立法过程中必须充分倾听群众的意见，严格按照法定程序进行，确保税收法律能体现广大群众的根本利益。坚持这个原则，要求税收立法的主体应以人民代表大会及其常务委员会为主，按照法定程序进行；对税收法案的审议，要进行充分的辩论，倾听各方面意见；税收立法过程要公开化，让广大公众及时了解税收立法的全过程。

4. 原则性与灵活性相结合的原则

这个原则要求法制的统一性与因时、因地制宜相结合。法制的统一性，表现在税收立法权只能由国家最高权力机关来行使，各地区、各部门不能擅自制定违背国家法律的“土政策”“土规定”。但是，我国又是一个幅员辽阔、人口众多、多民族的国家，各地区的经济文化发展水平不平衡，因而对不同地区不能强求一样。因此，为了照顾不同地区特别是少数民族地区不同的情况和特点，为了充分发挥地方的积极性，在某些情况下允许地方在遵守国家法律、法规的前提下，制定适合当地的实施办法等。

（二）税收立法权

1. 全国性税种的立法权，即包括全部中央税、中央与地方共享税和在全国范围内征收的地方税税法的制定、公布和税种的开征、停征权，税收征收管理制度基本制度的设立属于全国人民代表大会（以下简称全国人大）及其常务委员会（以下简称常委会）。

2. 经全国人大及其常委会授权，全国性税种可先由国务院以“条例”或“暂行条例”的形式发布施行。经过一段时间后，再行修订并通过立法程序，由全国人大及其常委会正式立法。

3. 经全国人大及其常委会授权，国务院有制定税法实施细则、增减税目和调整税率的权力。

4. 经全国人大及其常委会的授权，国务院有税法的解释权；经国务院授权，国家税务主管部门有税收条例的解释权和制定税收条例实施细则的权力。

5. 经国务院授权，省级人民政府有本地区地方税法的解释权和制定税法实施细则、调整税目、税率的权力，也可在上述规定的前提下，制定一些税收征收办法，还可以在全国性地方税条例规定的幅度内，确定本地区适用的税率或税额。上述权力除税法解释权外，在行使后和发布实施前须报国务院备案。

地区性地方税收的立法权应只限于省级立法机关或经省级立法机关授权同级政府，不能层层下放。所立税法可在全省（自治区、直辖市）范围内执行，也可只在部分地区执行。

（三）税收立法机关

根据我国《宪法》《全国人民代表大会组织法》《国务院组织法》《立法法》以及《地方各级人民代表大会和地方各级人民政府组织法》的规定，我国的立法体制是：全国人民代表大会及其常务委员会行使立法权，制定法律；国务院及所属各部委，有权根据宪法和法律制定行政法规和规章；地方人民代表大会及其常务委员会，在不与宪法、法律、行政法规抵触的前提下，有权制定地方性法规，但要报全国人大常委会和国务院备案；民族自治地方的人大有权依照当地民族政治、经济和文化的特点，制定自治条例和单行条例。

1. 全国人民代表大会和全国人大常委会

《宪法》第五十八条规定："全国人民代表大会和全国人民代表大会常务委员会行使国家立法权。"上述规定确定了我国税收法律的立法权由全国人大及其常委会行使，其他任何机关都没有制定税收法律的权力。在现行税法中，如《企业所得税法》《个人所得税法》《税收征收管理法》都是税收法律。除《宪法》外，在税法体系中，税收法律具有最高的法律效力，其他各级有权机关制定的税收法规、规章，都不得与《宪法》和税收法律相抵触。

2. 国务院

国务院作为最高国家权力机关的执行机关，是最高的国家行政机关，拥有广泛的行政立法权。我国《宪法》规定，国务院可"根据宪法和法律，规定行政措施，制定行政法规，发布决定和命令"。

授权立法与制定行政法规不同。授权立法是指全国人民代表大会及其常务委员会根据需要授权国务院制定某些具有法律效力的暂行规定或者条例，如增值税、消费税、资源税、土地增值税等暂行条例。国务院经授权立法所制定的规定或条例等，具有国家法律的性质和地位，它的法律效力高于行政法规，在立法程序上还需报全国人大常委会备案。行政法规作为一种法律形式，在中国法律形式中处于低于宪法、法律和高于地方法规、部门规章、地方规章的地位，如国务院发布的《企业所得税法实施条例》《税收征收管理法实施细则》等，都是税收行政法规，也是在全国范围内普遍适用的。

3. 国务院税务主管部门

《宪法》第九十条规定："国务院各部、各委员会根据法律和国务院的行政法规、决定、命令，在本部门的权限内，发布命令、指示和规章。"有权制定税收部门规章的税务主管机关是财政部、国家税务总局及海关总署。其制定规章的范围包括对有关税收法律、法规的具体解释、税收征收管理的具体规定、办法等，税收部门规章在全国范围内具有普遍适用效力，但不得与税收法律、行政法规相抵触。如财政部颁发的《增值税暂行条例实施细则》、国家税务总局颁发的《税务代理试行办法》等都属于税收部门规章。

4. 地方人民代表大会及其常委会

根据《地方各级人民代表大会和地方各级人民政府组织法》的规定，省、自治区、直辖市的人民代表大会以及省、自治区的人民政府所在地的市和经国务院批准的较大的市人民代表大会有制定地方性法规的权力。目前，除了海南省、民族自治地区按照全国人大授权立法规定，在遵循宪法、法律和行政法规的原则基础上，可以制定有关税收的地方性法规外，其他省、市一般都无权自定税收地方性法规。

5. 地方政府

《地方各级人民代表大会和地方各级人民政府组织法》规定："省、自治区、直辖市以及省、自治区的人民政府所在地的市和国务院批准的较大的市的人民政府，可以根据法律和国务院的行政法规，制定规章。"没有税收法律、法规的授权，地方政府是无权自定税收规章的，如国务院发布实施的城市维护建设税、房产税等地方性税种暂行条例，都规定了省、自治区、直辖市人民政府可根据条例制定实施细则。

（四）税收立法程序

税收立法程序是指有权的机关，在制定、认可、修改、补充、废止等税收立法活动中，必须遵循的法定步骤和方法。目前我国税收立法程序主要包括以下几个阶段：

1. 提议阶段。无论是税法的制定，还是税法的修改、补充和废止，一般由国务院授权其税务主管部门（财政部、国家税务总局及海关总署）负责立法的调查研究等准备工作，并提出税法草案，上报国务院。

2. 审议阶段。税收法规由国务院负责审议。税收法律在经国务院审议通过后，以议案的形式提交全国人民代表大会常务委员会的有关工作部门，在广泛征求意见并做修改后，提交全国人民代表大会或其常务委员会审议通过。

3. 通过和公布阶段。税收行政法规，由国务院审议通过后，以国务院总理名义发布实施。税收法律，在全国人民代表大会或其常务委员会开会期间，先听取国务院关于制定税法议案的说明，然后经过讨论，以绝对多数的方式通过后，以国家主席名义发布实施。

二、税收执法

税法的执行包括税收执法及守法两个方面：一方面要求税务机关及税务人员正确运用税收法律，并对违法者实施制裁；另一方面要求税务机关、税务人员、公民、法人、社会团体及其他组织严格遵守税收法律。

税收执法权和行政管理权是国家赋予税务机关的基本权力。其中税收执法权是指税收机关依法征收税款，依法进行税收管理活动的权力，具体包括税款征收管理权、税务检查权、税务稽查权、税务行政复议裁决权及其他税务管理权。

（一）税务机构设置

2018 年，根据我国经济和社会发展的需要，对国家税收征管体制进行了改革。现行税务机构设置是中央政府设立国家税务总局（正部级），地方政府统一设置省、市、县三级税务局，实行以国家税务总局为主与省（自治区、直辖市）人民政府双重领导管理体制。另外，由海关总署及下属机构负责关税征收管理和受托征收进出口增值税、消费税等税收。

国家税务总局主要职能是：

1. 具体起草税收法律法规草案及实施细则并提出税收政策建议，与财政部共同上报和下发，制定贯彻落实的措施。负责对税收法律法规执行过程中的征管和一般性税政问题进行解释，事后向财政部备案。

2. 承担组织实施中央税、共享税及法律法规规定的基金（费）的征收管理责任，力争税款应收尽收。

3. 参与研究宏观经济政策、中央与地方的税权划分并提出完善分税制的建议，研究税负总水平并提出运用税收手段进行宏观调控的建议。

4. 负责组织实施税收征收管理体制改革，起草税收征收管理法律法规草案并制定实施细则，制定和监督执行税收业务、征收管理的规章制度，监督检查税收法律法规、政策的贯彻执行，指导和监督地方税务工作。

5. 负责规划和组织实施纳税服务体系建设，制定纳税服务管理制度，规范纳税服务行为，制定和监督执行纳税人权益保障制度，保护纳税人合法权益，履行提供便捷、优质、高效纳税服务的义务，组织实施税收宣传，拟订注册税务师管理政策并监督实施。

6. 组织实施对纳税人进行分类管理和专业化服务，组织实施对大型企业的纳税服务和税源管理。

7. 负责编报税收收入中长期规划和年度计划，开展税源调查，加强税收收入的分析预测，组织办理税收减免等具体事项。

8. 负责制定税收管理信息化制度，拟订税收管理信息化建设中长期规划，组织实施金税工程建设。

9. 开展税收领域的国际交流与合作，参加国家（地区）间税收关系谈判，草签和执行有关的协议、协定。

10. 办理进出口商品的税收及出口退税业务。

11. 对全国国税系统实行垂直管理，协同省级人民政府对省级地方税务局实行双重领导，对省级地方税务局局长任免提出意见。

12. 承办国务院交办的其他事项。

（二）税收收入划分

根据国务院关于实行分税制财政管理体制的规定，我国的税收收入分为中央政府固定收入、地方政府固定收入和中央政府与地方政府共享收入。

1. 中央政府固定收入包括消费税（含进口环节海关代征的部分）、车辆购置税、关税、海关代征的进口环节增值税等。

2. 地方政府固定收入包括城镇土地使用税、耕地占用税、土地增值税、房产税、车船税、契税、环境保护税和烟叶税等。

3. 中央政府与地方政府共享收入主要包括：

（1）增值税（不含进口环节由海关代征的部分）：中央政府分享50%，地方政府分享50%。

（2）企业所得税：中国铁路总公司、各银行总行及海洋石油企业缴纳的部分归中央政府，其余部分中央与地方政府按60%与40%的比例分享。

（3）个人所得税：除储蓄存款利息所得的个人所得税外，其余部分的分享比例与企业所得税相同。

（4）资源税：海洋石油企业缴纳的部分归中央政府，其余部分归地方政府。

（5）城市维护建设税：中国铁路总公司、各银行总行、各保险总公司集中缴纳的部分归中央政府，其余部分归地方政府。

（6）印花税：证券交易印花税收入归中央政府，其他印花税收入归地方政府。

（三）税务检查

税务检查是税务机关依据国家的税收法律、法规对纳税人等管理相对人履行法定义务的情况进行审查、监督的执法活动。有效的税务检查可以抑制不法纳税人的侥幸心理，提高税法的威慑力，减少税收违法犯罪行为，保证国家收入，维护税收公平与合法纳税人的合法利益。

1. 经常性检查。税务机关为取得确定税额所需资料，证实纳税人纳税申报的真实性与准确性而进行的经常性检查，其依据是税法赋予税务机关的强制行政检查权。

2. 特别调查。为打击税收违法犯罪而进行的特别调查，它可以分为行政性调查和刑事调查两个阶段。行政性调查属于税务检查权范围之内，在纳税人有违反税法的刑事犯罪嫌疑的情况下（即调查的刑事性质确定后），案件应开始适用刑事调查程序。

（四）税务稽查

税务稽查是税务机关依法对纳税人、扣缴义务人履行纳税义务、扣缴义务情况所进行的税务检查和处理工作的总称。税务稽查权是税收执法权的一个重要组成部分，也是整个国家行政监督体系中的一种特殊的监督权行使形式。

根据相关法律规定，税务稽查的基本任务是：依照国家税收法律、法规，查处税收违法行为、保障税收收入、维护税收秩序、促进依法纳税、保证税法的实施。税务稽查必须以事实为根据，以税收法律、法规、规章为准绳，依靠人民群众，加强与司法机关及其他有关部门的联系和配合。各级税务机关设立的税务稽查机构应按照各自的税收管辖范围行使税务稽查职能。

（五）税务行政处罚

税务行政处罚是指公民、法人或者其他组织有违反税收征收管理秩序的违法行为，尚未构成犯罪，依法应当承担行政责任的，由税务机关给予行政处罚。税务行政处罚的实施主体主要是县以上的税务机关。

1. 税务行政处罚的种类

根据税法的规定，现行税务行政处罚主要有以下几种：（1）罚款；（2）没收财物违法所得；（3）停止出口退税权；（4）法律、法规和规章规定的其他行政处罚。

2. 税务行政处罚的程序

税务行政处罚的程序分为简易程序和一般程序。

税务行政处罚的简易程序是指税务机关及其执法人员对于公民、法人或者其他组织违反税收征收管理秩序的行为，当场作出税务行政处罚决定的行政处罚程序。简易程序的适用条件：一是案情简单、事实清楚、违法后果比较轻微且有法定依据应当给予处罚的违法行为；二是给予的处罚较轻，仅适用于对公民处以50元以下和对法人或者其他组织处以1000元以下罚款的违法案件。

除了适用简易程序的税务违法案件外，对于其他违法案件，税务机关在作出处罚决定之前都要经过立案、调查取证（有的案件还要举行听证）、审查、决定、执行程序。适用一般程序的案件一般是情节比较复杂、处罚比较重的案件。

3. 税务行政处罚的执行

税务机关作出行政处罚决定后，应当依法送达当事人执行。税务行政处罚的执行是指税务机关依法作出的行政处罚决定的活动。税务机关依法作出行政处罚决定后，当事人应当在行政处罚决定规定的期限内，予以履行。当事人在法定期限内不申请复议又不起诉，并且在规定期限内又不履行的，税务机关可以依法强制执行或者申请法院强制执行。

税务机关对当事人作出罚款行政处罚决定的，当事人应当在收到行政处罚决定书之日起15日内缴纳罚款，到期不缴纳的，税务机关可以对当事人每日按罚款数额3%加处罚款。

（六）税务行政复议

税务行政复议是指当事人（纳税人、扣缴义务人、纳税担保人及其他税务当事人）不服税务机关及其工作人员作出的税务具体行政行为，依法向上一级税务机关（复议机关）提出申请，复议机关经审理对原税务机关具体行政行为依法作出维持、变更、撤销等决定的活动。税务行政复议是我国行政复议制度的一个重要组成部分。

1. 税务行政复议机构和人员

各级行政复议机关可以成立行政复议委员会，研究重大、疑难案件，提出处理建议。行政复议委员会可以邀请本机关以外的具有相关专业知识的人员参加。

行政复议工作人员应当具备与履行行政复议职责相适应的品行、专业知识和业务能力，并取得行政复议法实施条例规定的资格。

2. 税务行政复议范围

行政复议机关受理申请人对税务机关下列具体行政行为不服提出的行政复议申请。

（1）征税行为，包括确认纳税主体、征税对象、征税范围、税率、税收优惠、税款征收方式等具体行政行为。

（2）行政许可、行政审批行为。

（3）发票管理行为，包括发售、收缴、代开发票等。

（4）税收保全措施、强制执行措施。

（5）行政处罚行为，包括罚款、没收财物和违法所得、停止出口退税权等。

（6）不依法履行职责的行为，包括颁发税务登记、出具完税凭证、外出经营活动税收管理证明、行政赔偿或行政奖励等。

（7）资格认定行为。

（8）不依法确认纳税担保行为。

（9）政府信息公开工作中的具体行政行为。

（10）纳税信用等级评定行为。

（11）通知出入境管理机关阻止出境行为。

（12）其他具体行政行为。

3. 税务行政复议申请

申请人可以在知道税务机关作出具体行政行为之日起60日内提出行政复议申请。申请人对“征税行为”的行为不服的，应当先向行政复议机关申请行政复议；对行政复议决定不服的，可以向人民法院提起行政诉讼。申请人对“征税行为”以外的其他具体行政行为不服，可以申请行政复议，也可以直接向人民法院提起行政诉讼。

4. 税务行政复议证据

行政复议证据种类包括：书证；物证；视听资料；电子数据；证人证言；当事人陈述；鉴定意见；勘验笔录、现场笔录。

在行政复议中，被申请人对其作出的具体行政行为负有举证责任。行政复议机关应当依法全面审查相关证据。行政复议机关审查行政复议案件，应当以证据证明的案件事实为依据。定案证据应当具有合法性、真实性和关联性。

（七）税务行政诉讼

税务行政诉讼是指公民、法人和其他组织认为税务机关及其工作人员的具体税务行政行为违法或者不当，侵犯了其合法权益，依法向人民法院提起行政诉讼，由人民法院对具体税务行政行为的合法性和适当性进行审理并作出裁决的司法活动。其目的是保护纳税人、扣缴义务人等当事人的合法权益，维护和监督税务机关依法行使行政职权。

1. 税务行政诉讼的受案范围

税务行政诉讼的受案范围是指人民法院对税务机关的哪些行为拥有司法审查权。换言之，公民、法人或者其他组织对税务机关的哪些行为不服可以向人民法院提起税务行政诉讼。

税务行政诉讼案件的受案范围除受《行政诉讼法》有关规定的限制外，也受《征管法》及其他相关法律、法规的调整和制约。一般来说，税务行政诉讼的受案范围与税务行政复议的受案范围基本一致。主要包括：税务机关作出的征税行为、税务机关作出的行政处罚行为、收缴发票和暂停供应发票、税务机关作出的税收保全措施、税务机关作出的税收强制执行措施等。

2. 税务行政诉讼的起诉

税务行政诉讼起诉是指公民、法人或者其他组织认为自己的合法权益受到税务机关行政行为的侵害，而向人民法院提出诉讼请求，要求人民法院行使审判权，依法予以保护的诉讼行为。在税务行政诉讼等行政诉讼中，起诉权是单向性的权利，税务机关不享有起诉权，只有应诉权，即税务机关只能作为被告。

纳税人、扣缴义务人等税务管理相对人在提起税务行政诉讼时，必须符合下列条件：原告是认为具体行政行为侵犯其合法权益的公民、法人或者其他组织；有明确的被告；有具体的诉讼请求和事实、法律根据；属于人民法院的受案范围和受诉人民法院管辖。

根据《税收征管法》第八十八条及其他相关规定，对税务机关的征税行为提起诉讼，必须先经过复议；对复议决定不服的，可以在接到复议决定书之日起 15 日内向人民法院起诉。对其他具体行政行为不服的，当事人可以在接到通知或者知道之日起 15 日内直接向人民法院起诉。

税务机关作出具体行政行为时，未告知当事人诉权和起诉期限，致使当事人逾期向人民法院起诉的，其起诉期限从当事人实际知道诉权或者起诉期限时计算。但最长不得超过 2 年。

第六节 国际税收关系

国际税收是指两个或两个以上的主权国家或地区，各自基于其课税主权，在对跨国纳税人进行分别征税而形成的征纳关系中，所发生的国家或地区之间的税收分配关系。

一、税收管辖权

国际税收分配关系与税收管辖权有关。税收管辖权属于国家主权在税收领域中的体现，是一个主权国家在征税方面的主权范围。税收管辖权划分原则有属地原则和属人原则两种。其中属地原则是以纳税人的收入来源地或经济活动所在地为标准，确定国家行使税收管辖权范围的一种原则，也称为属地主义。属人原则是以纳税人的国籍和住所为标准，确定国家行使税收管辖权范围的一种原则，也称属人主义。

目前世界上的税收管辖权大致可以分为三类：居民管辖权、地域管辖权和公民管辖权。

居民管辖权是指一个国家对凡是属于本国的居民取得的来自世界范围的全部所得行使的征税权力。这种管辖权是按照属人原则确立的。

地域管辖权又称收入来源地管辖权，它是指一个国家对发生于其领土范围内的一切应税活动和来源于或被认为是来源于其境内的全部所得行使的征税权力。这种管辖权是按照属地原则确立的。

公民管辖权是指一个国家依据纳税人的国籍行使税收管辖权，对凡是属于本国的公民取得的来自世界范围内的全部所得行使的征税权力。这种管辖权也是按照属人原则确立的。公民是指取得一国法律资格，具有一国国籍的人。国际税收中的公民概念是一个广义的公民概念，不仅包括个人，也包括个人、团体、企业或公司。公民有时也称国民。

二、国际重复征税

国际重复征税是指两个或两个以上国家对同一跨国纳税人的同一征税对象进行分别征税所形成的交叉重叠征税，又称为国际双重征税。

国际重复征税一般包括法律性国际重复征税、经济性国际重复征税和税制性国际重复征税三种类型。法律性国际重复征税是指不同的征税主体（即不同国家）对同一纳税人的同一税源进行的重复征税，它是由于不同国家在法律上对同一纳税人采取不同征税原则，因而产生了税收管辖权的重叠，从而造成了重复征税。经济性国际重复征税是指不同的征税主体（即不同国家）对不同纳税人的同一税源进行的重复征税。经济性国际重复征税一般是由于股份公司经济组织形式所引起的。股份公司的公司利润和股息红利所得属于同源所得，在对二者同时征税的情况下，必然会带来重复征税的问题。当这种情况中的征税主体是两个或两个以上的国家时，重复征税即成为经济性国际重复征税。税制性国际重复征税是由于各国在税收制度上普遍实行复合税制度所导致的。在复合税制度下，一国对同一征税对象可能征收几种税。在国际重复征税中，复合税制度导致了不同国家对同一税源课征多次相同或类似的税种，从而造成了税制性重复征税。国际税收中所指的国际重复征税一般属于法律性国际重复征税。

三、国际税收协定

国际税收协定是指两个或两个以上的主权国家为了协调相互间在处理跨国纳税人征税事务和其他有关方面的税收关系，本着对等原则，经由政府谈判所签订的一种书面协议或条约，也称为国际税收条约。

国际税收协定的目标，首先，要妥善处理国家之间的双重征税问题，这也是国际税收协定的基本任务，各类协定的主要条款内容，都是围绕解决这一问题而订立的，即通过采取一定的措施（如免税法、抵免法等）来有效地处理对跨国所得和一般财产价值的双重征税问题；其次，要实行平等负担的原则，取消税收差别待遇；最后，要互相交换税收情报，防止或减少国际避税和国际偷逃税。

四、国际避税

避税是指纳税人通过个人或企业事务的人为安排，利用税法的漏洞、特例和缺陷，规避、减轻或延迟其纳税义务的行为。其中，税法漏洞指由于各种原因税法遗漏的规定或规定的不完善之处；税法特例指规范的税法里因政策等需要针对某种特殊情况才作出的某种特殊规定；税法缺陷指税法规定的错误之处。在国外，"避税"与"税务筹划"或"合法节税"基本上是一个概念，它们都是指纳税人利用税法的漏洞或不明之处，规避或减少纳税义务的一种不违法的行为。

国际避税是指纳税人利用两个或两个以上国家的税法和国家间的税收协定的漏洞、特例和缺陷，规避或减轻其全球总纳税义务的行为。这里的税法漏洞指大多数国家税法或大多数双边税收协定应有或一般都有而某国税法或某个双边税收协定里遗漏或不完善的规定；这里的税法特例指某国规范的税法或某个规范的双边税收协定里针对某种极为特殊的情况才作出的不规范规定；这里的税法缺陷指某国税法或某个双边税收协定里规定的错误之处。

在国际经济活动中，国际避税的表现形式多种多样，跨国纳税人利用各国税收的差异进行避税的手法更是形形色色、变化多异。比如，他们可以通过迁出或虚假迁出或不迁出高税国，进行人员流动，以避免税收管辖，实现国际避税；通过把资金、货物或劳务转移或不转移出高税国，进行课税客体的流动，以实现国际避税；利用有关国家或国际税收协定关于避免国际重复征税的方法进行避税；利用国际避税地进行避税。

五、国际反避税

尽管国际避税是一种不违法行为，但该行为给政府税收收入造成的有害后果与非法的偷税行为是一样的。对此，世界各国都提出了反国际避税的要求。在几十年的国际税收实践中，许多国家已经形成了一套较有效的反国际避税的方法与措施，其重点是运用法律，加强立法和执法的力度，尤其是针对某些特殊的避税行为采取强硬措施。与此同时，随着国际税务关系的发展，各国都努力并加强国际合作和配合，从而使国际反避税工作收到良好的效果。

第二章

增值税法

第一节　增值税概述

一、概念

1. 增值税

按照我国增值税法的规定，增值税是对在我国境内销售货物或者加工、修理修配劳务（以下简称“劳务”），销售服务、无形资产、不动产以及进口货物的单位和个人，就其销售货物、劳务、服务、无形资产、不动产（以下统称“应税销售行为”）的增值额和货物进口金额为计税依据而课征的一种流转税。

2. 增值税法

增值税法是指国家制定的用以调整增值税征收与缴纳之间权利和义务关系的法律规范。我国现行增值税法内容包括 2017 年 11 月 19 日国务院令第 691 号公布的《中华人民共和国增值税暂行条例》（以下简称《增值税暂行条例》）和 2008 年 12 月财政部和国家税务总局令第 50 号《中华人民共和国增值税暂行条例实施细则》（以下简称《增值税暂行条例实施细则》）等。

二、增值税的改革

我国从 1979 年开始在部分城市试行生产型增值税。1994 年在生产和流通领域全面实施生产型增值税，2008 年国务院决定全面实施增值税改革，即将生产型增值税转为消费型增值税。2011 年年底国家决定在上海试点营业税改征增值税工作，并逐步将试点地区已扩展到全国。2016 年 3 月 23 日，经国务院批准，财政部和国家税务总局发布了《关于全面推开营业税改征增值税试点的通知》（财税〔2016〕36 号，以下简称“营改增通知”），通知决定自 2016 年 5 月 1 日起，在全国范围内全面推开“营改增”试点，将建筑业、房地产业、金融业、生活服务业等全部营业税纳税人纳入试点范围，由缴纳营业税改为缴纳增值税。

三、增值税发票

增值税一般纳税人发生应税销售行为，应使用增值税发票管理新系统（以下简称新系统）开具增值税专用发票、增值税普通发票、机动车销售统一发票、增值税电子普通发票。

（一）增值税专用发票

1. 专用发票的联次

专用发票由基本联次或者基本联次附加其他联次构成，基本联次为三联：发票联、抵扣联和记账联。发票联作为购买方核算采购成本和增值税进项税额的记账凭证；抵扣联作为购买方报送主管税务机关认证和留存备查的凭证；记账联作为销售方核算销售收入和增值税销项税额的记账凭证。其他联次用途，由一般纳税人自行确定。

2. 专用发票的开具

专用发票应按下列要求开具：（1）项目齐全，与实际交易相符；（2）字迹清楚，不得压线、错格；（3）发票联和抵扣联加盖财务专用章或者发票专用章；（4）按照增值税纳税义务的发生时间开具。

对不符合上列要求的专用发票，购买方有权拒收。一般纳税人销售货物或者提供应税劳务可汇总开具专用发票。汇总开具专用发票的，同时使用防伪税控系统开具《销售货物或者提供应税劳务清单》，并加盖财务专用章或者发票专用章。

3. 专用发票的领购

一般纳税人凭《发票领购簿》、IC卡和经办人身份证明领购专用发票。一般纳税人有下列情形之一的，不得领购开具专用发票：会计核算不健全，不能向税务机关准确提供增值税销项税额、进项税额、应纳税额数据及其他有关增值税税务资料的；有《税收征收管理法》规定的税收违法行为，拒不接受税务机关处理的。

4. 专用发票开具范围

（1）一般纳税人发生应税销售行为，应向购买方开具增值税专用发票。

（2）商业企业一般纳税人零售的烟、酒、食品、服装、鞋帽（不包括劳保专用部分）、化妆品等消费品不得开具增值税专用发票。

（3）增值税小规模纳税人需要开具增值税专用发票的，可向主管税务机关申请代开。

（4）销售免税货物不得开具增值税专用发票，法律、法规及国家税务总局另有规定的除外。

（5）纳税人发生应税销售行为，应当向索取增值税专用发票的购买方开具增值税专用发票，并在增值税专用发票上分别注明销售额和销项税额。但下列情形之一不得开具增值税专用发票：购买方为消费者个人的；适用免征增值税规定的。

5. 开具增值税专用发票后发生退货或开票有误的处理

（1）增值税一般纳税人开具增值税专用发票后，发生销货退回、开票有误等情形但不符合发票作废条件，或者因销货部分退回及发生销售折让，需要开具红字增值税专用发票的，按规定方法处理。

（2）税务机关为小规模纳税人代开增值税专用发票，需要开具红字增值税专用发票的，按照一般纳税人开具红字增值税专用发票的方法处理。

（3）纳税人需要开具红字增值税普通发票的，可以在所对应的蓝字发票金额范围内开具多份红字发票。红字机动车销售统一发票需与原蓝字机动车销售统一发票一一对应。

6. 增值税专用发票的管理

税法除了对纳税人领购、开具增值税专用发票作了上述各项具体规定外，在严格管理上还作了以下多项规定：

（1）纳税人必须严格按照《增值税专用发票使用规定》保管使用专用发票，对违反规定发生被盗、丢失增值税专用发票的纳税人，按《税收征收管理法》和《发票管理办法》的规定，处以1万元以下的罚款，并可视具体情况，对丢失增值税专用发票的纳税人，在一定期限内（最长不超过半年）停止领购增值税专用发票、对纳税人申报遗失的增值税专用发票，如发现非法代开、虚开问题的，该纳税人应承担偷税、骗税的连带责任。

（2）纳税人丢失增值税专用发票后，必须按规定程序向当地主管税务机关、公安机关报失。

（3）对代开、虚开增值税专用发票的规定。代开发票是指为与自己没有发生直接购销关系的他人开具发票的行为，虚开发票是指在没有任何购销事实的前提下，为他人、为自己或让他人为自己或介绍他人开具发票的行为。代开、虚开发票的行为都是严重的违法行为。对代开、虚开专用发票的，一律按票面所列货物的适用税率全额征补税款，并按《税收征收管理法》的规定按偷税给予处罚。对纳税人取得代开、虚开的增值税专用发票，不得作为增值税合法抵扣凭证抵扣进项税额。代开、虚开发票构成犯罪的，按全国人大常委会发布的《关于惩治虚开、伪造和非法出售增值税专用发票犯罪的决定》处以刑罚。

（二）增值税普通发票

增值税普通发票，是将除商业零售以外的增值税一般纳税人纳入增值税防伪税控系统开具和管理，也就是说一般纳税人可以使用同一套增值税防伪税控系统开具增值税专用发票、增值税普通发票等，俗称“一机多票”。

1. 增值税普通发票的格式、字体、栏次、内容与增值税专用发票完全一致，按发票联次分为两联票和五联票两种，基本联次为两联，第一联为记账联，销货方用作记账凭证；第二联为发票联，购货方用作记账凭证。此外为满足部分纳税人的需要，在基本联次后添加了三联的附加联次，即五联票，供企业选择使用。

2. 增值税普通发票代码的编码原则与增值税专用发票基本一致，发票左上角10位代码的含义：第1—4位代表各省；第5—6位代表制版年度；第7位代表印制批次；第8位代表发票种类，普通发票用“6”表示；第9位代表几联版，普通发票二联版用“2”表示，普通发票五联版用“5”表示；第10位代表金额版本号“0”表示电脑版。

3. 增值税普通发票第二联（发票联）采用防伪纸张印制。代码采用专用防伪油墨印刷，号码的字形为专用异型体。各联次的颜色依次为蓝、橙、绿蓝、黄绿和紫红色。

（三）增值税电子普通发票

为了满足纳税人开具增值税电子普通发票的需求，国家税务总局在2015年11月发布了《关于推行通过增值税电子发票系统开具的增值税电子普通发票有关问题的公告》（国家税务总局公告2015年第84号）。推行通过增值税电子发票系统开具的增值税电子普通发票，对降低纳税人经营成本，节约社会资源，方便消费者保存使用发票，营造健康公平的税收环境有着重要作用。该公告的主要内容如下：

1. 增值税电子普通发票的开票方和受票方需要纸质发票的，可以自行打印增值税电子普通发票的版式文件，其法律效力、基本用途、基本使用规定等与税务机关监制的增值税普通发票相同。

2. 增值税电子普通发票的发票代码为 12 位，编码规则：第 1 位为 0，第 2—5 位代表省、自治区、直辖市和计划单列市，第 6—7 位代表年度，第 8—10 位代表批次，第 11—12 位代表票种（11 代表增值税电子普通发票）。发票号码为 8 位，按年度、分批次编制。

（四）机动车销售统一发票

1. 发票联次

《机动车销售统一发票》为电脑六联式发票。即第一联发票联（购货单位付款凭证），第二联抵扣联（购货单位扣税凭证），第三联报税联（车购税征收单位留存），第四联注册登记联（车辆登记单位留存），第五联记账联（销货单位记账凭证），第六联存根联（销货单位留存）。第一联印色为棕色，第二联印色为绿色，第三联印色为紫色，第四联印色为蓝色，第五联印色为红色，第六联印色为黑色。发票代码、发票号码印色为黑色，当购货单位不是增值税一般纳税人时，第二联抵扣联由销货单位留存。

2. 适用范围

根据《国家税务总局关于使用新版机动车销售统一发票有关问题的通知》（国税函〔2006〕479 号）规定："凡从事机动车零售业务的单位和个人，从 2006 年 8 月 1 日起，在销售机动车（不包括销售旧机动车）收取款项时，必须开具税务机关统一印制的新版《机动车销售统一发票》，并在发票联加盖财务专用章或发票专用章，抵扣联和报税联不得加盖印章。"《国家税务总局关于〈机动车销售统一发票〉注册登记联加盖开票单位印章问题的通知》（国税函〔2006〕813 号）规定："从 2006 年 10 月 1 日起，《机动车销售统一发票》注册登记联一律加盖开票单位印章。"

门票、过路（过桥）费发票、定额发票、客运发票和二手车销售统一发票继续使用。

第二节　纳税义务人

一、增值税纳税义务人

根据《中华人民共和国增值税暂行条例》《增值税暂行条例实施细则》和"营改增"的规定，在中华人民共和国境内（以下称境内）销售货物、劳务、服务、无形资产、不动产以及进口货物的单位和个人，为增值税纳税人。

单位，是指企业、行政单位、事业单位、军事单位、社会团体及其他单位。

个人，是指个体工商户和其他个人。

单位以承包、承租、挂靠方式经营的，承包人、承租人、挂靠人（以下统称承包人）以发包人、出租人、被挂靠人（以下统称发包人）名义对外经营并由发包人承担相关法律责任的，以该发包人为纳税人。否则，以承包人为纳税人。

资管产品运营过程中发生的增值税应税销售行为，以资管产品管理人为增值税纳税人。

增值税实行凭增值税专用发票抵扣税款的制度，客观上要求纳税人具备健全的会计核算制度和能力。在实际经济生活中我国增值税纳税人众多，会计核算水平参差不齐，大量的小企业和个人还不具备自行开具增值税专用发票以及抵扣税款的能力。为了既简化增值税的计算和征收，也有利于减少税收征管漏洞，增值税法将增值税纳税人按会计核算水平和经营规模分为一般纳税人和小规模纳税人两类，分别采取不同的登记管理办法。

值得注意的是，《中华人民共和国增值税暂行条例》规定，中华人民共和国境外（以下称境外）的单位或者个人在境内销售劳务，在境内未设有经营机构的，以其境内代理人为增值税扣缴义务人；在境内没有代理人的，以购买方为增值税扣缴义务人。

二、一般纳税人

（一）一般纳税人的条件

根据《增值税一般纳税人登记管理办法》的规定，一般纳税人是指年应征增值税销售额（以下简称"年应税销售额"）超过财政部、国家税务总局规定的小规模纳税人标准（以下简称"规定标准"）的增值税纳税人，应当向主管税务机关办理一般纳税人登记。

年应税销售额，是指纳税人在连续不超过12个月或四个季度的经营期内累计应征增值税销售额，包括纳税申报销售额、稽查查补销售额、纳税评估调整销售额。但要注意的是，销售服务、无形资产或者不动产有扣除项目的纳税人，其年应税销售额按未扣除之前的销售额计算；纳税人偶然发生的销售无形资产、转让不动产的销售额，不计入年应税销售额。

年应税销售额未超过规定标准的纳税人，会计核算健全，能够提供准确税务资料的，可以向主管税务机关办理一般纳税人资格登记，成为一般纳税人。会计核算健全，是指能够按照国家统一的会计制度规定设置账簿，根据合法、有效凭证进行核算。能够准确提供税务资料，是指能够按规定如实填报增值税纳税申报表及其他相关资料，并按期进行申报纳税。

纳税人登记为一般纳税人后，不得转为小规模纳税人，国家税务总局另有规定的除外。

（二）不得办理一般纳税人登记的情况

1. 年应税销售额超过规定标准的其他个人。

2. 按照政策规定，选择按照小规模纳税人纳税的（应当向主管税务机关提交书面说明）。

三、小规模纳税人

小规模纳税人是指年应税销售额在规定标准以下，并且会计核算不健全，不能按规定报送有关税务资料的增值税纳税人。

根据《增值税暂行条例》等相关文件的规定，小规模纳税人标准为年应税销售额500万元及以下。

第三节 征税范围

增值税的征税范围包括在境内发生应税销售行为以及进口货物等。根据《增值税暂行条例》《增值税暂行条例实施细则》和"营改增通知"的规定，将增值税的征税范围分为一般规定和特殊规定。

一、征税范围的一般规定

现行增值税征税范围的一般规定包括应税销售行为和进口的货物。具体包括以下五个方面：

（一）销售或者进口的货物

货物是指有形动产，包括电力、热力、气体在内。销售货物，是指有偿转让货物的所有权。

（二）销售劳务

劳务是指纳税人提供的加工、修理修配劳务。加工是指受托加工货物，即委托方提供原料及主要材料，受托方按照委托方的要求制造货物并收取加工费的业务；修理修配是指受托对损伤和丧失功能的货物进行修复，使其恢复原状和功能的业务。

提供应税劳务，是指有偿提供劳务。单位或者个体工商户聘用的员工为本单位或者雇主提供劳务，不包括在内。

（三）销售服务

服务包括交通运输服务、邮政服务、电信服务、建筑服务、金融服务、现代服务、生活服务。具体征税范围如下：

1. 交通运输服务。交通运输服务，是指利用运输工具将货物或者旅客送达目的地，使其空间位置得到转移的业务活动，包括陆路运输服务、水路运输服务、航空运输服务和管道运输服务。

（1）陆路运输服务。陆路运输服务，是指通过陆路（地上或者地下）运送货物或者旅客的运输业务活动，包括铁路运输服务和其他陆路运输服务。

铁路运输服务，是指通过铁路运送货物或者旅客的运输业务活动。

其他陆路运输服务，是指铁路运输以外的陆路运输业务活动，包括公路运输、缆车运输、索道运输、地铁运输、城市轻轨运输等。

出租车公司向使用本公司自有出租车的出租车司机收取的管理费用，按照陆路运输服务缴纳增值税。

（2）水路运输服务。水路运输服务，是指通过江、河、湖、川等天然、人工水道或者海洋航道运送货物或者旅客的运输业务活动。

水路运输的程租、期租业务，属于水路运输服务。

程租业务，是指运输企业为租船人完成某一特定航次的运输任务并收取租赁费的业务。

期租业务，是指运输企业将配备有操作人员的船舶承租给他人使用一定期限，承租期内听候承租方调遣，不论是否经营，均按天向承租方收取租赁费，发生的固定费用均由船东负担的业务。

（3）航空运输服务。航空运输服务，是指通过空中航线运送货物或者旅客的运输业务活动。

航空运输的湿租业务，属于航空运输服务。湿租业务，是指航空运输企业将配备有机组人员的飞机承租给他人使用一定期限，承租期内听候承租方调遣，不论是否经营，均按一定标准向承租方收取租赁费，发生的固定费用均由承租方承担的业务。

航天运输服务，按照航空运输服务缴纳增值税。航天运输服务，是指利用火箭等载体将卫星、空间探测器等空间飞行器发射到空间轨道的业务活动。

（4）管道运输服务。管道运输服务，是指通过管道设施输送气体、液体、固体物质的运输业务活动。

无运输工具承运业务，按照交通运输服务缴纳增值税。无运输工具承运业务，是指经营者以承运人身份与托运人签订运输服务合同，收取运费并承担承运人责任，然后委托实际承运人完成运输服务的经营活动。

2. 邮政服务。邮政服务，是指中国邮政集团公司及其所属邮政企业提供邮件寄递、邮政汇兑和机要通信等邮政基本服务的业务活动，包括邮政普遍服务、邮政特殊服务和其他邮政服务。

（1）邮政普遍服务。邮政普遍服务，是指函件、包裹等邮件寄递，以及邮票发行、报刊发行和邮政汇兑等业务活动。

函件，是指信函、印刷品、邮资封片卡、无名址函件和邮政小包等。

包裹，是指按照封装上的名址递送给特定个人或者单位的独立封装的物品，其重量不超过 50 千克，任何一边的尺寸不超过 150 厘米，长、宽、高合计不超过 300 厘米。

（2）邮政特殊服务邮政特殊服务，是指义务兵平常信函、机要通信、盲人读物和革命烈士遗物的寄递等业务活动。

（3）其他邮政服务。其他邮政服务，是指邮册等邮品销售、邮政代理等业务活动。

3. 电信服务。电信服务，是指利用有线、无线的电磁系统或者光电系统等各种通信网络资源，提供语音通话服务，传考、发射、接收或者应用图像、短信等电子数据和信息的业务活动，包括基础电信服务和增值电信服务。

（1）基础电信服务，是指利用固网、移动网、卫星、互联网，提供语音通话服务的业务活动，以及出租或者出售带宽、波长等网络元素的业务活动。

（2）增值电信服务，是指利用固网、移动网、卫星、互联网、有线电视网络，提供短信和彩信服务、电子数据和信息的传输及应用服务、互联网接入服务等业务活动。

卫星电视信号落地转接服务，按照增值电信服务缴纳增值税。

4. 建筑服务。建筑服务，是指各类建筑物、构筑物及其附属设施的建造、修缮、装饰，线路、管道、设备、设施等的安装以及其他工程作业的业务活动，包括工程服务、安装服务、修缮服务、装饰服务和其他建筑服务。

（1）工程服务，是指新建、改建各种建筑物、构筑物的工程作业，包括与建筑物相连的各种设备或者支柱、操作平台的安装或者装设工程作业，以及各种窑炉和金属结构工程作业。

（2）安装服务，是指生产设备、动力设备、起重设备、运输设备、传动设备、医疗实验设备以及其他各种设备、设施的装配、安置工程作业，包括与被安装设备相连的工作台、梯子、栏杆的装设工程作业，以及被安装设备的绝缘、防腐、保温、油漆等工程作业。

固定电话、有线电视、宽带、水、电、燃气、暖气等经营者向用户收取的安装费、初装费、开户费、扩容费以及类似收费，按照安装服务缴纳增值税。

（3）修缮服务，是指对建筑物、构筑物进行修补、加固、养护、改善，使之恢复原来的使用价值或者延长其使用期限的工程作业。

（4）装饰服务，是指对建筑物、构筑物进行修饰装修，使之美观或具有特定用途的工程作业。物业服务企业为业主提供的装修服务，按照“建筑服务”缴纳增值税。

（5）其他建筑服务，是指上列工程作业之外的各种工程作业服务，如钻井（打井）、拆除建筑物或者构筑物、平整土地、园林绿化、疏浚（不包括航道疏浚）、建筑物平移、搭脚手架、爆破、矿山穿孔、表面附着物（包括岩层、土层、沙层等）剥离和清理等工程作业。纳税人将建筑施工设备出租给他人使用并配备操作人员的，按照“建筑服务”缴纳增值税。

5. 金融服务。金融服务，是指经营金融保险的业务活动，包括贷款服务、直接收费金融服务、保险服务和金融商品转让。“保本收益、报酬、资金占用费、补偿金”，是指合同中明确承诺到期本金可全部收回的投资收益。金融商品持有期间（含到期）取得的非保本的上述收益，不属于利息或利息性质的收入，不征收增值税。

（1）贷款服务。贷款，是指将资金贷与他人使用而取得利息收入的业务活动。

各种占用、拆借资金取得的收入，包括金融商品持有期间（含到期）利息（保本收益、报酬、资金占用费、补偿金等）收入、信用卡透支利息收入、买入返售金融商品利息收入、融资融券收取的利息收入，以及融资性售后回租、押汇、罚息、票据贴现、转贷等业务取得的利息及利息性质的收入，按照贷款服务缴纳增值税。

融资性售后回租，是指承租方以融资为目的，将资产出售给从事融资性售后回租业务的企业后，从事融资性售后回租业务的企业将该资产出租给承租方的业务活动。

以货币资金投资收取的固定利润或者保底利润，按照贷款服务缴纳增值税。

（2）直接收费金融服务。直接收费金融服务，是指为货币资金融通及其他金融业务提供相关服务并且收取费用的业务活动。包括提供货币兑换、账户管理、电子银行、信用卡、信用证、财务担保、资产管理、信托管理、基金管理、金融交易场所（平台）管理、资金结算、资金清算、金融支付等服务。

（3）保险服务。保险服务，是指投保人根据合同约定，向保险人支付保险费，保险人对于合同约定的可能发生的事故因其发生所造成的财产损失承担赔偿保险金责任，或者当被保险人死亡、伤残、疾病或者达到合同约定的年龄、期限等条件时承担给付保险金责任的商业保险行为。包括人身保险服务和财产保险服务。

人身保险服务，是指以人的寿命和身体为保险标的的保险业务活动。

财产保险服务，是指以财产及其有关利益为保险标的的保险业务活动。

（4）金融商品转让。金融商品转让，是指转让外汇、有价证券、非货物期货和其他金融商品所有权的业务活动。

其他金融商品转让包括基金、信托、理财产品等各类资产管理产品和各种金融衍生品的转让。纳税人购入基金、信托、理财产品等各类资产管理产品持有至到期，不属于金融商品转让。

6. 现代服务。现代服务，是指围绕制造业、文化产业、现代物流产业等提供技术性、知识性服务的业务活动，包括研发和技术服务、信息技术服务、文化创意服务、物流辅助服务、租赁服务、鉴证咨询服务、广播影视服务、商务辅助服务和其他现代服务。

（1）研发和技术服务，包括研发服务、合同能源管理服务、工程勘察勘探服务、专业技术服务。

研发服务，也称技术开发服务，是指就新技术、新产品、新工艺或者新材料及其系统进行研究与试验开发的业务活动。

合同能源管理服务，是指节能服务公司与用能单位以契约形式约定节能目标，节能服务公司提供必要的服务，用能单位以节能效果支付节能服务公司投入及其合理报酬的业务活动。

工程勘察勘探服务，是指在采矿、工程施工前后，对地形、地质构造、地下资源蕴藏情况进行实地调查的业务活动。

专业技术服务，是指气象服务、地震服务、海洋服务、测绘服务、城市规划、环境与生态监测服务等专项技术服务。

（2）信息技术服务，是指利用计算机、通信网络等技术对信息进行生产、收集、处理、加工、存储、运输、检索和利用，并提供信息服务的业务活动，包括软件服务、电路设计及测试服务、信息系统服务、业务流程管理服务和信息系统增值服务。

软件服务，是指提供软件开发服务、软件维护服务、软件测试服务的业务活动。

电路设计及测试服务，是指提供集成电路和电子电路产品设计、测试及相关技术支持服务的业务活动。

信息系统服务，是指提供信息系统集成、网络管理、网站内容维护、桌面管理与维护、信息系统应用、基础信息技术管理平台整合、信息技术基础设施管理、数据中心、托管中心、信息安全服务、在线杀毒、虚拟主机等业务活动，包括网站对非自有的网络游戏提供的网络运营服务。

业务流程管理服务，是指依托信息技术提供的人力资源管理、财务经济管理、审计管理、税务管理、物流信息管理、经营信息管理和呼叫中心等服务的活动。

信息系统增值服务，是指利用信息系统资源为用户附加提供的信息技术服务，包括数据处理、分析和整合、数据库管理、数据备份、数据存储、容灾服务、电子商务平台等。

（3）文化创意服务。文化创意服务，包括设计服务、知识产权服务、广告服务和会议展览服务。

设计服务，是指把计划、规划、设想，通过文字、语言、图画、声音、视觉等形式传递出来的业务活动，包括工业设计、内部管理设计、业务运作设计、供应链设计、造型设计、服装设计、环境设计、平面设计、包装设计、动漫设计、网游设计、展示设计、网站设计、机械设计、工程设计、广告设计、创意策划、文印晒图等。

知识产权服务，是指处理知识产权事务的业务活动，包括对专利、商标、著作权、软件、集成电路布图设计的登记、鉴定、评估、认证、检索服务。

广告服务，是指利用图书、报纸、杂志、广播、电视、电影、幻灯、路牌、招贴、橱窗、霓虹灯、灯箱、互联网等各种形式为客户的商品经营服务项目、文体节目或者通告、声明等委托事项进行宣传和提供相关服务的业务活动，包括广告代理和广告的发布、播映、宣传、展示等。

会议展览服务，是指为商品流通、促销、展示、经贸洽谈、民间交流、企业沟通、国际往来等举办或者组织安排的各类展览和会议的业务活动。

宾馆、旅馆、旅社、度假村和其他经营性住宿场所提供会议场地及配套服务的活动，按照“会议展览服务”缴纳增值税。

（4）物流辅助服务。物流辅助服务，包括航空服务、港口码头服务、货运客运场站服务、打捞救助服务、装卸搬运服务、仓储服务和收派服务。

航空服务，包括航空地面服务和通用航空服务。

航空地面服务，是指航空公司、飞机场、民航管理局、航站等向在境内航行或者在境内机场停留的境内外飞机或者其他飞行器提供的导航等劳务性地面服务的业务活动。包括旅客安全检查服务、停机坪管理服务、机场候机厅管理服务、飞机清洗消毒服务、空中飞行管理服务、飞机起降服务、飞行通讯服务、地面信号服务、飞机安全服务、飞机跑道管理服务、空中交通管理服务等。

通用航空服务，是指为专业工作提供飞行服务的业务活动，包括航空摄影、航空培训、航空测量、航空勘探、航空护林、航空吊挂播撒、航空降雨、航空气象探测、航空海洋监测、航空科学实验等。

港口码头服务，是指港务船舶调度服务、船舶通讯服务、航道管理服务、航道疏浚服务、灯塔管理服务、航标管理服务、船舶引航服务、理货服务、系解缆服务、停泊和移泊服务、海上船舶溢油清除服务、水上交通管理服务、船只专业清洗消毒检测服务和防止船只漏油服务等为船只提供服务的业务活动。

港口设施经营人收取的港口设施保安费按照港口码头服务缴纳增值税。

货运客运场站服务，是指货运客运场站提供货物配载服务、运输组织服务、中转换乘服务、车辆调度服务、票务服务、货物打包整理、铁路线路使用服务、加挂铁路客车服务、铁路行包专列发送服务、铁路到达和中转服务、铁路车辆编解服务、车辆挂运服务、铁路接触网服务、铁路机车牵引服务等业务活动。

打捞救助服务，是指提供船舶人员救助、船舶财产救助、水上救助和沉船沉物打捞服务的业务活动。

装卸搬运服务，是指使用装卸搬运工具或者人力、畜力将货物在运输工具之间、装卸现场之间或者运输工具与装卸现场之间进行装卸和搬运的业务活动。

仓储服务，是指利用仓库、货场或者其他场所代客贮放、保管货物的业务活动。

收派服务，是指接受寄件人委托，在承诺的时限内完成函件和包裹的收件、分拣、派送服务的业务活动。收件服务，是指从寄件人收取函件和包裹，并运送到服务提供方同城的集散中心的业务活动。分拣服务，是指服务提供方在其集散中心对函件和包裹进行归类、分发的业务活动。派送服务，是指服务提供方从其集散中心将函件和包裹送达同城的收件人的业务活动。

（5）租赁服务。租赁服务，包括融资租赁服务和经营租赁服务。

融资租赁服务，是指具有融资性质和所有权转移特点的租赁活动。即出租人根据承租人所要求的规格、型号、性能等条件购入有形动产或者不动产租赁给承租人，合同期内租赁物所有权属于出租人，承租人只拥有使用权，合同期满付清租金后，承租人有权按照残值购入租赁物，以拥有其所有权。不论出租人是否将租赁物销售给承租人，均属于融资租赁。按照标的物的不同，融资租赁服务可分为有形动产融资租赁服务和不动产融资租赁服务。

融资性售后回租不按照本税目缴纳增值税。

经营租赁服务，是指在约定时间内将有形动产或者不动产转让他人使用且租赁物所有权不变更的业务活动。按照标的物的不同，经营租赁服务可分为有形动产经营租赁服务和不动产经营租赁服务。

将建筑物、构筑物等不动产或者飞机、车辆等有形动产的广告位出租给其他单位或者个人用于发布广告，按照经营租赁服务缴纳增值税。车辆停放服务、道路通行服务（包括过路费、过桥费、过闸费等）等按照不动产经营租赁服务缴纳增值税。

水路运输的光租业务、航空运输的干租业务，属于经营租赁。

光租业务，是指运输企业将船舶在约定的时间内出租给他人使用，不配备操作人员，不承担运输过程中发生的各项费用，只收取固定租赁费的业务活动。

干租业务，是指航空运输企业将飞机在约定的时间内出租给他人使用，不配备机组人员，不承担运输过程中发生的各项费用，只收取固定租赁费的业务活动。

（6）鉴证咨询服务。鉴证咨询服务，包括认证服务、鉴证服务和咨询服务。

认证服务，是指具有专业资质的单位利用检测、检验、计量等技术，证明产品、服务、管理体系符合相关技术规范、相关技术规范的强制性要求或者标准的业务活动。

鉴证服务，是指具有专业资质的单位受托对相关事项进行鉴证，发表具有证明力的意见的业务活动，包括会计鉴证、税务鉴证、法律鉴证、职业技能鉴定、工程造价鉴证、工程监理、资产评估、环境评估、房地产土地评估、建筑图纸审核、医疗事故鉴定等。

咨询服务，是指提供信息、建议、策划、顾问等服务的活动，包括金融、软件、技术、财务、税收、法律、内部管理、业务运作、流程管理、健康等方面的咨询。

翻译服务和市场调查服务按照咨询服务缴纳增值税。

（7）广播影视服务。广播影视服务，包括广播影视节目（作品）的制作服务、发行服务和播映（含放映，下同）服务。

广播影视节目（作品）制作服务，是指进行专题（特别节目）、专栏、综艺、体育、动画片、广播剧、电视剧、电影等广播影视节目和作品制作的服务。具体包括与广播影视节目和作品相关的策划、采编、拍摄、录音、音视频文字图片素材制作、场景布置、后期的剪辑、翻译（编译）、字幕制作、片头、片尾、片花制作、特效制作、影片修复、编目和确权等业务活动。

广播影视节目（作品）发行服务，是指以分账、买断、委托等方式，向影院、电台、电视台、网站等单位和个人发行广播影视节目（作品）以及转让体育赛事等活动的报道及映权的业务活动。

广播影视节目（作品）播映服务，是指在影院、剧院、录像厅及其他场所播映广播影视节目（作品），以及通过电台、电视台、卫星通信、互联网、有线电视等无线或者有线装置播映广播影视节目（作品）的业务活动。

（8）商务辅助服务。商务辅助服务，包括企业管理服务、经纪代理服务、人力资源服务、安全保护服务。

企业管理服务，是指提供总部管理、投资与资产管理、市场管理、物业管理、日常综合管理等服务的业务活动。

经纪代理服务，是指各类经纪、中介、代理服务，包括金融代理、知识产权代理、货物运输代理、代理报关、法律代理、房地产中介、职业中介、婚姻中介、代理记账、拍卖等。

货物运输代理服务，是指接受货物收货人、发货人、船舶所有人、船舶承租人或者船舶经营人的委托，以委托人的名义，为委托人办理货物运输、装卸、仓储和船舶进出港口、引航、靠泊等相关手续的业务活动。

代理报关服务，是指接受进出口货物的收、发货人委托，代为办理报关手续的业务活动。

人力资源服务，是指提供公共就业、劳务派遣、人才委托招聘、劳动力外包等服务的业务活动。纳税人提供安全保护服务，比照劳务派遣服务政策执行。

安全保护服务，是指提供保护人身安全和财产安全，维护社会治安等的业务活动，包括场所住宅保安、特种保安、安全系统监控以及其他安保服务。纳税人提供武装守护押运服务，按照“安全保护服务”缴纳增值税。

(9) 其他现代服务。其他现代服务，是指除研发和技术服务、信息技术服务、文化创意服务、物流辅助服务、租赁服务、鉴证咨询服务、广播影视服务和商务辅助服务以外的现代服务。

7. 生活服务。生活服务，是指为满足城乡居民日常生活需求提供的各类服务活动，包括文化体育服务、教育医疗服务、旅游娱乐服务、餐饮住宿服务、居民日常服务和其他生活服务。提供餐饮服务的纳税人销售的外卖食品，按照“餐饮服务”缴纳增值税。

(1) 文化体育服务。文化体育服务，包括文化服务和体育服务。

文化服务，是指为满足社会公众文化生活需求提供的各种服务，包括文艺创作、文艺表演、文化比赛，图书馆的图书和资料借阅，档案馆的档案管理，文物及非物质遗产保护，组织举办宗教活动、科技活动、文化活动，提供游览场所。

纳税人在游览场所经营索道、摆渡车、电瓶车、游船等取得的收入，按照“文化体育服务”缴纳增值税。

体育服务，是指组织举办体育比赛、体育表演、体育活动，以及提供体育训练、体育指导、体育管理的业务活动。

(2) 教育医疗服务。教育医疗服务，包括教育服务和医疗服务。

教育服务，是指提供学历教育服务、非学历教育服务、教育辅助服务的业务活动。

学历教育服务，是指根据教育行政管理部门确定或者认可的招生和教学计划组织教学，并颁发相应学历证书的业务活动，包括初等教育、初级中等教育、高级中等教育、高等教育等。

非学历教育服务，包括学前教育、各类培训、演讲、讲座、报告会等。

教育辅助服务，包括教育测评、考试、招生等服务。

医疗服务，是指提供医学检查、诊断、治疗、康复、预防、保健、接生、计划生育、防疫服务等方面的服务，以及与这些服务有关的提供药品、医用材料器具、救护车、病房住宿和伙食的业务。

(3) 旅游娱乐服务。旅游娱乐服务，包括旅游服务和娱乐服务。

旅游服务，是指根据旅游者的要求，组织安排交通、游览、住宿、餐饮、购物、文娱、商务等服务的业务活动。

娱乐服务，是指为娱乐活动同时提供场所和服务的业务。具体包括：歌厅、舞厅、夜总会、酒吧、台球、高尔夫球、保龄球、游艺（包括射击、狩猎、跑马、游戏机、蹦极、卡丁车、热气球、动力伞、射箭、飞镖）。

(4) 餐饮住宿服务。餐饮住宿服务，包括餐饮服务和住宿服务。

餐饮服务，是指通过同时提供饮食和饮食场所的方式为消费者提供饮食消费服务的业务活动。

住宿服务，是指提供住宿场所及配套服务等的活动，包括宾馆、旅馆、旅社、度假村和其他经营性住宿场所提供的住宿服务。

(5) 居民日常服务。居民日常服务，是指主要为满足居民个人及其家庭日常生活需求提供的服务，包括市容市政管理、家政、婚庆、养老、殡葬、照料和护理、救助救济、美容美发、按摩、桑拿、氧吧、足疗、沐浴、洗染、摄影扩印等服务。

(6) 其他生活服务。其他生活服务，是指除文化体育服务、教育医疗服务、旅游娱乐服务、餐饮住宿服务和居民日常服务之外的生活服务。

(四) 销售无形资产

销售无形资产，是指转让无形资产所有权或者使用权的业务活动。

无形资产，是指不具实物形态，但能带来经济利益的资产，包括技术、商标、著作权、商誉、自然资源使用权和其他权益性无形资产。

技术，包括专利技术和非专利技术。

自然资源使用权，包括土地使用权、海域使用权、探矿权、采矿权、取水权和其他自然资源使用权。

其他权益性无形资产，包括基础设施资产经营权、公共事业特许权、配额、经营权（包括特许经营权、连锁经营权、其他经营权）、经销权、分销权、代理权、会员权、席位权、网络游戏虚拟道具、域名、名称权、肖像权、冠名权、转会费等。

(五) 销售不动产

销售不动产，是指转让不动产所有权的业务活动。

不动产，是指不能移动或者移动后会引起性质、形状改变的财产，包括建筑物、构筑物等。

建筑物，包括住宅、商业营业用房、办公楼等可供居住、工作或者进行其他活动的建造物。

构筑物，包括道路、桥梁、隧道、水坝等建造物。

转让建筑物有限产权或者永久使用权的，转让在建的建筑物或者构筑物所有权的，以及在转让建筑物或者构筑物时一并转让其所占土地的使用权的，按照销售不动产缴纳增值税。

二、征税范围的特殊规定

(一) 属于征税范围的特殊项目

1. 航空运输企业的逾期票证收入

航空运输企业已售票但未提供航空运输服务取得的逾期票证收入，按照航空运输服务征收增值税。

2. 单用途卡业务

单用途卡，是指发卡企业或者售卡企业（以下统称售卡方）按照国家有关规定发行的，仅限于在本企业、本企业所属集团或者同一品牌特许经营体系内兑付货物或者服务的预付凭证。

（1）售卡方销售单用途卡，或者接受单用途卡持卡人充值取得的预收资金，不缴纳增值税。但售卡方因发行或者销售单用途卡并办理相关资金收付结算业务取得的手续费、结算费、服务费、管理费等收入，应按照现行规定缴纳增值税。售卡方可按照规定向购卡人、充值人开具增值税普通发票，不得开具增值税专用发票。

（2）持卡人使用单用途卡购买货物或服务时，货物或者服务的销售方应按照现行规定缴纳增值税，且不得向持卡人开具增值税发票。

（3）销售方与售卡方不是同一个纳税人的，销售方在收到售卡方结算的销售款时，应向售卡方开具增值税普通发票，并在备注栏注明“收到预付卡结算款”，不得开具增值税专用发票。

3. 多用途卡业务

多用途卡，是指发卡机构（支付机构）以特定载体和形式发行的，可在发卡机构之外购买货物或服务的预付凭证。支付机构是指取得中国人民银行核发的《支付业务许可证》，获准办理“预付卡发行与受理”业务的发卡机构和获准办理“预付卡受理”业务的受理机构。

（1）支付机构销售多用途卡取得的等值人民币资金，或者接受多用途卡持卡人充值取得的充值资金，不缴纳增值税。但支付机构因发行或者受理多用途卡并办理相关资金收付结算业务取得的手续费、结算费、服务费、管理费等收入，应按照现行规定缴纳增值税。支付机构可按照规定向购卡人、充值人开具增值税普通发票，不得开具增值税专用发票。

（2）持卡人使用多用途卡，向与支付机构签署合作协议的特约商户购买货物或服务，特约商户应按照现行规定缴纳增值税，且不得向持卡人开具增值税发票。

（3）特约商户收到支付机构结算的销售款时，应向支付机构开具增值税普通发票，并在备注栏注明“收到预付卡结算款”，不得开具增值税专用发票。

（二）属于征税范围的特殊行为

1. 视同发生应税销售行为

单位或者个体工商户的下列行为，视同发生应税销售行为：

（1）将货物交付其他单位或者个人代销。

（2）销售代销货物。

（3）设有两个以上机构并实行统一核算的纳税人，将货物从一个机构移送至其他机构用于销售，但相关机构设在同一县（市）的除外。“用于销售”是指受货机构向购货方开具发票并向购货方收取货款。

（4）将自产或者委托加工的货物用于非应税项目。

（5）将自产、委托加工的货物用于集体福利或者个人消费。

（6）将自产、委托加工或者购进的货物作为投资，提供给其他单位或者个体工商户。

（7）将自产、委托加工或者购进的货物分配给股东或者投资者。

（8）将自产、委托加工或者购进的货物无偿赠送其他单位或者个人。

（9）单位或者个体工商户向其他单位或者个人无偿销售应税服务、无偿转让无形资产或者不动产，但用于公益事业或者以社会公众为对象的除外。

（10）财政部和国家税务总局规定的其他情形。

上述10种情况应该确定为视同发生应税销售行为，均要征收增值税。其确定的目的主要体现增值税计算的配比原则。即购进货物、劳务、服务、无形资产、不动产已经在购进环节实施了进项税额抵扣，这些购进货物、劳务、服务、无形资产、不动产应该产生相应的销售额，同时就应该产生相应的销项税额，否则就会产生不配比情况。

2. 混合销售行为

一项销售行为如果既涉及货物又涉及服务，为混合销售。从事货物的生产、批发或者零售的单位和个体工商户的混合销售，按照销售货物缴纳增值税；其他单位和个体工商户的混合销售，按照销售服务缴纳增值税。

上述从事货物的生产、批发或者零售的单位和个体工商户，包括以从事货物的生产、批发或者零售为主，并兼营销售服务的单位和个体工商户在内。

在确定混合销售是否成立时，如果一项销售行为只涉及销售服务，不涉及货物，这种行为就不是混合销售行为；反之，如果涉及销售服务和涉及销售货物的行为，不是存在一项销售行为之中，这种行为也不是混合销售行为。

第四节 税　率

一、标准税率

增值税一般纳税人销售货物、劳务、有形动产租赁服务或者进口货物，除以下低税率等另有规定外，税率为13%。

二、低税率

（一）9%低税率

增值税一般纳税人销售或者进口下列货物，销售交通运输、邮政、基础电信、建筑、不动产租赁服务，销售不动产，转让土地使用权，税率为9%。

1. 粮食等农产品、食用植物油、食用盐；
2. 自来水、暖气、冷气、热水、煤气、石油液化气、天然气、二甲醚、沼气、居民用煤炭制品；
3. 图书、报纸、杂志、音像制品、电子出版物；
4. 饲料、化肥、农药、农机、农膜；
5. 国务院规定的其他货物。

（二）6%低税率

增值税一般纳税人销售增值电信服务、金融服务、现代服务（不动产租赁服务除外）、生活服务，销售无形资产（土地使用权除外），税率为6%。

三、零税率

纳税人出口货物，境内单位和个人跨境销售国务院规定范围内的服务、无形资产，税率为零。

综上所述，增值税一般纳税人税率汇总（见表2-1）。

表2-1　　增值税税率明细表

序号	税　　目	税率
1	销售或者进口货物（除9—12项外）	13%
2	加工、修理修配劳务	13%
3	有形动产租赁服务	13%
4	不动产租赁服务	9%
5	销售不动产	9%
6	建筑服务	9%
7	交通运输服务	9%
8	转让土地使用权	9%
9	饲料、化肥、农药、农机、农膜	9%
10	粮食等农产品①、食用植物油、食用盐	9%
11	自来水、暖气、冷气、热水、煤气、石油液化气、天然气、二甲醚②、沼气、居民用煤炭制品	9%
12	图书、报纸、杂志、音像制品③、电子出版物④	9%
13	邮政服务	9%
14	基础电信服务	9%
15	增值电信服务	6%
16	金融服务	6%
17	现代服务（除不动产租赁服务外）	6%
18	生活服务	6%
19	销售无形资产（除土地使用权外）	6%
20	出口货物	0%
21	跨境销售国务院规定范围内的服务、无形资产	0%

注：①农产品。农产品，是指种植业、养殖业、林业、牧业、水产业生产的各种植物、动物的初级产品。

②二甲醚。二甲醚，是指常温常压下为具有轻微醚香味，易燃、无毒、无腐蚀性的气体。

③音像制品。音像制品，是指正式出版的录有内容的录音带、录像带、唱片、激光唱盘和激光视盘。

④电子出版物。电子出版物，是指以数字代码方式，使用计算机应用程序，将图文声像等内容信息编辑加工后存储在具有确定的物理形态的磁、光、电等介质上，通过内嵌在计算机、手机、电子阅读设备、电子显示设备、数字音/视频播放设备、电子游戏机、导航仪以及其他具有类似功能的设备上读取使用，具有交互功能，用以表达思想、普及知识和积累文化的大众传播媒体。

四、征收率

增值税征收率是指对特定的货物或特定的纳税人发生应税销售行为在某一生产流通环节

应纳税额与销售额的比率。增值税征收率为两档：3%和5%。

增值税征收率适用于两种情况：(1) 小规模纳税人；(2) 一般纳税人发生应税销售行为按规定可以选择简易计税方法计税的。

(一) 征收率的一般规定

1. 根据有关规定，下列情况适用5%征收率：

(1) 小规模纳税人销售自建或者取得的不动产。

(2) 一般纳税人选择简易计税方法计税的不动产销售。

(3) 房地产开发企业中的小规模纳税人，销售自行开发的房地产项目。

(4) 其他个人销售其取得（不含自建）的不动产（不含其购买的住房）。

(5) 一般纳税人选择简易计税方法计税的不动产经营租赁。

(6) 小规模纳税人出租（经营租赁）其取得的不动产（不含个人出租住房）。

(7) 其他个人出租（经营租赁）其取得的不动产（不含住房）。

(8) 个人出租住房，应按照5%的征收率减按1.5%计算应纳税额。

(9) 一般纳税人和小规模纳税人提供劳务派遣服务选择差额纳税的。

(10) 一般纳税人收取一级公路、二级公路、桥、闸通行费，选择适用简易计税方法的。

(11) 一般纳税人提供人力资源外包服务，选择适用简易计税方法的。

2. 除上述适用5%征收率以外，纳税人选择简易计税方法发生的应税销售行为均为3%。

(二) 征收率的特殊政策

1. 一般纳税人销售自己使用过的属于《增值税暂行条例》第十条规定不得抵扣且未抵扣进项税额的固定资产，按照简易计税办法依照3%征收率减按2%征收增值税。

"已使用过的固定资产"是指纳税人根据财务会计制度已经计提折旧的固定资产。

2. 小规模纳税人（除其他个人外，下同）销售自己使用过的固定资产，减按2%征收率征收增值税。

3. 纳税人销售旧货，按照简易计税办法依照3%征收率减按2%征收增值税。

所称旧货，是指进入二次流通的具有部分使用价值的货物（含旧汽车、旧摩托车和旧游艇），但不包括自己使用过的物品。

4. 提供物业管理服务的纳税人，向服务接受方收取的自来水水费，以扣除其对外支付的自来水水费后的余额为销售额，按照简易计税方法3%的征收率计算缴纳增值税。

5. 小规模纳税人提供劳务派遣服务，可以按照《关于全面推开营业税改征增值税试点的通知》的有关规定，以取得的全部价款和价外费用为销售额，按照简易计税方法3%的征收率计算缴纳增值税；也可以选择差额纳税，以取得的全部价款和价外费用，扣除代用工单位支付给劳务派遣员工的工资、福利和为其办理社会保险及住房公积金后的余额为销售额，按照简易计税方法依5%的征收率计算缴纳增值税。

6. 非企业性单位中的一般纳税人提供的研发和技术服务、信息技术服务、鉴证咨询服务，以及销售技术、著作权等无形资产，可以选择简易计税方法按照3%征收率计算缴纳增值税。

7. 一般纳税人提供教育辅助服务，可以选择简易计税方法按照3%征收率计算缴纳增值税。

需要注意的是，纳税人发生应税销售行为适用不同税率或者征收率的，应当分别核算适用不同税率或者征收率的销售额，未分别核算销售额的，按照“从高适用税率或征收率”的办法计算缴纳增值税。

第五节　增值税的计税

一、增值税的计税方法

（一）一般计税方法

一般纳税人发生应税销售行为适用一般计税方法（也称“扣税法”）计税。其计算公式是：

当期应纳增值税税额＝当期销项税额－当期进项税额

（二）简易计税方法

小规模纳税人发生应税销售行为适用简易计税方法计税。其计算公式是：

当期应纳增值税额＝当期销售额（不含增值税）×征收率

（三）扣缴计税方法

境外单位或者个人在境内发生应税销售行为，在境内未设有经营机构的，以其境内代理人为扣缴义务人；在境内没有代理人的，以购买方为扣缴义务人。扣缴义务人按照下列公式计算应扣缴税额：

应扣缴税额＝接受方支付的价款÷（1＋税率）×税率

二、一般纳税人增值税的计税

一般纳税人发生应税销售行为计算增值税适用一般计税方法，即：当期应纳税额＝当期销项税额－当期进项税额。增值税一般纳税人当期应纳税额的多少，取决于当期销项税额和当期进项税额这两个因素。

同时，财政部和国家税务总局规定，一般纳税人的特定应税销售行为也可以选择适用简易计税方法计税，但是不得抵扣进项税额。特定应税销售行为主要包括：

（1）县级及县级以下小型水力发电单位生产的自产电力。小型水力发电单位是指各类投资主体建设的装机容量为5万千瓦以下（含5万千瓦）的小型水力发电单位。

（2）自产建筑用和生产建筑材料所用的砂、土、石料。

（3）以自己采掘的砂、土、石料或其他矿物连续生产的砖、瓦、石灰（不含黏土实心砖、瓦）。

（4）自己用微生物、微生物代谢产物、动物毒素、人或动物的血液或组织制成的生物制品。

（5）自产的自来水。

（6）自来水公司销售自来水。

（7）自产的商品混凝土（仅限于以水泥为原料生产的水泥混凝土）。

（8）单采血浆站销售非临床用人体血液。

（9）寄售商店代销寄售物品（包括居民个人寄售的物品在内）。

（10）典当业销售死当物品。

（11）药品经营企业销售生物制品。

（12）公共交通运输服务。公共交通运输服务，包括轮客渡、公交客运、地铁、城市轻轨、出租车、长途客运、班车。

（13）经认定的动漫企业为开发动漫产品提供的动漫脚本编撰、形象设计、背景设计、动画设计、分镜、动画制作、摄制、描线、上色、画面合成、配音、配乐、音效合成、剪辑、字幕制作、压缩转码（面向网络动漫、手机动漫格式适配）服务，以及在境内转让动漫版权（包括动漫品牌、形象或者内容的授权及再授权）。

（14）电影放映服务、仓储服务、装卸搬运服务、收派服务和文化体育服务。

（15）以清包工方式提供的建筑服务。以清包工方式提供建筑服务，是指施工方不采购建筑工程所需的材料或只采购辅助材料，并收取人工费、管理费或者其他费用的建筑服务。

（16）为甲供工程提供的建筑服务。甲供工程，是指全部或部分设备、材料、动力由工程发包方自行采购的建筑工程。

（17）房地产开发企业销售自行开发的房地产老项目。房地产老项目，是指《建筑工程施工许可证》注明的合同开工日期在2016年4月30日前的建筑工程项目；或未取得《建筑工程施工许可证》的，建筑工程承包合同注明的开工日期在2016年4月30日前的建筑工程项目。

（18）出租2016年4月30日前取得的不动产。

（19）提供非学历教育服务。

（20）一般纳税人收取的一级公路、二级公路、桥、闸通行费。

（21）一般纳税人提供人力资源外包服务。

（一）销项税额的计算

销项税额是指纳税人发生应税销售行为时，按照销售额与规定税率计算并向购买方收取的增值税税额。销项税额的计算公式为：

销项税额 = 销售额 × 适用税率

对于属于一般纳税人的销售方来说，在没有抵扣其进项税额前，销售方收取的销项税额还不是其应纳增值税税额。销项税额的计算取决于销售额和适用税率两个因素。在适用税率既定的前提下，销项税额的大小主要取决于销售额的大小。《增值税暂行条例实施细则》对不同销售方式等情况确认销售额作了规定。

1. 一般销售方式下的销售额

销售额是指纳税人发生应税销售行为时向购买方（承受劳务和服务行为也视为购买方）收取的全部价款和价外费用。特别需要强调的是，尽管销项税额也是销售方向购买方收取的，但是由于增值税采用价外计税方式，即用不含增值税（以下简称“不含税”）价作为计税依据，因而销售额中不包括向购买方收取的销项税额。

价外费用，是指价外收取的各种性质的收费，但下列项目不包括在内：

（1）受托加工应征消费税的消费品所代收代缴的消费税。

（2）同时符合以下条件代为收取的政府性基金或者行政事业性收费：由国务院或者财政部批准设立的政府性基金，由国务院或者省级人民政府及其财政、价格主管部门批准设立的行政事业性收费；收取时开具省级以上财政部门印制的财政票据；所收款项全额上缴财政。

（3）以委托方名义开具发票代委托方收取的款项。

（4）销售货物的同时代办保险等而向购买方收取的保险费，以及向购买方收取的代购买方缴纳的车辆购置税、车辆牌照费。

凡随同应税销售行为向购买方收取的价外费用，无论其会计制度如何核算，均应并入销售额计算应纳税额。按会计准则规定，由于对价外收费一般都不在主营业务收入科目中核算，而在“其他应付款”“营业外收入”等科目中核算。在会计实务中，企业时常出现对价外收费虽在相应科目中作会计核算，但却未核算其销项税额。有的企业则既不按会计核算要求进行收入核算，又不按规定核算销项税额，而是将发生的价外收费直接冲减有关费用科目。因此应严格核查各项价外收费，进行正确的会计核算和税额核算。

应当注意，根据国家税务总局规定：对增值税一般纳税人向购买方收取的价外费用和逾期包装物押金，应视为含税收入，在征税时应换算成不含税收入再并入销售额。

2. 特殊销售方式下的销售额

（1）折扣销售的销售额。

折扣销售是指销货方在发生应税销售行为时，因购货方购货数量较大等原因而给予购货方的价格优惠，如购买 10 件，折扣 20%。税法规定，纳税人销售货物并向购买方开具增值税专用发票后，由于购货方在一定时期内累计购买货物、劳务、服务、无形资产、不动产达到一定数量，或者由于市场价格下降等原因，销货方给予购货方相应的价格优惠或补偿等折扣行为，销货方可按现行《增值税专用发票使用规定》的有关规定开具红字增值税专用发票。需要注意的是：

①折扣销售不同于销售折扣。销售折扣是指销货方在发生应税销售行为后，为了鼓励购货方及早偿还货款而协议许诺给予购货方的一种折扣优待，如 10 天内付款，货款折扣 2%。由于销售折扣发生在销货之后，是一种融资性质的理财费用，因此，销售折扣不得从销售额中减除。

②销售折扣又不同于销售折让。销售折让是指纳税人发生应税销售行为后因为劳动成果质量不合格等原因在售价上给予的减让。因为销售折让是由于应税销售行为的品种和质量引起销售额的减少，因此，对销售折让可以折让后的货款为销售额。

③折扣销售仅限于货物价格的折扣，如果销货者采用实物折扣的，则该实物款额不能从货物销售额中减除，该实物应按增值税条例“视同销售货物”中的“赠送他人”计算征收增值税。

还要特别注意，纳税人发生应税销售行为，如将价款和折扣额在同一张发票上的“金额”栏分别注明的，可按折扣后的销售额征收增值税。未在同一张发票“金额”栏注明折扣额，而仅在发票的“备注”栏注明折扣额的，折扣额不得从销售额中减除；未在同一张发票上分别注明的，以价款为销售额，不得扣减折扣额。

纳税人发生应税销售行为因销售折让、中止或者退回的，应扣减当期的销项税额（一般计税方法）或销售额（简易计税方法）。

（2）以旧换新的销售额。

以旧换新是指纳税人在销售自己的货物时，有偿收回旧货物的行为。税法规定，采取以旧换新方式销售货物的，应按新货物的同期销售价格确定销售额，不得扣减旧货物的收购价格。

但是，考虑到金银首饰以旧换新业务的特殊情况，对金银首饰以旧换新业务，可以按销售方实际收取的不含增值税的全部价款征收增值税。

（3）还本销售的销售额。

还本销售是指纳税人在销售货物后，到一定期限由销售方一次或分次退还给购货方全部或部分价款。这种方式实际上是一种筹资行为，是以货物换取资金的使用价值，到期还本不付息的方法。税法规定，采取还本销售方式销售货物，其销售额就是货物的销售价格，不得从销售额中减除还本支出。

（4）以物易物的销售额。

以物易物是指购销双方以同等价款的应税销售行为相互结算，实现应税销售行为购销的一种方式。在实务中，有的纳税人以为以物易物不是购销行为，销货方收到购货方抵顶货款的货物、劳务、服务、无形资产、不动产，认为自己不是购货；购货方发出抵顶货款的货物、劳务、服务、无形资产、不动产，认为自己不是销货。这两种认识都是错误的。正确的方法应当是，以物易物双方都应作购销处理，以发出的货物、劳务、服务、无形资产、不动产核算销售额并计算销项税额，以收到的货物、劳务、服务、无形资产、不动产按规定核算购货额并计算进项税额，并分别开具合法的票据。

3. 有包装物押金的销售额

包装物是指纳税人包装本单位货物的各种物品。纳税人销售货物时另收取包装物押金，目的是促使购货方及早退回包装物以便周转使用。

税法规定，纳税人为销售货物而出租出借包装物收取的押金，单独记账核算的，时间在1年以内，又未过期的，不并入销售额征税，但对因逾期（逾期是指超过按合同约定的实际时间）未收回包装物不再退还的押金，应按所包装货物的适用税率计算销项税额。对收取1年以上的押金，无论是否退还均并入销售额征税。

需要注意的是，在将包装物押金并入销售额征税时，需要先将该押金换算为不含税价，再并入销售额征税。另外，包装物押金不应混同于包装物租金。

4. 直销企业的销售额

直销企业先将货物销售给直销员，直销员再将货物销售给消费者的，直销企业的销售额为其向直销员收取的全部价款和价外费用。直销员将货物销售给消费者时，应按照现行规定缴纳增值税。

直销企业通过直销员向消费者销售货物，直接向消费者收取货款，直销企业的销售额为其向消费者收取的全部价款和价外费用。

5. 贷款服务的销售额

贷款服务，以提供贷款服务取得的全部利息及利息性质的收入为销售额。

银行提供贷款服务按期计收利息的，结息日当日计收的全部利息收入，均应计入结息日所属期的销售额，按照现行规定计算缴纳增值税。

6. 直接收费金融服务的销售额

直接收费金融服务，以提供直接收费金融服务收取的手续费、佣金、酬金、管理费、服务费、经手费、开户费、过户费、结算费、转托管费等各类费用为销售额。

7. 按差额确定的销售额

（1）金融商品转让的销售额。

金融商品转让，按照卖出价扣除买入价后的余额为销售额。

转让金融商品出现的正负差，按盈亏相抵后的余额为销售额。若相抵后出现负差，可结转下一纳税期与下期转让金融商品销售额相抵，但年末时仍出现负差的，不得转入下一个会计年度。

金融商品的买入价，可以选择按照加权平均法或者移动加权平均法进行核算，选择后36个月内不得变更。

金融商品转让，不得开具增值税专用发票。

（2）经纪代理服务的销售额。

经纪代理服务，以取得的全部价款和价外费用，扣除向委耗方收取并代为支付的政府性基金或者行政事业性收费后的余额为销售额。向委托方收取的政府性基金或者行政事业性收费，不得开具增值税专用发票。

（3）融资租赁和融资性售后回租业务的销售额。

①经人民银行、银监会或者商务部批准（备案）从事融资租赁业务的试点纳税人，提供融资租赁服务，以取得的全部价款和价外费用，扣除支付的借款利息（包括外汇借款和人民币借款利息）、发行债券利息和车辆购置税后的余额为销售额。

②经人民银行、银监会或者商务部批准从事融资租赁业务的试点纳税人，提供融资性售后回租服务，以取得的全部价款和价外费用（不含本金），扣除对外支付的借款利息（包括外汇借款和人民币借款利息）、发行债券利息后的余额作为销售额。

（4）航空运输企业的销售额。

纳税人以其取得的全部价款和价外费用，扣除代收的机场建设费和代售其他航空运输企业客票而代收转付的价款。

（5）提供客运场站服务的销售额。

纳税人提供客运场站服务，以其取得的全部价款和价外费用，扣除支付给承运方运费后的余额为销售额。

（6）提供旅游服务的销售额。

纳税人提供旅游服务，可以选择以取得的全部价款和价外费用，扣除向旅游服务购买方收取并支付给其他单位或者个人的住宿费、餐饮费、交通费、签证费、门票费和支付给其他接团旅游企业的旅游费用后的余额为销售额。

（7）提供建筑服务的销售额。

纳税人提供建筑服务适用简易计税方法的，以取得的全部价款和价外费用，扣除支付的分包款后的余额为销售额。

（8）房地产开发企业销售房地产的销售额。

房地产开发企业中的一般纳税人销售其开发的房地产项目（选择简易计税方法的房地

产老项目除外），以取得的全部价款和价外费用，扣除受让土地时向政府部门支付的土地价款后的余额为销售额。

（9）纳税人转让不动产的销售额。

纳税人转让不动产，以不含税全部转让价格，扣除取得不动产时契税计税金额后的余额为销售额。

8. 视同发生应税销售行为的销售额

纳税人发生应税销售行为的情形，价格明显偏低且不具有合理理由的，或者发生应税销售行为而无销售额的，由主管税务机关按照下列顺序核定销售额：

（1）按照纳税人最近时期发生同类应税销售行为的平均价格确定。

（2）按照其他纳税人最近时期发生同类应税销售行为的平均价格确定。

（3）按照组成计税价格确定。组成计税价格的公式为：

组成计税价格 = 成本 ×（1 + 成本利润率）

成本利润率由国家税务总局确定。

9. 含增值税的销售额及换算

为了符合增值税作为价外税的要求，纳税人在填写进销货及纳税凭证、进行账务处理时，应分项记录不含税销售额、销项税额和进项税额，以正确计算应纳增值税额。但在实际工作中，常常会出现一般纳税人将发生应税销售行为采用销售额和销项税额合并定价收取的方法，这样就会形成含税销售额。我国增值税是价外税，计税依据中不含增值税本身的数额。因此，一般纳税人发生应税销售行为取得的含税销售额在计算销项税额时，必须将其换算为不含税的销售额。对于一般纳税人发生的应税销售行为，采用销售额和销项税额合并定价方法的，按下列公式计算销售额：

销售额 = 含税销售额 ÷（1 + 适用税率）

（二）进项税额的确认和计算

进项税额，是指纳税人购进货物、劳务、服务、无形资产、不动产所支付或者负担的增值税额。在开具增值税专用发票的情况下，销售方收取的销项税额，就是购买方支付的进项税额。对于任何一个一般纳税人而言，由于其在经营活动中，既会发生应税销售行为，又会发生购进货物、劳务、服务、无形资产、不动产行为，因此，每一个一般纳税人都会有收取的销项税额和支付的进项税额。增值税的核心就是用纳税人收取的销项税额抵扣其支付的进项税额，其余额为纳税人实际应缴纳的增值税税额。这样，进项税额作为可抵扣的部分，对于纳税人实际纳税多少就产生了举足轻重的作用。

但需要注意的是，并不是纳税人支付的所有进项税额都可以从销项税额中抵扣。为体现增值税的配比原则，即购进项目金额与发生应税销售行为的销售额之间应有配比性，当纳税人购进的货物、劳务、服务、无形资产、不动产行为不是用于增值税应税项目，而是用于简易计税方法计税项目、免税项目或用于集体福利、个人消费等情况时，其支付的进项税额就不能从销项税额中抵扣。

1. 准予从销项税额中抵扣的进项税额

根据《增值税暂行条例》等有关规定，准予从销项税额中抵扣的进项税额，限于下列增值税扣税凭证上注明的增值税税额和按规定的扣除率计算的进项税额。

（1）从销售方取得的增值税专用发票（含税控《机动车销售统一发票》，下同）上注明的增值税额。

（2）从海关取得的海关进口增值税专用缴款书上注明的增值税额。

（3）自境外单位或者个人购进劳务、服务、无形资产、境内的不动产，从税务机关或者扣缴义务人取得的代扣代缴税款的完税凭证上注明的增值税额。

（4）购进农产品的增值税抵扣规定。除取得增值税专用发票或者海关进口增值税专用缴款书外，按照农产品收购发票或者销售发票上注明的农产品买价和9%的扣除率计算的进项税额，国务院另有规定的除外。计算公式为：

进项税额＝买价×扣除率

对烟叶税纳税人按规定缴纳的烟叶税，准予并入烟叶产品的买价计算增值税的进项税额，并在计算缴纳增值税时予以抵扣。

《农产品增值税进项税额核定扣除试点实施办法》规定的进项税额和不动产进项税额分期抵扣办法（国家税务总局公告2016年第15号）的主要内容在此不述。

（5）通行费的增值税抵扣规定。通行费，是指有关单位依法或者依规设立并收取的过路、过桥和过闸费用。

增值税一般纳税人支付的通行费，可凭取得的通行费发票（不含财政票据，下同）上注明的收费金额按照下列公式计算可抵扣的进项税额：

高速公路通行费可抵扣进项税额＝高速公路通行费发票上注明的金额÷(1＋3%)×3%

一级、二级公路、桥、闸通行费可抵扣进项税额＝一级、二级公路、桥、闸通行费发票上注明的金额÷(1＋5%)×5%

（6）资产重组的增值税抵扣规定。增值税一般纳税人在资产重组过程中，将全部资产、负债和劳动力一并转让给其他增值税一般纳税人，并按程序办理注销税务登记的，其在办理注销登记前尚未抵扣的进项税额可结转至新纳税人处继续抵扣。

2. 不得从销项税额中抵扣的进项税额

（1）纳税人购进货物、劳务、服务、无形资产、不动产，取得的增值税扣税凭证不符合法律、行政法规或者国务院税务主管部门有关规定的，其进项税额不得从销项税额中抵扣。

所称增值税扣税凭证，是指增值税专用发票、海关进口增值税专用缴款书、农产品收购发票和农产品销售发票、从税务机关或者境内代理人取得的解缴税款的税收缴款凭证及增值税的其他合法扣税凭证。

（2）用于简易计税方法计税项目、免征增值税项目、集体福利或者个人消费的购进货物、劳务、服务、无形资产、不动产的进项税额。

但是，发生兼用于上述不允许抵扣项目情况的，该进项税额准予全部抵扣。纳税人购进其他权益性无形资产，无论是专用于简易计税方法计税项目、免征增值税项目、集体福利或者个人消费，还是兼用于上述不允许扣项目，均可以抵扣进项税额。纳税人的交际应酬消费属于个人消费。

（3）非正常损失的购进货物，以及相关的劳务和交通运输服务的进项税额。

（4）非正常损失的在产品、产成品所耗用的购进货物（不包括固定资产）、劳务和交通运输服务的进项税额。

(5) 非正常损失的不动产，以及该不动产所耗用的购进货物、设计服务和建筑服务的进项税额。

所称货物，是指构成不动产实体的材料和设备，包括建筑装饰材料和给排水、采暖、卫生、通风、照明、通讯、煤气、消防、中央空调、电梯、电气、智能化楼宇设备及配套设施。

(6) 非正常损失的不动产在建工程所耗用的购进货物、设计服务和建筑服务的进项税额。

纳税人新建、改建、扩建、修缮、装饰不动产，均属于不动产在建工程。非正常损失是指因管理不善造成货物被盗、丢失、霉烂变质，以及因违反法律法规造成货物或者不动产被依法没收、销毁、拆除的情形。

(7) 购进旅客运输服务、贷款服务、餐饮服务、居民日常服务和娱乐服务的进项税额。

一般情况下客运输服务、餐饮服务、居民日常服务和娱乐服务主要接受对象是个人。对于一般纳税人购买的旅客运输服费、餐饮服务、居民日常服务和娱乐服务，难以准确的界定接受劳务的对象是企业还是个人，因此，一般纳税人购进的旅客运输服务、餐饮服务、居民日常服务和娱乐服务的进项税额不得从销项税额中抵扣。

对于接受贷款服务的利息支出进项税额不得抵扣的规定，主要是因为存款利息不征收增值税。对于住宿服务和旅游服务未列入不得抵扣项目，主要考虑是这两个行业属于公私消费参半的行业，用个人消费来进行规范。

(8) 纳税人接受贷款服务向贷款方支付的与该笔贷款直接相关的投融资顾问费、手续费、咨询费等费用的进项税额。

(9) 财政部和国家税务总局规定的其他情形。

一般纳税人兼营简易计税方法计税项目、免征增值税项目而无法划分不得抵扣的进项税额，按照下列公式计算不得抵扣的进项税额：

不得抵扣的进项税额 = 当期无法划分的全部进项税额 ×（当期简易计税方法计税项目销售额 + 免征增值税项目销售额）÷当期全部销售额

（三）计算应纳税额的时间限定

纳税人必须严格把握当期进项税额从当期销项税额中抵扣。“当期”是指税务机关依照税法规定对纳税人确定的纳税期限。只有在纳税期限内实际发生的销项税额、进项税额，才是法定的当期销项税额或当期进项税额。有些纳税人为了达到逃避纳税的目的，把当期实现的销售额隐瞒不记账或滞后记账，以减少当期销项税额，或者把不是当期实际发生的进项税额（上期结转的进项税额除外）也充作当期进项税额，以加大进项税额，少纳税甚至不纳税，这都是违反税法规定的行为。

1. 计算销项税额的时间限定

纳税人在什么时间计算销项税额，《增值税暂行条例》及其《增值税暂行条例实施细则》作了严格的规定。如采取直接收款方式销售货物，不论货物是否发出，均为收到销售款或者取得索取销售款凭据的当天；采取托收承付和委托银行收款方式销售货物，为发出货物并办妥托收手续的当天，等等，以保证准时、准确记录和核算当期销项税额。

2. 抵扣进项税额的时间限定

增值税一般纳税人取得增值税发票（包括专用发票、普通发票、机动车销售统一发票、通行费发票，下同）后，登录本省增值税发票查询平台，查询、选择用于申报抵扣、出口退税的增值税发票信息。

3. 海关进口增值税专用缴款书进项税额抵扣的时间限定

自2013年7月1日起，增值税一般纳税人进口货物取得的属于增值税扣税范围的海关进口增值税专用缴款书，需经税务机关稽核比对相符后，其增值税额才能作为进项税额在销项税额中抵扣。

【例2-1】 南山爆破厂为增值税一般纳税人，主要生产炸药A和炸药B。2019年7月生产经营情况如下：

（1）购进业务：从国内购进生产用原材料，取得增值税专用发票，注明价款80万元、增值税13.6万元，由于运输途中保管不善，原材料丢失3%；从农民手中购进为生产炸药服务的农产品，取得收购发票，注明价款10万元；从小规模纳税人购进劳保用品，取得税务机关代开的增值专用发票，注明价款2万元、增值税0.06万元。

（2）材料领用情况：企业在建工程领用5月购进的已经抵扣进项税额的材料，成本5万元。该材料适用的增值税税率为16%。

（3）销售业务：采用分期收款方式销售炸药A，合同规定，不含税销售额共计200万元，本月应收回60%货款，其余货款于9月10日前收回，本月实际收回货款50万元。销售炸药B取得不含税销售额15万元，另收取优质费3.51万元。

假定本月取得的相关票据符合税法规定并在本月认证抵扣。

要求：计算该酒厂当月应缴纳的增值税。

【解答】 进项税额 $=13.6\times(1-3\%)+10\times9\%+0.06-5\times16\%=13.35$（万元）

销项税额 $=200\times60\%\times13\%+15\times13\%+3.51\div(1+13\%)\times13\%=17.95$（万元）

应缴纳增值税 $=17.95-13.35=4.60$（万元）

（四）增值税计税的其他规定

1. 计算应纳税额时进项税额不足抵扣的处理

由于增值税实行扣税法，有时企业当期购进的货物很多，在计算应纳税额时会出现当期销项税额小于当期进项税额而不足抵扣的情况。根据税法规定，当期销项税额不足抵扣进项税额的部分可以结转下期继续抵扣。

2. 扣减发生期进项税额的规定

当期购进的货物、劳务、服务、无形资产、不动产，如果事先并未确定将用于不得抵扣进项税额项目，其进项税额就会在当期销项税额中予以抵扣。但已抵扣进项税额的购进货物、劳务、服务、无形资产、不动产如果事后改变用途，用于不得抵扣进项税额项目，根据《增值税暂行条例》规定，应当将该项购进货物、劳务、服务、无形资产、不动产的进项税额从当期（“当期”指事后改变用途的时期，下同）的进项税额中扣减；无法确定该项进项税额的，按当期实际成本计算应扣减的进项税额。

当期实际成本 = 进价 + 运费 + 保险费 + 其他有关费用

3. 销售折让或者退回涉及销项税额和进项税额的处理

一般纳税人因销售折让或者退回而退还给购买方的增值税额，应当从当期的销项税额中扣减；购买方因销售折让或者退回而收回的增值税额，应当从当期的进项税额中扣减。

一般纳税人发生应税销售行为，开具增值税专用发票后，应税销售行为发生退回或者折让、开票有误等情形，应按国家税务总局的规定开具红字增值税专用发票。未按规定开具红字增值税专用发票的不得扣减销项税额或者销售额。

对于一些企业在发生购进货物、劳务、服务、无形资产、不动产退出或折让并收回价款和增值税额时，没有相应减少当期进项税额，造成进项税额虚增而减少纳税，被认定为是逃避缴纳税款行为，并按逃避缴纳税款予以处罚。

4. 向供货方取得返还收入的处理

对商业企业向供货方收取的与商品销售量、销售额挂钩（如以一定比例、金额、数量计算）的各种返还收入，均应按照平销返利行为的有关规定冲减当期增值税进项税额。应冲减进项税额的计算公式调整为：

当期应冲减进项税额 = 当期取得的返还资金 ÷ （1 + 所购货物适用增值税税率）× 所购货物适用增值税税率

商业企业向供货方收取的各种返还收入，一律不得开具增值税专用发票。

5. 一般纳税人注销时进项税额的处理

一般纳税人注销或取消辅导期一般纳税人资格，转为小规模纳税人时，其存货不作进项税额转出处理，其留抵税额也不予以退税。

6. 纳税人跨县（市、区）提供建筑服务增值税征收管理暂行办法

跨县（市、区）提供建筑服务，是指单位和个体工商户（以下简称纳税人）在其机构所在地以外的县（市、区）提供建筑服务。

纳税人跨县（市、区）提供建筑服务，应按照财税〔2016〕36 号文件规定的纳税义务发生时间和计税方法，向建筑服务发生地主管税务机关预缴税款，向机构所在地主管税务机关申报纳税。

纳税人跨县（市、区）提供建筑服务，按照以下规定预缴税款：

（1）一般纳税人跨县（市、区）提供建筑服务，适用一般计税方法计税的，以取得的全部价款和价外费用扣除支付的分包款后的余额，按照 2% 的预征率计算应预缴税款。

应预缴税款 =（全部价款和价外费用 − 支付的分包款）÷（1 + 9%）× 2%

（2）一般纳税人跨县（市、区）提供建筑服务，选择适用简易计税方法计税的，以取得的全部价款和价外费用扣除支付的分包款后的余额，按照 3% 的征收率计算应预缴税款。

应预缴税款 =（全部价款和价外费用 − 支付的分包款）÷（1 + 3%）× 3%

（3）小规模纳税人跨县（市、区）提供建筑服务，以取得的全部价款和价外费用扣除支付的分包款后的余额，按照 3% 的征收率计算应预缴税款。

纳税人取得的全部价款和价外费用扣除支付的分包款后的余额为负数的，可结转下次预缴税款时继续扣除。

纳税人应按照工程项目分别计算应预缴税款，分别预缴。

7. 房地产开发企业（一般纳税人）销售自行开发的房地产项目增值税征收管理暂行办法

（1）自行开发，是指在依法取得土地使用权的土地上进行基础设施和房屋建设。房地产开发企业以接盘等形式购入未完工的房地产项目继续开发后，以自己的名义立项销售的，属于销售自行开发的房地产项目。

（2）销售额的确定。房地产开发企业中的一般纳税人（以下简称一般纳税人）销售自行开发的房地产项目，适用一般计税方法计税，按照取得的全部价款和价外费用，扣除当期销售房地产项目对应的土地价款后的余额计算销售额。销售额的计算公式如下：

销售额 =（全部价款和价外费用 - 当期允许扣除的土地价款）÷（1 +9%）

当期允许扣除的土地价款按照以下公式计算：

当期允许扣除的土地价款 =（当期销售房地产项目建筑面积 ÷ 房地产项目可供销售建筑面积）× 支付的土地价款

当期销售房地产项目建筑面积，是指当期进行纳税申报的增值税销售额对应的建筑面积。

房地产项目可供销售建筑面积，是指房地产项目可以出售的总建筑面积，不包括销售房地产项目时未单独作价结算的配套公共设施的建筑面积。

支付的土地价款，是指向政府、土地管理部门或受政府委托收取土地价款的单位直接支付的土地价款。

在计算销售额时从全部价款和价外费用中扣除土地价款，应当取得省级以上（含省级）财政部门监（印）制的财政票据。

房地产开发企业的一般纳税人销售自行开发的房地产老项目，可以选择适用简易计税方法按照5%的征收率计税。一经选择简易计税方法计税的，36 个月内不得变更为一般计税方法计税。房地产开发企业的一般纳税人销售自行开发的房地产老项目适用简易计税方法计税的，以取得的全部价款和价外费用为销售额，不得扣除对应的土地价款。

（3）预缴税款。房地产开发企业的一般纳税人采取预收款方式销售自行开发的房地产项目，应在收到预收款时按照3%的预征率预缴增值税。预缴税款按照以下公式计算：

应预缴税款 = 预收款 ÷（1 + 适用税率或征收率）×3%

适用一般计税方法计税的，按照9%的适用税率计算；适用简易计税方法计税的，按照5%的征收率计算。

房地产开发企业的一般纳税人应在取得预收款的次月纳税申报期向主管税务机关预缴税款。

（4）进项税额。房地产开发企业的一般纳税人销售自行开发的房地产项目，兼有一般计税方法计税、简易计税方法计税、免征增值税的房地产项目而无法划分不得抵扣的进项税额的，应以《建筑工程施工许可证》注明的“建设规模”为依据进行划分。

不得抵扣的进项税额 = 当期无法划分的全部进项税额 ×（简易计税、免税房地产项目建设规模 ÷ 房地产项目总建设规模）

三、小规模纳税人增值税的计税

小规模纳税人发生应税销售行为适用简易计税方法计税，应该按照销售额和征收率计算应纳增值税税额，并且不得抵扣进项税额。其计算公式是：

当期应纳增值税额 = 当期销售额(不含增值税) × 征收率

按简易计税方法计税的销售额不包括其应纳的增值税税额，纳税人采用销售额和应纳增值税税额合并定价方法的，按照下列公式计算销售额：

销售额 = 含税销售额 ÷ (1 + 征收率)

【例 2-2】东风餐馆为增值税小规模纳税人，2019 年 6 月取得含增值税的餐饮收入总额为 12.36 万元。要求计算该餐馆 6 月应缴纳的增值税税额。

【解答】6 月取得的不含税销售额 = 12.36 ÷ (1 + 3%) = 12（万元）

6 月应缴纳增值税税额 = 12 × 3% = 0.36（万元）

纳税人适用简易计税方法计税的，因销售折让或者退回而退还给购买方的销售额，应当从当期销售额中扣减。扣减当期销售额后仍有余额造成多缴的税款，可以从以后的应纳税额中扣减。

对小规模纳税人发生上述情况而退还销售额给购买方，依照规定将所退的款项扣减当期销售额的，如果小规模纳税人已就该项业务委托税务机关为其代开了增值税专用发票的，应按规定申请开具红字专用发票。

【例 2-3】A 企业（小规模纳税人）仅经营某项应税服务，适用 3% 的征收率。2019 年 5 月发生一笔销售额为 1000 元的业务并就此缴纳了增值税。6 月该业务由于合理原因发生退款。(销售额均为不含税)。要求计算以下两种情况下该企业 6 月应缴纳的增值税税额。

【解答】(1) 假设 6 月该企业应税服务的销售额为 5000 元。

6 月的计税销售额 = 5000 - 1000 = 4000（元）

6 月缴纳的增值税 = 4000 × 3% = 120（元）

(2) 假设 6 月该企业应税服务销售额为 600 元，7 月应税服务销售额为 5000 元。

6 月的计税销售额 = 600 - 600 = 0（元）

6 月应纳增值税额 = 0 × 3% = 0（元）

6 月销售额不足扣减的部分（600 - 1000）而多缴的税款为 12 元（400 × 3%），可以从以后纳税期的应纳税额中扣减。

7 月企业实际缴纳的税额 = 5000 × 3% - 12 = 138（元）

或 7 月企业实际缴纳的税额 = (5000 - 400) × 3% = 138（元）

第六节 进口业务增值税的征收

一、进口业务增值税的纳税人

进口货物的收货人（承受人）或办理报关手续的单位和个人，为进口货物增值税的纳税义务人。也就是说，进口货物增值税纳税人的范围较宽，包括了国内一切从事进口业务的企业事业单位、机关团体和个人。

对于企业、单位和个人委托代理进口应征增值税的货物，鉴于代理进口货物的海关完税凭证，有的开具给委托方，有的开具给受托方的特殊性，对代理进口货物以海关开具的完税凭证上的纳税人为增值税纳税人。在实际工作中一般由进口代理者代缴进口环节增值税。纳税后，由代理者将已纳税款和进口货物价款费用等与委托方结算，由委托者承担已纳税款。

跨境电子商务零售进口商品按照货物征收关税和进口环节增值税、消费税，购买跨境电子商务零售进口商品的个人作为纳税义务人。电子商务企业、电子商务交易平台企业或物流企业可作为代收代缴义务人。

二、进口业务增值税的征税范围

根据《增值税暂行条例》的规定，申报进人中华人民共和国海关境内的货物，均应缴纳增值税。个人携带或者邮寄进境自用物品的增值税，连同关税一并计征。具体办法由国务院关税税则委员会会同有关部门制定。

确定一项货物是否属于进口，必须首先看其是否有报关进口手续。一般来说，境外产品要输入境内，都必须向我国海关申报进口，并办理有关报关手续。只要是报关进口的应税货物，不论其是国外产制还是我国已出口而转销国内的货物，是进口者自行采购还是国外捐赠的货物，是进口者自用还是作为贸易或其他用途等，均应按照规定缴纳进口环节的增值税。

从其他国家或地区进口《跨境电子商务零售进口商品清单》范围内的以下商品适用于跨境电子商务零售进口增值税税收政策：所有通过与海关联网的电子商务交易平台交易，能够实现交易、支付、物流电子信息“三单”比对的跨境电子商务零售进口商品；未通过与海关联网的电子商务交易平台交易，但快递、邮政企业能够统一提供交易、支付、物流等电子信息，并承诺承担相应法律责任进境的跨境电子商务零售进口商品。

三、进口环节增值税的适用税率

进口业务的增值税税率与本章第四节的内容相同。

四、进口环节增值税的计税

纳税人进口货物，按照组成计税价格和《增值税暂行条例》规定的税率计算应纳税额。组成计税价格是指在没有实际销售价格时，按照税法规定计算出作为计税依据的价格。进口货物计算增值税的组成计税价格和应纳税额计算公式如下：

组成计税价格 = 关税完税价格 + 关税

应纳税额 = 组成计税价格 × 税率

在计算进口货物的增值税时应该注意以下几点：

1. 进口货物增值税的组成计税价格中包括已纳关税税额，如果进口货物属于消费税应税消费品，其组成计税价格中还要包括进口环节已纳消费税税额。

2. 在计算进口环节的应纳增值税税额时不得抵扣任何税额，即在计算进口环节的应纳增值税税额时，不得抵扣发生在我国境外的各种税金。但进口环节的应纳增值税税额作为进项税额。

3. 按照《海关法》和《进出口关税条例》的规定，一般贸易下进口货物的关税完税价格以海关审定的成交价格为基础的到岸价格作为完税价格。所谓成交价格是一般贸易项下进口货物的买方为购买该项货物向卖方实际支付或应当支付的价格；到岸价格，包括货价，加上货物运抵我国关境内输入地点起卸前的包装费、运费、保险费和其他劳务费等费用构成的一种价格。

4. 跨境电子商务零售进口商品按照货物征收关税和进口环节增值税、消费税，以实际交易价格（包括货物零售价格、运费和保险费）作为完税价格。

【例2-4】 有进出口经营权的南山商贸公司2019年10月进口货物一批。该批货物在国外的买价为40万元，另该批货物运抵我国海关前发生的包装费、运输费、保险费等共计20万元。货物报关后，公司按规定缴纳了进口环节的增值税并取得了海关开具的海关进口增值税专用缴款书。假定该批进口货物在国内全部销售，取得不含税销售额80万元。货物进口关税税率为15%，货物增值税税率为13%。要求按下列顺序回答问题：

（1）计算关税完税价格；

（2）计算进口环节应纳的进口关税；

（3）计算进口环节应纳增值税的组成计税价格；

（4）计算进口环节应缴纳增值税的税额；

（5）计算国内销售环节的销项税额；

（6）计算国内销售环节应缴纳增值税税额。

【解答】（1）关税完税价格=40+20=60（万元）

（2）应缴纳进口关税=60×15%=9（万元）

（3）进口环节应纳增值税的组成计税价格=60+9=69（万元）

（4）进口环节应缴纳增值税的税额=69×13%=8.97（万元）

（5）国内销售环节的销项税额=80×13%=10.4（万元）

（6）国内销售环节应缴纳增值税税额=10.4-8.97=1.43（万元）

第七节 出口和跨境业务增值税的免退税

出口货物、劳务和跨境应税行为免退税是国际贸易中通常采用的并为世界各国普遍接受的、目的在于鼓励各国出口货物公平竞争的一种税收措施。我国的出口货物、劳务和跨境应税行为免退增值税是指在国际贸易业务中，对我国报关出口的货物、劳务和跨境应税行为免征或退还其在国内各生产和流转环节按税法规定缴纳的增值税，即对应征收增值税的出口货物、劳务和跨境应税行为实行零税率（国务院另有规定除外）。

一、出口货物、劳务和跨境应税行为免退增值税基本政策

我国根据本国的实际，采取出口免税与退税相结合的政策。目前，我国的出口货物、劳务和跨境应税行为的增值税税收政策分为以下三种形式：

（一）出口免税并退税

出口免税是指对货物、劳务和跨境应税行为在出口销售环节免征增值税。这是把货物、劳务和跨境应税行为出口环节与出口前的销售环节都同样视为一个征税环节；出口退税是指

对货物、劳务和跨境应税行为在出口前实际承担的税收负担，按规定的退税率计算后予以退还。

（二）出口免税不退税

出口不退税是指适用这个政策的出口货物、劳务和跨境应税行为因在前一道生产、销售环节或进口环节是免税的，因此，出口时该货物、劳务和跨境应税行为的价格中本身就不含税，也无须退税。

（三）出口不免税也不退税

出口不免税是指对国家限制或禁止出口的某些货物、劳务和跨境应税行为的出口环节视同内销环节，照常征税；出口不退税是指对这些货物、劳务和跨境应税行为出口不退还出口前其所负担的税款。

二、增值税免退税办法

适用增值税免退税政策的出口货物、劳务和跨境应税行为，按照下列规定实行增值税“免、抵、退”税或“免、退”税办法。

（一）“免、抵、退”税办法

适用增值税一般计税方法的生产企业出口自产货物与视同自产货物、对外提供加工修理修配劳务，以及列名的74家生产企业出口非自产货物，免征增值税，相应的进项税额抵减应纳增值税额（不包括适用增值税即征即退、先征后退政策的应纳增值税额），未抵减完的部分予以退还。

（二）“免、退”税办法

不具有生产能力的出口企业（以下称外贸企业）或其他单位出口货物、劳务，免征增值税，相应的进项税额予以退还。

适用增值税一般计税方法的外贸企业外购服务或者无形资产出口实行“免、退”税办法。

三、增值税出口退税率

（一）退税率的一般规定

除财政部和国家税务总局根据国务院决定而明确的增值税出口退税率外，出口货物的退税率为其适用税率。

服务和无形资产的退税率为其按照《增值税暂行条例》规定适用的增值税税率。

适用不同退税率的货物、劳务及跨境应税行为，应分开报关、核算并申报免退税，未分开报关、核算或划分不清的，从低适用退税率。

（二）退税率的特殊规定

1\. 外贸企业购进按简易办法征税的出口货物、从小规模纳税人购进的出口货物，其退税率分别为简易办法实际执行的征收率、小规模纳税人征收率。

上述出口货物取得增值税专用发票的，退税率按照增值税专用发票上的税率和出口货物退税率孰低的原则确定。

2. 出口企业委托加工修理修配货物，其加工修理修配费用的退税率为出口货物的退税率。

3. 中标机电产品、出口企业向海关报关进入特殊区域销售给特殊区域内生产企业生产耗用的列明原材料、输入特殊区域的水电气，其退税率为适用税率。

四、增值税免退税的计税依据

出口货物、劳务的增值税免退税的计税依据，按出口货物、劳务的出口发票（外销发票）、其他普通发票或购进出口货物、劳务的增值税专用发票、海关进口增值税专用缴款书确定。具体规定如下：

（一）生产企业出口货物、劳务（进料加工复出口货物除外）增值税免退税的计税依据，为出口货物、劳务的实际离岸价（FOB）。实际离岸价应以出口发票上的离岸价为准，但如果出口发票不能反映实际离岸价，主管税务机关有权予以核定。

（二）对进料加工出口货物，企业应以出口货物人民币离岸价扣除出口货物耗用的保税进口料件金额的余额为增值税免退税的计税依据。“保税进口料件”，是指海关以进料加工贸易方式监管的出口企业从境外和特殊区域等进口的料件。包括出口企业从境外单位或个人购买并从海关保税仓库提取且办理海关进料加工手续的料件，以及保税区外的出口企业从保税区内的企业购进并办理海关进料加工手续的进口料件。

（三）生产企业国内购进无进项税额且不计提进项税额的免税原材料加工后出口的货物的计税依据，按出口货物的离岸价（FOB）扣除出口货物所含的国内购进免税原材料的金额后确定。

（四）外贸企业出口货物（委托加工修理修配货物除外）增值税免退税的计税依据，为购进出口货物的增值税专用发票注明的金额或海关进口增值税专用缴款书注明的完税价格。

（五）外贸企业出口委托加工修理修配货物增值税免退税的计税依据，为加工修理修配费用增值税专用发票注明的金额。外贸企业应将加工修理修配使用的原材料（进料加工海关保税进口料件除外）作价销售给受托加工修理修配的生产企业，受托加工修理修配的生产企业应将原材料成本并入加工修理修配费用开具发票。

（六）免税品经营企业销售的货物增值税免退税的计税依据，为购进货物的增值税专用发票注明的金额或海关进口增值税专用缴款书注明的完税价格。

（七）中标机电产品增值税免退税的计税依据，生产企业为销售机电产品的普通发票注明的金额，外贸企业为购进货物的增值税专用发票注明的金额或海关进口增值税专用缴款书注明的完税价格。

（八）输入特殊区域的水电气增值税免退税的计税依据，为作为购买方的特殊区域内生产企业购进水（包括蒸汽）、电力、燃气的增值税专用发票注明的金额。

另外，跨境应税行为的计税依据按照《适用增值税零税率应税服务退（免）税管理办法》（国家税务总局公告2014年第11号）执行。列举其中几条规定如下：

(1) 以铁路运输方式载运旅客的，为按照铁路合作组织清算规则清算后的实际运输收入。

(2) 以铁路运输方式载运货物的，为按照铁路运输进款清算办法，对“发站”或“到站（局）”名称包含“境”字的货票上注明的运输费用以及直接相关的国际联运杂费清算后的实际运输收入。

(3) 以航空运输方式载运货物或旅客的，如果国际运输或港、澳、台地区运输各航段由多个承运人承运的，为中国航空结算有限责任公司清算后的实际收入；如果国际运输或港、澳、台地区运输各航段由一个承运人承运的，为提供航空运输服务取得的收入。

五、增值税免退税的计税

(一) 生产企业出口货物、劳务、服务和无形资产的增值税免退税

适用“免、抵、退”税办法，依下列步骤及公式计算。

1. 当期应纳税额的计算

当期应纳税额 = 当期销项税额 -（当期进项税额 - 当期不得免征和抵扣税额）

当期不得免征和抵扣税额 = 当期出口货物离岸价 × 外汇人民币折合率 ×（出口货物适用税率 - 出口货物退税率）- 当期不得免征和抵扣税额抵减额

当期不得免征和抵扣税额抵减额 = 当期免税购进原材料价格 ×（出口货物适用税率 - 出口货物退税率）

出口货物离岸价（FOB）以出口发票计算的离岸价为准。实际离岸价应以出口发票上的离岸价为准，但如果出口发票不能反映实际离岸价，主管税务机关有权予以核定。

2. 当期“免、抵、退”税额的计算

当期“免、抵、退”税额 = 当期出口货物离岸价 × 外汇人民币折合率 × 出口货物退税率 - 当期“免、抵、退”税额抵减额

当期“免、抵、退”税额抵减额 = 当期免税购进原材料价格 × 出口货物退税率

3. 当期应退税额和免抵税额的计算

(1) 当期期末留抵税额≤当期“免、抵、退”税额时，那么

当期应退税额 = 当期期末留抵税额

当期免抵税额 = 当期“免、抵、退”税额 - 当期应退税额

(2) 当期期末留抵税额 > 当期“免、抵、退”税额时，那么

当期应退税额 = 当期“免、抵、退”税额

当期免抵税额 = 0

当期期末留抵税额为当期增值税纳税申报表中“期末留抵税额”。

4. 当期免税购进原材料价格包括当期国内购进的无进项税额且不计提进项税额的免税原材料的价格和当期进料加工保税进口料件的价格，其中当期进料加工保税进口料件的价格为进料加工出口货物耗用的保税进口料件金额：

进料加工出口货物耗用的保税进口料件金额 = 进料加工出口货物人民币离岸价 × 进料加工计划分配率

计划分配率 = 计划进口总值 ÷ 计划出口总值 × 100%

计算不得免征和抵扣税额时，应按当期全部出口货物的销售额扣除当期全部进料加工出

口货物耗用的保税进口料件金额后的余额乘以征退税率之差计算。

【例2-5】 自营出口的南山生产企业为增值税一般纳税人，出口货物的征税税率为13%，退税税率为9%，2019年6月的有关经营业务为：购进原材料一批，取得的增值税专用发票注明的价款200万元，外购货物准予抵扣的进项税额32万元通过认证。上月末留抵税款3万元，本月内销货物不含税销售额100万元，收款113万元存入银行，本月出口货物的销售额折合人民币200万元。试计算该企业当期的“免、抵、退”税额。

【解答】（1）当期“免、抵、退”税不得免征和抵扣税额=200×（13%-9%）

=8（万元）

（2）当期应纳税额=100×13%-(32-8)-3=-14（万元）

（3）出口货物“免、抵、退”税额=200×9%=18（万元）

（4）按规定，如当期末留抵税额≤当期“免、抵、退”税额时：

当期应退税额=当期期末留抵税额

即该企业当期应退税额=14（万元）

（5）当期免抵税额=当期“免、抵、退”税额-当期应退税额

即当期免抵税额=18-14=4（万元）

【例2-6】 自营出口的南山生产企业为增值税一般纳税人，出口货物的征税税率为13%，退税税率为9%。2019年8月有关经营业务为：购原材料一批，取得的增值税专用发票注明的价款400万元，外购货物准予抵扣的进项税额52万元通过认证。上期末留抵税款5万元。本月内销货物不含税销售额100万元，收款113万元存入银行。本月出口货物的销售额折合人民币200万元。试计算该企业当期的“免、抵、退”税额。

【解答】（1）当期“免、抵、退”税不得免征和抵扣税额=200×（13%-9%）

=8（万元）

（2）当期应纳税额=100×13%-(52-8)-5=-36（万元）

（3）出口货物“免、抵、退”税额=200×9%=18（万元）

（4）按规定，如当期期末留抵税额>当期“免、抵、退”税额时：

当期应退税额=当期“免、抵、退”税额

即该企业当期应退税额=18（万元）

（5）当期免抵税额=当期“免、抵、退”税额-当期应退税额

即该企业当期免抵税额=18-18=0

（6）8月期末留抵结转下期继续抵扣税额为18（36-18）万元。

（二）外贸企业出口货物、劳务和应税行为增值税免退税

1. 外贸企业出口委托加工修理修配货物

增值税应退税额=委托加工修理修配的增值税免退税计税依据×出口货物退税率

【例2-7】 某进出口公司2019年6月购进牛仔布委托加工成服装出口，取得牛仔布增值税发票一张，注明计税金额10000元；取得服装加工费计税金额2000元，受托方将原材料成本并入加工修理修配费用并开具了增值税专用发票。假设增值税出口退税率为13%。要求计算当期应退的增值税税额。

【解答】 应退税额=(10000+2000)×13%=1560（元）

2. 外贸企业出口委托加工修理修配货物以外的货物

增值税应退税额 = 增值税免退税计税依据 × 出口货物退税率

【例 2-8】 某进出口公司 2019 年 6 月出口美国平纹布 2000 米，进货增值税专用发票注明单价 20 元/米，计税金额 40000 元，增值税出口退税率为 13%。要求计算当期应退增值税税额。

【解答】 应退税额 = 40000 × 13% = 5200（元）

3. 融资租赁出口货物退税的计算

融资租赁出租方将融资租赁出口货物租赁给境外承租方、将融资租赁海洋工程结构物租赁给海上石油天然气开采企业，向融资租赁出租方退还其购进租赁货物所含增值税。其计算公式如下：

增值税应退税额 = 购进融资租赁货物的增值税专用发票注明的金额或进口增值税专用缴款书注明的完税价格 × 融资租赁货物适用的增值税退税率

【例 2-9】 2019 年 8 月某融资租赁公司根据合同规定将一设备以融资租赁方式出租给境外的甲企业使用。融资租赁公司购进该设备的增值税专用发票上注明的金额为 100 万元人民币。假设增值税出口退税率为 13%。要求计算该企业当期应退的增值税税额。

【解答】 应退增值税税额 = 100 × 13% = 13（万元）

融资租赁出口货物适用的增值税退税率，按照统一的出口货物适用退税率执行。从增值税一般纳税人购进的按简易办法征税的融资租赁货物和从小规模纳税人购进的融资租赁货物，其适用的增值税退税率，按照购进货物适用的征收率和退税率孰低的原则确定。

4. 退税率低于适用税率的，相应计算出的差额部分的税款计入出口货物劳务成本。

第八节 税收优惠

一、免税项目

1. 农业生产者销售的自产农产品。

农业生产者，包括从事农业生产的单位和个人。农业产品是指种植业、养殖业、林业、牧业、水产业生产的各类植物、动物的初级产品。对上述单位和个人销售的外购农产品，以及单位和个人外购农产品生产、加工后销售的仍然属于规定范围的农业产品，不属于免税的范围，应当按照规定的税率征收增值税。但纳税人采取“公司 + 农户”经营模式从事畜禽饲养，即公司与农户签订委托养殖合同，向农户提供畜禽苗、饲料、兽药及疫苗等（所有权属于公司），农户饲养畜禽苗至成品后交付公司回收，公司将回收的成品畜禽用于销售。在这种经营模式下，纳税人回收再销售畜禽，属于农业生产者销售自产农产品，应根据《增值税暂行条例》的有关规定免征增值税。

2. 避孕药品和用具。

3. 古旧图书。是指向社会收购的古书和旧书。

4. 直接用于科学研究、科学试验和教学的进口仪器、设备。

5. 外国政府、国际组织无偿援助的进口物资和设备。

6. 由残疾人的组织直接进口供残疾人专用的物品。

7. 销售自己使用过的物品。自己使用过的物品，是指其他个人自己使用过的物品。

8. 托儿所、幼儿园提供的保育和教育服务。

托儿所、幼儿园，是指经县级以上教育部门审批成立、取得办园许可证的实施0—6岁学前教育的机构，包括公办和民办的托儿所、幼儿园、学前班、幼儿班、保育院、幼儿园。

公办托儿所、幼儿园免征增值税的收入，是指在省级财政部门和价格主管部门审核报省级人民政府批准的收费标准以内收取的教育费、保育费。民办托儿所、幼儿园免征增值税的收入，是指在报经当地有关部门备案并公示的收费标准范围内收取的教育费、保育费。超过规定收费标准的收费，以开办实验班、特色班和兴趣班等为由另外收取的费用以及与幼儿入园挂钩的赞助费、支教费等超过规定范围的收入，不属于免征增值税的收入。

9. 养老机构提供的养老服务。

养老机构，是指依法设立并办理登记的为老年人提供集中居住和照料服务的各类养老机构；养老服务，是指上述养老机构按照民政部《养老机构管理办法》（民政部令第49号）的规定，为收住的老年人提供的生活照料、康复护理、精神慰藉、文化娱乐等服务。

10. 残疾人福利机构提供的育养服务。

11. 婚姻介绍服务。

12. 殡葬服务。

殡葬服务，是指收费标准由各地价格主管部门会同有关部门核定，或者实行政府指导价管理的遗体接运（含抬尸、消毒）、遗体整容、遗体防腐、存放（含冷藏）、火化、骨灰寄存、吊唁设施设备租赁、墓穴租赁及管理等服务。

13. 残疾人员本人为社会提供的服务。

14. 医疗机构提供的医疗服务。

医疗机构，是指依法经登记取得《医疗机构执业许可证》的机构，以及军队、武警部队各级各类医疗机构。具体包括：各级各类医院、门诊部（所）、社区卫生服务中心（站）、急救中心（站）、城乡卫生院、护理院（所）、疗养院、临床检验中心，各级政府及有关部门举办的卫生防疫站（疾病控制中心）、各种专科疾病防治站（所），各级政府举办的妇幼保健所（站）、母婴保健机构、儿童保健机构，各级政府举办的血站（血液中心）等医疗机构。

医疗服务，是指医疗机构按照不高于地（市）级以上价格主管部门会同同级卫生主管部门及其他相关部门制定的医疗服务指导价格为就医者提供《全国医疗服务价格项目规范》所列的各项服务，以及医疗机构向社会提供卫生防疫、卫生检疫的服务。

15. 从事学历教育的学校提供的教育服务。

学历教育，是指受教育者经过国家教育考试或者国家规定的其他入学方式，进入国家有关部门批准的学校或者其他教育机构学习，获得国家承认的学历证书的教育形式。具体包括：初等教育（包括普通小学、成人小学），初级中等教育（包括普通初中、职业初中、成人初中），高级中等教育（包括普通高中、成人高中、普通中专、成人中专、职业高中、技工学校），高等教育（包括普通本专科、成人本专科、网络本专科、博士硕士研究生、高等教育自学考试、高等教育学历文凭考试）。

提供教育服务免征增值税的收入，是指对列入规定招生计划的在籍学生提供学历教育服务取得的收入，具体包括：经有关部门审核批准并按规定标准收取的学费、住宿费、课本费、作业本费、考试报名费收入，以及学校食堂提供餐饮服务取得的伙食费收入。除此之外的收入，包括学校以各种名义收取的赞助费、择校费等，不属于免征增值税的范围。

学校食堂是指依照《学校食堂与学生集体用餐卫生管理规定》（教育部令第14号）管理的学校食堂。

16. 学生勤工俭学提供的服务。

17. 农业机耕、排灌、病虫害防治、植物保护、农牧保险以及相关技术培训业务，家禽、牲畜、水生动物的配种和疾病防治。

农业机耕，是指在农业、林业、牧业中使用农业机械进行耕作（包括耕耘、种植、收割、脱粒、植物保护等）的业务；排灌，是指对农田进行灌溉或者排涝的业务；病虫害防治，是指从事农业、林业、牧业、渔业的病虫害测报和防治的业务；农牧保险，是指为种植业、养殖业、牧业种植和饲养的动植物提供保险的业务。

18. 纪念馆、博物馆、文化馆、文物保护单位管理机构、美术馆、展览馆、书画院、图书馆在自己的场所提供文化体育服务取得的第一道门票收入。

19. 寺院、宫观、清真寺和教堂举办文化、宗教活动的门票收入。

20. 行政单位之外的其他单位收取的符合规定的政府性基金和行政事业性收费。

21. 个人转让著作权。

22. 个人销售自建自用住房。

23. 台湾航运公司、航空公司从事海峡两岸海上直航、空中直航业务在大陆取得的运输收入。

24. 纳税人提供的直接或者间接国际货物运输代理服务。

25. 国家助学贷款、国债和地方政府债、人民银行对金融机构的贷款、住房公积金管理中心用住房公积金在指定的委托银行发放的个人住房贷款、外汇管理部门在从事国家外汇储备经营过程中委托金融机构发放的外汇贷款、企业集团统借统还业务等产生的利息收入。

26. 保险公司开办的一年期以上人身保险产品取得的保费收入。

27. 再保险服务。

28. 合格境外投资者（QFII）委托境内公司在我国从事证券买卖业务、香港市场投资者和内地投资者（包括单位和个人）通过沪港通和深港通买卖证券交易所（香港联交所）上市股票、对香港市场投资者（包括单位和个人）通过基金互认买卖内地基金份额、证券投资基金管理人运用基金买卖股票和债券等金融商品转让收入。

29. 金融机构与人民银行发生的资金往来业务、银行联行往来业务、金融机构间的资金往来业务、金融机构之间开展的转贴现业务、同业存款、同业借款、同业代付、买断式买入返售金融商品、持有金融债券、同业存单等金融同业往来利息收入。

买断式买入返售金融商品，是指金融商品持有人（正回购方）将债券等金融商品卖给债券购买方（逆回购方）的同时，交易双方约定在未来某一日期，正回购方再以约定价格从逆回购方买回相等数量同种债券等金融商品的交易行为。

30. 同时符合规定条件的担保机构从事中小企业信用担保或者再担保业务取得的收入（不含信用评级、咨询、培训等收入）3年内免征增值税。

31. 国家商品储备管理单位及其直属企业承担商品储备任务，从中央或者地方财政取得的利息补贴收入和价差补贴收入。

32. 纳税人提供技术转让、技术开发和与之相关的技术咨询、技术服务。

33. 同时符合规定条件的合同能源管理服务。

34. 政府举办的从事学历教育的高等、中等和初等学校（不含下属单位），举办进修班、培训班取得的全部归该学校所有的收入。

35. 政府举办的职业学校设立的主要为在校学生提供实习场所、并由学校出资自办、由学校负责经营管理、经营收入归学校所有的企业，从事“现代服务”（不含融资租赁服务、广告服务和其他现代服务）、“生活服务”（不含文化体育服务、其他生活服务和桑拿、氧吧）业务活动取得的收入。

36. 家政服务企业由员工制家政服务员提供家政服务取得的收入。

37. 福利彩票、体育彩票的发行收入。

38. 将土地使用权转让给农业生产者用于农业生产。

39. 涉及家庭财产分割的个人无偿转让不动产、土地使用权。

家庭财产分割，包括下列情形：离婚财产分割；无偿赠与配偶、父母、子女、祖父母、外祖父母、孙子女、外孙子女、兄弟姐妹；无偿赠与对其承担直接抚养或者赡养义务的抚养人或者赡养人；房屋产权所有人死亡，法定继承人、遗嘱继承人或者受遗赠人依法取得房屋产权。

40. 土地所有者出让土地使用权和土地使用者将土地使用权归还给土地所有者。

41. 各党派、共青团、工会、妇联、中科协、青联、台联、侨联收取党费、团费、会费，以及政府间国际组织收取会费，属于非经营活动。

42. 青藏铁路公司提供的铁路运输服务。

43. 中国邮政集团公司及其所属邮政企业提供的邮政普遍服务和邮政特殊服务。

44. 中国信达资产管理股份有限公司、中国华融资产管理股份有限公司、中国长城资产管理公司和中国东方资产管理公司及各自经批准分设于各地的分支机构，在收购、承接和处置剩余政策性剥离不良资产和改制银行剥离不良资产过程中开展的规定业务。

45. 全国社会保障基金理事会、全国社会保障基金投资管理人运用全国社会保障基金买卖证券投资基金、股票、债券取得的金融商品转让收入。

二、增值税即征即退

1. 增值税一般纳税人销售其自行开发生产的软件产品，按13%税率征收增值税后，对其增值税实际税负超过3%的部分实行即征即退政策。

增值税一般纳税人将进口软件产品进行本地化改造后对外销售，其销售的软件产品可享受上述规定的增值税即征即退政策。本地化改造是指对进口软件产品进行重新设计、改进、转换等，单纯对进口软件产品进行汉字化处理不包括在内。

2. 一般纳税人提供管道运输服务，对其增值税实际税负超过3%的部分实行增值税即征即退政策。

3. 经人民银行、银监会或者商务部批准从事融资租赁业务的试点纳税人中的一般纳税人，提供有形动产融资租赁服务和有形动产融资性售后回租服务，对其增值税实际税负超过3%的部分实行增值税即征即退政策。

上述所称增值税实际税负，是指纳税人当期提供应税服务实际缴纳的增值税额占纳税人当期提供应税服务取得的全部价款和价外费用的比例。

4. 纳税人享受安置残疾人增值税即征即退优惠政策。

5. 纳税人销售自产的综合利用产品和提供资源综合利用劳务，可享受增值税即征即退政策。

根据财税〔2015〕78号关于印发《资源综合利用产品和劳务增值税优惠目录》的通知的规定，纳税人销售自产的综合利用产品和提供资源综合利用劳务，可享受增值税即征即退政策。退税比例有30%、50%、70%和100%四个档次。

纳税人从事优惠目录所列的资源综合利用项目，享受规定的增值税即征即退政策时，应同时符合一些条件，如应属于增值税一般纳税人，销售综合利用产品和劳务不属于国家发展改革委员会发布的《产业结构调整指导目录》中的禁止、限制类项目等。

三、增值税起征点的规定

增值税起征点优惠政策仅适用于个人，包括个体工商户和其他个人，但不适用于登记认定为一般纳税人的个体工商户。

《增值税暂行条例》规定，纳税人销售额未达到国务院财政税务主管部门规定的增值税起征点的，免征增值税；达到起征点的，按照规定全额计算缴纳增值税。

增值税起征点幅度如下：

（1）按期纳税的，为月销售额5000—20000元（含本数）。

（2）按次纳税的，为每次（日）销售额300—500元（含本数）。

省、自治区、直辖市财政厅（局）和税务局应当在规定的幅度内，根据实际情况确定本地区适用的起征点，并报财政部和国家税务总局备案。

四、财政部、国家税务总局规定的其他部分征免税项目

1. 纳税人批发、零售的蔬菜免征增值税。

蔬菜是指可作副食的草本、木本植物，包括各种蔬菜、菌类植物和少数可作副食的木本植物。蔬菜的主要品种参照《蔬菜主要品种目录》执行。

经挑选、清洗、切分、晾晒、包装、脱水、冷藏、冷冻等工序加工的蔬菜，属于蔬菜的范围。蔬菜经处理、装罐、密封、杀菌或无菌包装而制成的食品是蔬菜罐头，各种蔬菜罐头不属于蔬菜的范围。

纳税人既销售蔬菜又销售其他增值税应税货物的，应分别核算蔬菜和其他增值税应税货物的销售额；未分别核算的，不得享受蔬菜增值税免税政策。

2. 除豆粕以外的其他粕类饲料产品免征增值税。

3. 制种企业利用自有土地或承租土地，雇用农户或雇工进行种子繁育，或者提供亲本种子委托农户繁育并从农户手中收回，再经烘干、脱粒、风筛等深加工后销售种子，属于农业生产者销售自产农业产品，免征增值税。

4. 纳税人生产销售和批发、零售有机肥产品免征增值税。

享受免税政策的有机肥产品是指有机肥料、有机—无机复混肥料和生物有机肥。其产品执行标准为：有机肥料NY525—2002，有机—无机复混肥料GB18877—2002，生物有机肥

NY884—2004。

纳税人应按照规定单独核算有机肥产品的销售额。未单独核算销售额的，不得免税。纳税人销售免税的有机肥产品，应按规定开具增值税普通发票，不得开具增值税专用发票。

5. 按债转股企业与金融资产管理公司签订的债转股协议，债转股原企业将货物资产作为投资提供给债转股新公司的，免征增值税。

6. 小规模纳税人发生增值税应税销售行为，月销售额未超过10万元（以1个季度为纳税期限的，季度销售额未超过30万元，下同）的，免征增值税。

7. 境内的单位和个人销售规定的服务和无形资产免征增值税。但财政部和国家税务总局规定适用增值税零税率的除外。

8. 研发机构采购设备增值税政策。为了鼓励科学研究和技术开发，促进科技进步，经国务院批准，对符合规定的研发机构采购的国产设备，按规定实行全额退还增值税。

五、其他有关减免税规定

1. 纳税人兼营免税、减税项目的，应当分别核算免税、减税项目的销售额；未分别核算销售额的，不得免税、减税。

2. 纳税人发生应税销售行为适用免税规定的，可以放弃免税，依照《增值税暂行条例》的规定缴纳增值税。放弃免税后，36个月内不得再申请免税。

纳税人发生应税销售行为同时适用免税和零税率规定的，优先适用零税率。

（1）生产和销售免征增值税的应税销售行为的纳税人要求放弃免税权，应当以书面形式提交放弃免税权声明，报主管税务机关备案。纳税人自提交备案资料的次月起，按照现行有关规定计算缴纳增值税。

（2）放弃免税权的纳税人符合一般纳税人认定条件尚未认定为增值税一般纳税人的，应当按现行规定认定为增值税一般纳税人，其发生的应税销售行为可开具增值税专用发票。

（3）纳税人一经放弃免税权，其生产销售的全部应税行为均应按照适用税率征税，不得选择某一免税项目放弃免税权，也不得根据不同的销售对象选择部分应税销售行为放弃免税权。

（4）纳税人在免税期内购进用于免税项目的货物、劳务、服务、无形资产、不动产所取得的增值税扣税凭证，一律不得抵扣。

第九节 征收管理

一、纳税义务发生时间

纳税义务发生时间，是纳税人发生应税销售行为应当承担纳税义务的起始时间。具体规定如下：

（1）采取直接收款方式销售货物，不论货物是否发出，均为收到销售款或者取得索取销售款凭据的当天。

（2）采取托收承付和委托银行收款方式销售货物，为发出货物并办妥托收手续的当天。

（3）采取赊销和分期收款方式销售货物，为书面合同约定的收款日期的当天，无书面合同的或者书面合同没有约定收款日期的，为货物发出的当天。

（4）采取预收货款方式销售货物，为货物发出的当天，但生产销售生产工期超过 12 个月的大型机械设备、船舶、飞机等货物，为收到预收款或者书面合同约定的收款日期的当天。

（5）委托其他纳税人代销货物，为收到代销单位的代销清单或者收到货款的当天。未收到代销清单及货款的，为发出代销货物满 180 天的当天。

（6）销售劳务，为提供劳务同时收讫销售款或者取得索取销售款凭据的当天。

（7）纳税人发生除将货物交付其他单位或者个人代销和销售代销货物以外的视同销售货物行为，为货物移送的当天。

（8）纳税人提供租赁服务采取预收款方式的，其纳税义务发生时间为收到预收款的当天。

（9）纳税人从事金融商品转让的，为金融商品所有权转移的当天。

（10）纳税人发生视同销售服务、无形资产或者不动产情形的，其纳税义务发生时间为服务、无形资产转让完成的当天或者不动产权属变更的当天。

（11）纳税人进口货物，为报关进口的当天。

二、纳税期限

在明确了增值税纳税义务发生时间后，还需要掌握具体纳税期限，以保证按期缴纳税款。根据《增值税暂行条例》，增值税的纳税期限分别为 1 日、3 日、5 日、10 日、15 日、1 个月或者 1 个季度。

纳税人的具体纳税期限，由主管税务机关根据纳税人应纳税额的大小分别核定。不能按照固定期限纳税的，可以按次纳税。

纳税人以 1 个月或者 1 个季度为 1 个纳税期的，自期满之日起 15 日内申报纳税；以 1 日、3 日、5 日、10 日或者 15 日为 1 个纳税期的，自期满之日起 5 日内预缴税款，于次月 1 日起 15 日内申报纳税并结清上月应纳税款。

纳税人进口货物，应当自海关填发进口增值税专用缴款书之日起 15 日内缴纳税款。

三、纳税地点

（一）固定业户应当向其机构所在地主管税务机关申报纳税。总机构和分支机构不在同一县（市）的，应当分别向各自所在地的主管税务机关申报纳税；经财政部和国家税务总局或者其授权的财政和税务机关批准，可以由总机构汇总向总机构所在地的主管税务机关申报纳税。

固定业户到外县（市）销售货物或劳务，应当向其机构所在地的主管税务机关报告外出经营事项，并向其机构所在地的主管税务机关申报纳税。

（二）非固定业户销售货物、劳务应当向销售地或者劳务发生地主管税务机关申报纳税；未向销售地或者劳务发生地主管税务机关申报纳税的，由其机构所在地或者居住地主管税务机关补征税款。

（三）进口货物，应当向报关地海关申报纳税。

（四）扣缴义务人应当向其机构所在地或者居住地主管税务机关申报缴纳扣缴的税款。

四、纳税申报

（一）一般纳税人纳税申报资料

一般纳税人纳税申报资料包括纳税申报表及其附列资料和纳税申报其他资料。

1. 纳税申报表及其附列资料。（略）

2. 纳税申报的其他资料。纳税申报其他资料的报备要求由各省、自治区、直辖市和计划单列市税务局确定。

纳税人跨县（市）提供建筑服务、房地产开发企业预售自行开发的房地产项目、纳税人出租与机构所在地不在同一县（市）的不动产，按规定需要在项目所在地或不动产所在地主管国税机关预缴税款的，需填写《增值税预缴税款表》。

（二）小规模纳税人纳税申报资料

增值税纳税申报表（小规模纳税人适用）及附列资料。（略）

第三章

消费税法

第一节　消费税概述

一、概念

（一）消费税

消费税是指对应税消费品按流转额征收的一种商品税。消费税是价内税，税款随消费品价格转嫁给消费者负担。消费税的征收具有较强的选择性，是国家贯彻消费政策、引导消费结构从而引导产业结构的重要手段，因而在保证国家财政收入，体现国家经济政策等方面具有十分重要的意义。

（二）消费税法

消费税法是指国家制定的用以调整消费税征收与缴纳相关权利及义务关系的法律规范。现行消费税法的基本规范包括2008年11月5日经国务院第34次常务会议修订通过并颁布，自2009年1月1日起施行的《中华人民共和国消费税暂行条例》（以下简称《消费税暂行条例》），以及2008年12月15日财政部、国家税务总局第51号令颁布的《中华人民共和国消费税暂行条例实施细则》（以下简称《消费税暂行条例实施细则》）。

二、消费税的特点

（一）征收范围具有选择性

我国消费税在征收范围上根据产业政策与消费政策仅选择部分消费品征税（称为“应税消费品”），而不是对所有消费品都征收消费税。

（二）征税环节具有单一性

我国消费税主要在生产销售和进口环节上征收。具体规定如下：

1. 生产应税消费品在生产销售环节征税。生产应税消费品销售是消费税征收的主要环节，在生产销售环节征税后，流通环节不再缴纳消费税。纳税人生产应税消费品，除了直接对外销售应征消费税外，将生产的应税消费品换取生产资料、消费资料、投资入股、偿还债务，以及用于继续生产应税消费品以外的其他方面也应缴纳消费税。

2. 委托加工应税消费品在委托加工收回环节征税。委托加工的应税消费品收回后，再继续用于生产应税消费品销售，其加工环节缴纳的消费税款可以扣除。

3. 进口应税消费品在进口环节征税。单位和个人进口应税消费品，在进口环节缴纳消费税。进口环节缴纳的消费税由海关代征。

4. 零售金银首饰在零售环节征税。自 1995 年 1 月 1 日起，金银首饰消费税由生产销售环节征收改为零售环节征收。改在零售环节征收消费税的金银首饰仅限于金基、银基合金首饰以及金、银和金基、银基合金的镶嵌首饰，进口环节暂不征收。

5. 移送使用应税消费品在移送使用环节征税。企业在生产经营过程中，将应税消费品移送用于加工非应税消费品，应对移送部分征收消费税。

6. 批发卷烟在卷烟的批发环节征税。卷烟除了在生产销售环节征收消费税外，在批发环节加征一次。批发纳税人销售给批发纳税人以外的单位和个人的卷烟于销售时纳税。批发纳税人之间销售的卷烟不缴纳消费税。卷烟消费税在生产和批发两个环节征收后，批发企业在计算纳税时不得扣除已含的生产环节消费税税额。

（三）平均税率水平比较高且税负差异大

我国消费税的平均税率水平比较高，并且不同征税项目的税负差异较大；对诸如香烟等对需要限制或控制消费的消费品，通常税负较重。

（四）计税方法具有灵活性

我国消费税计税既采用对消费品确定定额税率，以消费品的数量实行从量定额的计税方法，也采用对消费品制定比例税率，以消费品的价格实行从价定率的计税方法。对少数消费品还采用前两种计税方法的复合计税方法。

第二节 纳税义务人、征税对象与税率

一、纳税义务人

在中华人民共和国境内生产、委托加工和进口消费税暂行条例规定的消费品的单位和个人，以及国务院确定的销售《消费税暂行条例》规定的消费品的其他单位和个人，为消费税的纳税人，应当依照《消费税暂行条例》缴纳消费税。

单位是指企业、行政单位、事业单位、军事单位、社会团体及其他单位。个人是指个体工商户及其他个人。

二、征税对象

依据《消费税暂行条例》及相关法规规定，目前消费税征税对象（税目）包括烟、酒、化妆品等 15 种商品，部分税目还进一步划分了若干子目。

（一）烟

凡是以烟叶为原料加工生产的产品，不论使用何种辅料，均属于本税目的征收范围。包括卷烟（进口卷烟、白包卷烟、手工卷烟和未经国务院批准纳入计划的企业及个人生产的卷烟）、雪茄烟和烟丝。“卷烟”又分“甲类卷烟”和“乙类卷烟”。其中，甲类卷烟是指每标准条（200支，下同）调拨价格在70元（不含增值税）以上（含70元）的卷烟；乙类卷烟是指每标准条调拨价格在70元（不含增值税）以下的卷烟。

（二）酒

酒是酒精度在1度以上的各种酒类饮料，包括白酒、黄酒、啤酒和其他酒。

啤酒每吨出厂价（含包装物及包装物押金）在3000元（含3000元，不含增值税）以上的是甲类啤酒，每吨出厂价（含包装物及包装物押金）在3000元（不含增值税）以下的是乙类啤酒。对饮食业、商业、娱乐业举办的啤酒屋（啤酒坊）利用啤酒生产设备生产的啤酒，应当征收消费税。果啤属于啤酒，按啤酒征收消费税。

（三）高档化妆品

包括高档美容、修饰类化妆品、高档护肤类化妆品和成套化妆品。

高档美容、修饰类化妆品和高档护肤类化妆品是指生产（进口）环节销售（完税）价格（不含增值税）在10元/毫升（克）或15元/片（张）及以上的美容、修饰类化妆品和护肤类化妆品。

美容、修饰类化妆品是指香水、香水精、香粉、口红、指甲油、胭脂、眉笔、唇笔、蓝眼油、眼睫毛以及成套化妆品。

舞台、戏剧、影视演员化妆用的上妆油、卸妆油、油彩，不属于本税目的征收范围。

（四）贵重首饰及珠宝玉石

包括以金、银、白金、宝石、珍珠、钻石、翡翠、珊瑚、玛瑙等高贵稀有物质以及其他金属、人造宝石等制作的各种纯金银首饰及镶嵌首饰和经采掘、打磨、加工的各种珠宝玉石。对出国人员免税商店销售的金银首饰征收消费税。

（五）鞭炮、焰火

包括各种鞭炮、焰火。体育上用的发令纸、鞭炮药引线，不按本税目征收。

（六）成品油

包括汽油、柴油、石脑油、溶剂油、航空煤油、润滑油、燃料油7个子目。

1. 汽油。汽油是指用原油或其他原料加工生产的辛烷值不小于66的可用作汽油发动机燃料的各种轻质油。以汽油、汽油组分调和生产的甲醇汽油、乙醇汽油也属于本税目征收范围。

2. 柴油。柴油是指用原油或其他原料加工生产的倾点或凝点在－50号至30号的可用作柴油发动机燃料的各种轻质油和以柴油组分为主、经调和精制可用作柴油发动机燃料的非标油。以柴油、柴油组分调和生产的生物柴油也属于本税目征收范围。

3. 石脑油。石脑油又叫化工轻油，是以原油或其他原料加工生产的用于化工原料的轻质油。石脑油的征收范围包括除汽油、柴油、航空煤油、溶剂油以外的各种轻质油。非标汽油、重整生成油、拔头油、戊烷原料油、轻裂解料（减压柴油 VGO 和常压柴油 AGO）、重裂解料、加氢裂化尾油、芳烃抽余油均属轻质油，属于石脑油征收范围。

4. 溶剂油。溶剂油是用原油或其他原料加工生产的用于涂料、油漆、食用油、印刷油墨、皮革、农药、橡胶、化妆品生产和机械清洗、胶粘行业的轻质油。橡胶填充油、溶剂油原料，属于溶剂油征收范围。

5. 航空煤油。航空煤油也叫喷气燃料，是用原油或其他原料加工生产的用作喷气发动机和喷气推进系统燃料的各种轻质油。航空煤油的消费税暂缓征收。

6. 润滑油。润滑油是用原油或其他原料加工生产的用于内燃机、机械加工过程的润滑产品。润滑油分为矿物性润滑油、植物性润滑油、动物性润滑油和化工原料合成润滑油。

润滑油的征收范围包括矿物性润滑油、矿物性润滑油基础油、植物性润滑油、动物性润滑油和化工原料合成润滑油。以植物性、动物性和矿物性基础油（或矿物性润滑油）混合掺配而成的“混合性”润滑油，不论矿物性基础油（或矿物性润滑油）所占比例高低，均属润滑油的征收范围。用原油或其他原料加工生产的用于内燃机、机械加工过程的润滑产品均属于润滑油征税范围。润滑脂是润滑产品，生产、加工润滑脂应当征收消费税。

7. 燃料油。燃料油也称重油、渣油，是用原油或其他原料加工生产，主要用作电厂发电、锅炉用燃料、加热炉燃料、冶金和其他工业炉燃料。

（七）小汽车

小汽车是指由动力驱动，具有 4 个或 4 个以上车轮的非轨道承载的车辆。包括：

1. 乘用车。含驾驶员座位在内最多不超过 9 个座位（含）的，在设计和技术特性上用于载运乘客和货物的各类乘用车。

2. 中轻型商用客车。含驾驶员座位在内的座位数在 10—23 座（含 23 座）的在设计和技术特性上用于载运乘客和货物的各类中轻型商用客车。

用排气量小于 1.5 升（含）的乘用车底盘（车架）改装、改制的车辆属于乘用车征收范围。用排气量大于 1.5 升的乘用车底盘（车架）或用中轻型商用客车底盘（车架）改装、改制的车辆属于中轻型商用客车征收范围。

3. 超豪华小汽车。每辆零售价格 130 万元（不含增值税）及以上的乘用车和中轻型商用客车。

电动汽车不属于本税目征收范围。沙滩车、雪地车、卡丁车、高尔夫车不属于消费税征收范围。

（八）摩托车

包括轻便摩托车和摩托车两种。对最大设计车速不超过 50 千米/小时，发动机气缸总工作容量不超过 50 毫升的三轮摩托车不征收消费税。气缸容量 250 毫升（不含）以下的小排量摩托车不征收消费税。

（九）高尔夫球及球具

高尔夫球及球具是指从事高尔夫球运动所需的各种专用装备，包括高尔夫球、高尔夫球杆及高尔夫球包（袋）等。

（十）高档手表

高档手表是指销售价格（不含增值税）每只在10000元（含）以上的各类手表。

（十一）游艇

游艇是指长度大于8米小于90米，船体由玻璃钢、钢、铝合金、塑料等多种材料制作，可以在水上移动的水上浮载体。按照动力划分，游艇分为无动力艇、帆艇和机动艇。本税目征收范围包括内置发动机，主要用于水上运动和休闲娱乐等非营利活动的各类机动艇。

（十二）木制一次性筷子

木制一次性筷子（又称卫生筷子），是指以木材为原料经过锯段、浸泡、旋切、刨切、烘干、筛选、打磨、倒角、包装等环节加工而成的各类供一次性使用的筷子。

（十三）实木地板

实木地板是指以木材为原料，经锯割、干燥、刨光、截断、涂漆等工序加工而成的块状或条状的地面装饰材料。

（十四）电池

电池，是一种将化学能、光能等直接转换为电能的装置，一般由电极、电解质、容器、极端，以及用一个或多个基本功能单元装配成的电池组。范围包括：原电池、蓄电池、燃料电池、太阳能电池和其他电池。对无汞原电池、金属氢化物镍蓄电池（又称“氢镍蓄电池”或“镍氢蓄电池”）、锂原电池、锂离子蓄电池、太阳能电池、燃料电池、全钒液流电池免征消费税。

（十五）涂料

涂料是指涂于物体表面能形成具有保护、装饰或特殊性能的固态涂膜的一类液体或固体材料之总称。

三、税率

消费税采用比例税率和定额税率两种形式，以适应不同应税消费品的实际情况。消费税根据不同的税目或子目确定相应的税率，如表3－1所示。

表 3-1 消费税税目、税率表

税 目	税 率
一、烟	
1. 卷烟	
(1) 甲类卷烟(生产或进口环节)	56%加0.003元/支
(2) 乙类卷烟(生产或进口环节)	36%加0.003元/支
(3) 批发环节	11%加0.005元/支
2. 雪茄烟	36%
3. 烟丝	30%
二、酒	
1. 白酒	20%加0.5元/500克(或者500毫升)
2. 黄酒	240元/吨
3. 啤酒	
(1) 甲类啤酒	250元/吨
(2) 乙类啤酒	220元/吨
4. 其他酒	10%
三、高档化妆品	15%
四、贵重首饰及珠宝玉石	
1. 金银首饰、铂金首饰和钻石及钻石饰品	5%
2. 其他贵重首饰和珠宝玉石	10%
五、鞭炮、焰火	15%
六、成品油	
1. 汽油	1.52元/升
2. 柴油	1.2元/升
3. 航空煤油	1.2元/升
4. 石脑油	1.52元/升
5. 溶剂油	1.52元/升
6. 润滑油	1.52元/升
7. 燃料油	1.2元/升
七、小汽车	
1. 乘用车	
(1) 气缸容量(排气量,下同)在1.0升(含1.0升)以下的	1%
(2) 气缸容量在1.0升以上至1.5升(含1.5升)的	3%
(3) 气缸容量在1.5升以上至2.0升(含2.0升)的	5%
(4) 气缸容量在2.0升以上至2.5升(含2.5升)的	9%
(5) 气缸容量在2.5升以上至3.0升(含3.0升)的	12%
(6) 气缸容量在3.0升以上至4.0升(含4.0升)的	25%
(7) 气缸容量在4.0升以上的	40%
2. 中轻型商用客车	5%
3. 超豪华小汽车(零售环节)	10%

续表

税　目	税　率
八、摩托车	
1. 气缸容量为250毫升的	3%
2. 气缸容量为250毫升以上的	10%
九、高尔夫球及球具	10%
十、高档手表	20%
十一、游艇	10%
十二、木制一次性筷子	5%
十三、实木地板	5%
十四、电池	4%
十五、涂料	4%

第三节　消费税的计税

一、计税方法与计税依据

按照现行消费税法规定，消费税应纳税额的计算分为从价定率、从量定额和从价从量复合税率三种计税方法。

（一）从价定率与销售额

从价定率方法下，应纳税额等于应税消费品的销售额乘以适用比例税率。应纳税额的多少取决于应税消费品的销售额和适用比例税率两个因素，销售额是计税依据。

1. 销售额

销售额为纳税人销售应税消费品向购买方收取的全部价款和价外费用。价外费用，是指价外向购买方收取的手续费、补贴、基金、集资费、返还利润、奖励费、违约金、滞纳金、延期付款利息、赔偿金、代收款项、代垫款项、包装费、包装物租金、储备费、优质费、运输装卸费以及其他各种性质的价外收费。但下列项目不包括在内：

（1）同时符合以下条件的代垫运输费用：承运部门的运输费用发票开具给购买方的；纳税人将该项发票转交给购买方的。

（2）同时符合以下条件代为收取的政府性基金或者行政事业性收费：由国务院或者财政部批准设立的政府性基金，由国务院或者省级人民政府及其财政、价格主管部门批准设立的行政事业性收费；收取时开具省级以上财政部门印制的财政票据；所收款项全额上缴财政。

要特别注意的是，实行从价定率方法计税的应税消费品连同包装物销售的，无论包装物是否单独计价，也不论在会计上如何核算，均应并入应税消费品的销售额中征收消费税。如果包装物收取押金，仅对因逾期未收回的包装物不再退还的或者已收取的时间超过12个月的押金并入应税消费品的销售额，按照所包装应税消费品的适用税率征收消费税。

2. 含增值税销售额的换算

按照《消费税暂行条例实施细则》的规定，应税消费品的销售额，不包括向购货方收取的增值税税款。如果纳税人应税消费品的销售额中未扣除增值税税款，在计算消费税时应将含增值税的销售额换算为不含增值税税款的销售额。其换算公式为：

应税消费品的销售额 = 含增值税的销售额 ÷ （1 + 增值税适用税率）

（二）从量定额与销售数量

从量定额计算方法下，应纳税额等于应税消费品的销售数量乘以适用定额税率。应纳税额的多少取决于应税消费品的销售数量和适用定额税率两个因素，销售数量是计税依据。

1. 销售数量

销售数量具体规定为：

（1）生产销售应税消费品的，为应税消费品的实际销售数量；自产自用应税消费品的，为应税消费品的移送使用数量；

（2）委托加工应税消费品的，为纳税人收回的应税消费品数量；

（3）进口应税消费品的，为海关核定的应税消费品进口征税数量。

2. 计量单位的换算标准

《消费税暂行条例》规定，黄酒、啤酒是以吨为税额单位；汽油、柴油是以升为税额单位的。吨与升两个计量单位的换算标准如表 3－2 所示。

表 3－2　　吨与升换算表

序　号	名　称	计量单位的换算标准
1	黄酒	1 吨 = 962 升
2	啤酒	1 吨 = 988 升
3	汽油	1 吨 = 1388 升
4	柴油	1 吨 = 1176 升
5	航空煤油	1 吨 = 1246 升
6	石脑油	1 吨 = 1385 升
7	溶剂油	1 吨 = 1282 升
8	润滑油	1 吨 = 1126 升
9	燃料油	1 吨 = 1015 升

（三）从价从量复合税率

现行消费税的征税范围中，只有卷烟、白酒采用从价从量复合税率计税方法。计税公式如下：

应纳税额 = 销售额 × 适用比例税率 + 销售数量 × 适用定额税率

需要注意计税依据的特殊规定：纳税人通过自设非独立核算门市部销售的自产应税消费品，应当按照门市部对外销售额或者销售数量计算消费税；纳税人用于换取生产资料、消费资料、投资入股和抵偿债务等方面的应税消费品，应当以纳税人同类应税消费品的最高销售价格作为计税依据计算消费税。

二、生产销售应税消费品应纳税额的计算

纳税人生产销售应税消费品包括生产直接对外销售应税消费品和自产自用应税消费品。

（一）生产直接对外销售应纳消费品的计税

1. 从价定率计税

从价定率计算方法下，应纳消费税额等于销售额乘以适用比例税率。计算公式为：

应纳税额 = 应税消费品的销售额 × 适用比例税率

【例 3-1】 南山化妆品生产企业为增值税一般纳税人。2019 年 4 月 15 日向某大型商场销售高档化妆品一批，开具增值税专用发票，取得不含增值税销售额 50 万元，增值税额 6.5 万元；4 月 20 日又向某单位销售高档化妆品一批，开具普通发票，取得含增值税销售额 4.52 万元。计算该化妆品生产企业上述业务应缴纳的消费税额（高档化妆品适用消费税税率为 15%）。

【解答】 化妆品的应税销售额 = 50 + 4.52 ÷（1 + 13%）= 54（万元）

应纳税额 = 54 × 15% = 8.1（万元）

2. 从量定额计税

从量定额计算方法下，应纳税额等于应税消费品的销售数量乘以适用定额税率。计算公式为：

应纳税额 = 应税消费品的销售数量 × 适用定额税率

【例 3-2】 南山啤酒厂 2019 年 4 月销售甲类啤酒 1000 吨，取得不含增值税销售额 295 万元，另收取包装物押金 23.4 万元。计算 4 月该啤酒厂应纳消费税税额。

【解答】 查表得知，甲类啤酒适用定额税率每吨 250 元。

应纳税额 = 销售数量 × 定额税率 = 1000 × 250 = 250000（元）

3. 从价从量复合计税

现行消费税的征税范围中，只有卷烟、白酒采用从价从量复合计税。计算公式为：

应纳税额 = 销售额 × 比例税率 + 销售数量 × 定额税率

【例 3-3】 南山白酒生产企业为增值税一般纳税人，2019 年 4 月销售白酒 50 吨，取得不含增值税的销售额 200 万元。计算该白酒企业 4 月应缴纳的消费税额。

【解答】 白酒适用比例税率 20%，定额税率每 500 克 0.5 元。

应纳税额 = 200 × 20% + 50 × 2000 × 0.00005 = 45（万元）

（二）自产自用应税消费品的计税

自产自用是指纳税人生产应税消费品后，不是用于直接对外销售，而是用于自己连续生产应税消费品或用于其他方面。自产自用应税消费品形式在实际经济活动中是很常见的。

1. 纳税人自产自用的应税消费品用于连续生产应税消费品的，不纳税。

所谓"纳税人自产自用的应税消费品，用于连续生产应税消费品的"，是指作为生产最终应税消费品的直接材料并构成最终产品实体的应税消费品。例如，卷烟厂生产出烟丝，再

用生产出的烟丝连续生产卷烟，虽然烟丝是应税消费品，但用于连续生产卷烟的烟丝就不用缴纳消费税，只对生产销售的卷烟征收消费税。如果生产的烟丝直接用于销售，则烟丝需要缴纳消费税。税法规定对自产自用的应税消费品，用于连续生产应税消费品的不征税，体现了不重复课税原则。

2. 纳税人自产自用的应税消费品用于其他方面的，于移送使用时纳税。

用于其他方面是指纳税人用于生产非应税消费品、在建工程、管理部门、非生产机构、提供劳务，以及用于馈赠、赞助、集资、广告、样品、职工福利、奖励等方面。如原油加工厂用生产出的应税消费品汽油调和制成溶剂汽油，该溶剂汽油就属于非应税消费品，加工厂应就该自产自用行为缴纳消费税，但是不用缴纳增值税；汽车制造厂把生产出的小汽车提供给上级主管部门使用；小汽车生产企业把自己生产的小汽车赠送或赞助给小汽车拉力赛赛手使用，兼作商品广告；酒厂把生产的滋补药酒以福利的形式发给职工等。计算税额的方法及顺序如下：

（1）按照纳税人生产的同类消费品当月销售价格计算纳税。如果当月同类消费品各次销售价格高低不同，应按销售数量加权平均计算。但销售的应税消费品销售价格明显偏低又无正当理由的或无销售价格的，不得列入加权平均计算。

（2）如果当月无销售或者当月未完结，应按照同类消费品上月或者最近月份的销售价格计算纳税。

（3）没有同类消费品销售价格的，按照组成计税价格计算纳税。

组成计税价格的计算公式因应税消费品适用的计税方法不同而不同。

①适用从价定率计税的应税消费品

组成计税价格 =（成本 + 利润）÷（1 - 比例税率）

应纳税额 = 组成计税价格 × 比例税率

②适用从价从量复合税率计税的应税消费品

组成计税价格 =（成本 + 利润 + 自产自用数量 × 定额税率）÷（1 - 比例税率）

应纳税额 = 组成计税价格 × 比例税率 + 自产自用数量 × 定额税率

上述公式中所说的“成本”是指应税消费品的产品生产成本。“利润”是指根据应税消费品的全国平均成本利润率计算的利润。应税消费品全国平均成本利润率由国家税务总局确定。

【例 3 - 4】某化妆品公司将一批自产的高档化妆品用作职工福利，该批高档化妆品的成本 80000 元，无同类产品市场销售价格，但已知其成本利润率为 5%，消费税税率为 15%。计算该批高档化妆品应缴纳的消费税税额。

【解答】组成计税价格 = 成本 ×（1 + 成本利润率）÷（1 - 比例税率）

= 80000 ×（1 + 5%）÷（1 - 15%）= 98823.53（元）

应纳税额 = 98823.53 × 15% = 14823.53（元）

三、委托加工应税消费品应纳税额的计算

（一）委托加工应税消费品的相关规定

委托加工的应税消费品是指由委托方提供原料和主要材料，受托方只收取加工费和代垫部分辅助材料加工的应税消费品。对于由受托方提供原材料生产的应税消费品，或者受托方先将原材料卖给委托方，然后再接受加工的应税消费品，以及由受托方以委托方名义购进原

材料生产的应税消费品，不论纳税人在财务上是否作销售处理，都不得作为委托加工应税消费品，而应当按照生产销售应税消费品缴纳消费税。

单位或个人由于设备、技术、人力等方面的局限或其他方面的原因，常常要委托其他单位代为加工应税消费品，然后将加工好的应税消费品收回，直接销售或自己使用。税法规定，委托加工的应税消费品，由受托方在向委托方交货时代收代缴税款。如果受托方对委托加工的应税消费品没有代收代缴或少代收代缴消费税，受托方承担代收代缴的法律责任。《税收征收管理法》规定，对受托方处以应代收代缴税款50%以上3倍以下的罚款；委托方要补缴税款，对委托方补征税款的计税依据是：如果在检查时，收回的应税消费品已经直接销售的，按销售额计税；收回的应税消费品尚未销售或不能直接销售的，按组成计税价格计税。

（二）计税方法及顺序

1. 委托加工的应税消费品，按照受托方最近时期同类消费品的销售价格计算纳税

同类消费品的销售价格是指受托方（即代收代缴义务人）当月销售的同类消费品的销售价格，如果当月同类消费品各批次销售价格高低不同，应按销售数量加权平均计算。但销售的应税消费品的销售价格明显偏低又无正当理由的或者无销售价格的，不得列入加权平均计算。

2. 没有同类消费品销售价格的，按照组成计税价格计算纳税

组成计税价格的计算公式因应税消费品适用的计税方法不同而不同。

（1）适用从价定率计税的应税消费品

组成计税价格 =（材料成本 + 加工费）÷（1 − 比例税率）

应纳税额 = 组成计税价格 × 比例税率

（2）适用从价从量复合税率计税的应税消费品

组成计税价格 =（材料成本 + 加工费 + 委托加工收回数量 × 定额税率）÷（1 − 比例税率）

应纳税额 = 组成计税价格 × 比例税率 + 委托加工收回数量 × 定额税率

上述组成计税价格公式中，按照《消费税暂行条例实施细则》的规定，“材料成本”是指委托方所提供加工材料的实际成本，“加工费”是指受托方加工应税消费品向委托方所收取的全部费用（包括代垫辅助材料的实际成本，不包括增值税税金）。

委托加工应税消费品的纳税人，必须在委托加工合同上如实注明（或以其他方式提供）材料成本和加工费，凡未提供材料成本和加工费的，受托方所在地主管税务机关有权核定。

【例3－5】南山鞭炮企业2019年4月受托为某单位加工一批鞭炮，委托单位提供的原材料金额为60万元，收取委托单位不含增值税的加工费8万元，该鞭炮企业无同类产品市场价格。计算该鞭炮企业应代收代缴的消费税。

【解答】鞭炮的适用税率15%。

组成计税价格 =（60 + 8）÷（1 − 15%）= 80（万元）

应代收代缴消费税 = 80 × 15% = 12（万元）

四、进口应税消费品应纳税额的计算

进口的应税消费品，于报关进口时缴纳消费税，消费税由海关代征；进口的应税消费

品，由进口人或者其代理人向报关地海关申报纳税；纳税人进口应税消费品，按照关税征收管理的相关规定，应当自海关填发进口消费税专用缴款书之日起15日内缴纳税款。

纳税人进口应税消费品，按照组成计税价格、核定进口数量和规定的税率计算应纳税额。组成计税价格的计算公式因应税消费品适用的计税方法不同而不同。

1. 适用从价定率计税的应税消费品

组成计税价格 =（关税完税价格 + 关税）÷（1 − 比例税率）

应纳税额 = 组成计税价格 × 比例税率

上述公式中所称的“关税完税价格”是指海关核定的关税计税价格。

【例3－6】 南山商贸公司于2019年5月从国外进口一批应税消费品，已知该批应税消费品的关税完税价格为90万元，按规定应缴纳关税18万元，假定进口的应税消费品比例税率为10%。请计算该批消费品进口环节应缴纳的消费税税额。

【解答】 组成计税价格 =（90 + 18）÷（1 − 10%）= 120（万元）

应缴纳消费税税额 = 120 × 10% = 12（万元）

2. 适用从量定额计税的应税消费品

应纳税额 = 核定进口数量 × 定额税率

3. 适用从价从量复合税率计税的应税消费品

组成计税价格 =（关税完税价格 + 关税 + 核定进口数量 × 定额税率）÷（1 − 比例税率）

应纳税额 = 组成计税价格 × 比例税率 + 核定进口数量 × 定额税率

五、已纳消费税扣除的计算

《消费税暂行条例》规定，将外购（含进口）应税消费品和委托加工收回的应税消费品继续生产应税消费品销售的，可以将外购应税消费品和委托加工收回应税消费品已缴纳的消费税给予扣除。这样规定是为了避免重复征税。

（一）外购或委托加工收回的应税消费品已纳消费税税款的扣除范围

1. 以外购或委托加工收回的已税烟丝为原料生产的卷烟；
2. 以外购或委托加工收回的已税化妆品为原料生产的化妆品；
3. 以外购或委托加工收回的已税珠宝玉石为原料生产的贵重首饰及珠宝玉石；
4. 以外购或委托加工收回的已税鞭炮、焰火为原料生产的鞭炮、焰火；
5. 以外购或委托加工收回的已税杆头、杆身和握把为原料生产的高尔夫球杆；
6. 以外购或委托加工收回的已税木制一次性筷子为原料生产的木制一次性筷子；
7. 以外购或委托加工收回的已税实木地板为原料生产的实木地板；
8. 以外购或委托加工收回的已税汽油、柴油、石脑油、燃料油、润滑油连续生产应税成品油；
9. 以委托加工收回的已税摩托车连续生产应税摩托车（如用外购两轮摩托车改装三轮摩托车）。

（二）外购或委托加工收回的应税消费品已纳消费税税款的扣除标准

税法规定，外购或委托加工收回的应税消费品已纳消费税税款按当期生产领用已税消费品数量计算准予扣除。当期准予扣除外购应税消费品已纳消费税税款的计算公式为：

当期准予扣除的外购或委托加工收回应税消费品已纳税款＝期初库存的外购或委托加工收回应税消费品已纳税款＋当期外购或委托加工收回应税消费品已纳税款－期末库存的外购或委托加工收回应税消费品已纳税款

需要说明的是，纳税人用外购或委托加工收回的已税珠宝玉石生产的改在零售环节征收消费税的金银首饰，在计税时一律不得扣除委托加工收回的珠宝玉石的已纳消费税税款。

另外根据《葡萄酒消费税管理办法（试行）》的规定，自 2015 年 5 月 1 日起，从葡萄酒生产企业购进（含进口）葡萄酒连续生产应税葡萄酒的，准予从葡萄酒消费税应纳税额中扣除所耗用应税葡萄酒已纳消费税税款。如本期消费税应纳税额不足抵扣的，余额留待下期抵扣。

【例 3－7】 南山卷烟生产企业，6 月初库存外购应税烟丝金额 50 万元，当月又外购应税烟丝金额 500 万元（不含增值税），月末库存烟丝金额 30 万元，其余被当月生产卷烟领用。请计算卷烟厂 6 月准许扣除的外购烟丝已缴纳的消费税税额。

【解答】 烟丝适用的消费税税率为 30%。

当月准许扣除的外购烟丝已纳消费税税额＝(50＋500－30)×30%＝156（万元）

六、特殊项目加征消费税的计算

（一）卷烟批发环节加征消费税

为完善烟产品消费税制度，自 2009 年 5 月 1 日起，在生产销售（进口）环节按现行税率征收消费税基础上，卷烟批发环节加征一道消费税。

征收范围为纳税人批发销售的所有牌号规格的卷烟。适用税率为复合税率：从价税比例税率 11%，从量税定额税率 0.005 元/支。计税依据为纳税人批发卷烟的不含增值税销售额和销售数量。

（二）超豪华小汽车零售环节加征消费税

为促进节能减排，自 2016 年 12 月 1 日起，在生产销售（进口）环节按现行税率征收消费税基础上，超豪华小汽车在零售环节加征一道消费税。

征税范围为每辆零售价格 130 万元（不含增值税）及以上的乘用车和中轻型商用客车。适用税率为 10%。其消费税应纳税额计算公式为：

应纳税额＝零售环节销售额(不含增值税)×零售环节税率

若国内汽车生产企业直接销售给消费者超豪华小汽车，其消费税应纳税额计算公式为：

应纳税额＝销售额(不含增值税)×(生产环节税率＋零售环节税率)

七、出口业务消费税的免退税

（一）出口免税并退税

有出口经营权的外贸企业购进应税消费品直接出口，以及外贸企业受其他外贸企业委托代理出口应税消费品。外贸企业只有受其他外贸企业委托，代理出口应税消费品才可办理退税，外贸企业受其他企业（主要是非生产性的商贸企业）委托，代理出口应税消费品是不予退（免）税的。

消费税应退税额 = 从价定率计征消费税的退税计税依据 × 比例税率 +
从量定额计征消费税的退税计税依据 × 定额税率

（二）出口免税但不退税

有出口经营权的生产性企业自营出口或生产企业委托外贸企业代理出口自产的应税消费品，依据其实际出口数量免征消费税，不予办理退还消费税。免征消费税是指对生产性企业按其实际出口数量免征生产环节的消费税。不予办理退还消费税，因已免征生产环节的消费税，该应税消费品出口时，已不含有消费税，所以无须再办理退还消费税。

（三）出口不免税也不退税

除生产企业、外贸企业外的其他企业，具体是指一般商贸企业，这类企业委托外贸企业代理出口应税消费品一律不予退（免）税。

第四节 征收管理

一、纳税义务发生时间

消费税纳税义务发生的时间，以货款结算方式或行为发生时间分别确定。

1. 纳税人销售的应税消费品，其纳税义务的发生时间为：

（1）纳税人采取赊销和分期收款结算方式的，为书面合同约定的收款日期的当天，书面合同没有约定收款日期或者无书面合同的，为发出应税消费品的当天。

（2）纳税人采取预收货款结算方式的，为发出应税消费品的当天。

（3）纳税人采取托收承付和委托银行收款方式销售的，为发出应税消费品并办妥托收手续的当天。

（4）纳税人采取其他结算方式的，为收讫销售款或者取得索取销售款凭据的当天。

2. 纳税人自产自用的应税消费品，其纳税义务的发生时间为移送使用的当天。

3. 纳税人委托加工的应税消费品，其纳税义务的发生时间为纳税人提货的当天。

4. 纳税人进口的应税消费品，其纳税义务的发生时间为报关进口的当天。

二、纳税期限

《消费税暂行条例》规定，消费税的纳税期限分别为 1 日、3 日、5 日、10 日、15 日、1 个月或者 1 个季度。纳税人的具体纳税期限，由主管税务机关核定。

纳税人以 1 个月或以 1 个季度为一期纳税的，自期满之日起 15 日内申报纳税；以 1 日、3 日、5 日、10 日或者 15 日为一期纳税的，自期满之日起 5 日内预缴税款，于次月 1 日起至 15 日内申报纳税并结清上月应纳税款。

纳税人进口应税消费品，应当自海关填发进口消费税专用缴款书之日起 15 日内缴纳税款。

三、纳税地点

1. 纳税人生产销售的应税消费品，除另有规定外，应当向纳税人机构所在地或者居住地的主管税务机关申报纳税。

2. 委托加工的应税消费品，除受托方为个人外，由受托方向机构所在地主管税务机关解缴消费税税款。

3. 进口的应税消费品，由进口人或其代理人向报关地海关申报纳税。

4. 纳税人到外县（市）销售或者委托外县（市）代销自产应税消费品的，于应税消费品销售后，向机构所在地或者居住地主管税务机关申报纳税。

四、纳税申报

纳税人应按《消费税暂行条例》的有关规定办理纳税申报，并如实填写纳税申报表（略）。

第四章

土地增值税法*

土地增值税是对在中华人民共和国境内转移房地产并取得收入的单位和个人征收的一种税。征收土地增值税增强了政府对房地产开发和交易市场的调控，有利于抑制炒买炒卖土地获取暴利的行为。

土地增值税法是指国家制定的用以调整土地增值税征收与缴纳之间权利及义务关系的法律规范。现行土地增值税的基本规范，是1993年12月13日国务院颁布的《中华人民共和国土地增值税暂行条例》。

第一节　纳税义务人、征税范围与税率

一、纳税义务人

在中华人民共和国境内转移房地产并取得收入的单位和个人，为土地增值税的纳税人。单位包括各类企业、事业单位、国家机关和社会团体及其他组织，个人包括个体经营者。即不论是哪种企业、事业单位、国家机关、社会团体及其他组织，还是个人，只要在境内转移房地产并取得收入，都是土地增值税的纳税人。

二、征税范围

土地增值税是对转移房地产并取得收入征税。

转移房地产是指：转让土地使用权、地上的建筑物及其附着物；出让集体土地使用权、地上的建筑物及其附着物，或以集体土地使用权、地上的建筑物及其附着物作价出资、入股。

将土地使用权转让的行为，包括出售、交换和赠与，它属于土地买卖的二级市场。土地使用权转让，其地上的建筑物、其他附着物的所有权随之转让。

“地上的建筑物”是指建于土地上的一切建筑物，包括地上地下的各种附属设施。“附着物”是指附着于土地上的不能移动或一经移动即遭损坏的物品。

要注意的是，有关土地的以下几种行为不征收土地增值税：

---

* 本章根据2019年8月15日国家税务总局发布的《中华人民共和国土地增值税法（征求意见稿）》编写。

1. 国有土地使用权出让。是指国家以土地所有者的身份将土地使用权在一定年限内让与土地使用者，并由土地使用者向国家支付土地使用权出让金的行为，属于土地买卖的一级市场。

2. 未转让土地使用权、房产产权。是否发生转让行为主要以房地产权属（指土地使用权和房产产权）的变更为标准。如房地产的出租就不征收土地增值税。

3. 土地承包经营权流转。

三、税率

土地增值税实行四级超率累进税率（见表4－1）：

1. 增值额未超过扣除项目金额50%的部分，税率为30%。

2. 增值额超过扣除项目金额50%、未超过扣除项目金额100%的部分，税率为40%。

3. 增值额超过扣除项目金额100%、未超过扣除项目金额200%的部分，税率为50%。

4. 增值额超过扣除项目金额200%的部分，税率为60%。

表4－1　　土地增值税四级超率累进税率表　　单位：%

级数	增值额与扣除项目的比率	税率	速算扣除系数
1	不超过50%的部分	30	0
2	超过50%—100%的部分	40	5
3	超过100%—200%的部分	50	15
4	超过200%的部分	60	35

第二节　土地增值税的计税

土地增值税按照纳税人转移房地产所取得的增值额和规定的税率计算征收。纳税人转移房地产所取得的收入减除本法规定扣除项目金额后的余额为增值额。

一、应税收入

根据《土地增值税法》的规定，纳税人转移房地产所取得的收入，包括货币收入、非货币收入。

1. 货币收入。货币收入是指纳税人转移房地产而取得的现金、银行存款、支票、银行本票、汇票等各种信用票据和国库券、金融债券、企业债券、股票等有价证券。

2. 非货币收入。非货币收入包括实物收入和其他收入。实物收入是指纳税人转移房地产而取得的各种实物形态的收入，如钢材、水泥、房屋、土地等。其他收入是指纳税人转移房地产而取得的无形资产收入或具有财产价值的权利，如专利权、商标权、著作权、专有技术使用权、商誉权等。

二、扣除项目

《土地增值税法》规定，纳税人转移房地产应税收入中准予扣除的项目包括：

（一）取得土地使用权所支付的金额

取得土地使用权所支付的金额包括以下内容：

1. 纳税人为取得土地使用权所支付的地价款。如果是以协议、招标、拍卖等出让方式取得土地使用权的，地价款为纳税人所支付的土地出让金；如果是以行政划拨方式取得土地使用权的，地价款为按照国家有关规定补交的土地出让金；如果是以转让方式取得土地使用权的，地价款为向原土地使用权人实际支付的地价款。

2. 纳税人在取得土地使用权时按国家统一规定缴纳的有关费用。如过户手续费。

（二）开发土地的成本费用

纳税人开发土地的成本费用包括土地的征用及拆迁补偿费、前期工程费等。

1. 土地征用及拆迁补偿费。包括土地征用费、耕地占用税、劳动力安置费及有关地上、地下附着物拆迁补偿的净支出、安置动迁用房支出等。

2. 前期工程费。包括设计、可行性研究和水文、地质、勘察、测绘、“三通一平”等支出。

（三）新建房及配套设施的成本、费用或者旧房及建筑物的评估价格

纳税人新建房及配套设施的成本费用包括建筑安装工程费、基础设施费、配套设施费、开发间接费用、销售费用、管理费用和财务费用。

1. 建筑安装工程费。指以出包或自营方式发生的建筑安装工程费。

2. 基础设施费。包括开发小区内道路、供水、供电、供气、排污、排洪、通信、照明、环卫、绿化等工程发生的支出。

3. 配套设施费。新建房配套设施发生的支出。

4. 开发间接费用。指直接组织、管理开发项目发生的费用，包括工资、职工福利费、折旧费、修理费、办公费、水电费、劳动保护费、周转房摊销等。

5. 新建房及配套设施有关的销售费用、管理费用和财务费用。

6. 旧房及建筑物的评估价格。指在转让已使用的房屋及建筑物时，由政府批准设立的房地产评估机构评定的重置成本价乘以成新率的价格。

（四）与转移房地产有关的税金

与转移房地产有关的税金是指在转移房地产时缴纳的城市维护建设税、印花税、教育费附加等。

（五）国务院规定的其他扣除项目

三、土地增值额

增值额 = 应税收入 − 扣除项目金额

四、应纳税额的计算

应纳税额 = 增值额 × 税率 - 扣除项目金额 × 速算扣除系数

【例 4-1】 南山房地产开发公司转移商品房一栋，取得收入总额 1000 万元，应扣除的购买土地的金额、开发成本的金额、开发费用的金额、相关税金的金额、其他扣除金额合计为 400 万元。请计算该房地产开发公司应缴纳的土地增值税。

【解答】 增值额 = 1000 - 400 = 600（万元）

增值额与扣除项目金额的比率 = 600 ÷ 400 × 100% = 150%

根据土地增值税四级超率累进税率表，该公司适用税率 50%，速算扣除系数为 15%

所以，该公司应缴纳土地增值税 = 600 × 50% - 400 × 15% = 240（万元）

五、土地增值税的核定征收

（一）纳税人有下列情形之一的，税务机关依法核定成交价格、扣除金额：

1. 隐瞒、虚报房地产成交价格的；

2. 提供扣除项目金额不实的；

3. 转让房地产的成交价格明显偏低，又无正当理由的。

（二）出让集体土地使用权、地上的建筑物及其附着物，或以集体土地使用权、地上的建筑物及其附着物作价出资、入股，扣除项目金额无法确定的，可按照转移房地产收入的一定比例征收土地增值税。具体征收办法由省、自治区、直辖市人民政府提出，报同级人民代表大会常务委员会决定。

第三节　税收优惠

一、免征土地增值税

（一）纳税人建造保障性住房出售，增值额未超过扣除项目金额 20% 的，免征土地增值税；

（二）因国家建设需要依法征收、收回的房地产，免征土地增值税。

二、特定减免土地增值税

（一）国务院可以根据国民经济和社会发展的需要规定其他减征或免征土地增值税情形，并报全国人民代表大会常务委员会备案。

（二）省、自治区、直辖市人民政府可以决定对下列情形减征或者免征土地增值税，并报同级人民代表大会常务委员会备案：

1. 纳税人建造普通标准住宅出售，增值额未超过扣除项目金额 20% 的。

“普通标准住宅”是指按所在地一般民用住宅标准建造的居住用住宅。高级公寓、别墅、度假村等不属于普通标准住宅。2005 年 6 月 1 日起，普通标准住宅应同时满足：住宅小区建筑容积率在 1.0 以上；单套建筑面积在 120 平方米以下；实际成交价格低于同级别土地上住房平均交易价格1.2倍以下。各省、自治区、直辖市要根据实际情况，制定本地区享受优惠政策普通住房的具体标准。

2. 房地产市场较不发达、地价水平较低地区的纳税人出让集体土地使用权、地上的建筑物及其附着物，或以集体土地使用权、地上的建筑物及其附着物作价出资、入股的。

第四节 征收管理

一、纳税义务发生时间

土地增值税纳税义务发生时间为房地产转移合同签订的当日。

二、纳税地点

纳税人应当向房地产所在地主管税务机关申报纳税。房地产所在地是指房地产的坐落地。纳税人转移的房地产坐落在两个或两个以上地区的，应按房地产所在地分别申报纳税。

三、申报纳税

（一）房地产开发企业土地增值税申报纳税

从事房地产开发的纳税人应当自纳税义务发生月份终了之日起15日内，向税务机关报送预缴土地增值税纳税申报表，预缴税款。

从事房地产开发的纳税人应当自达到以下房地产清算条件起90日内，向税务机关报送土地增值税纳税申报表，自行完成清算，结清应缴税款或向税务机关申请退税：

1. 已竣工验收的房地产开发项目，已转让的房地产建筑面积占整个项目可售建筑面积的比例在85%以上，或该比例虽未超过85%，但剩余的可售建筑面积已经出租或自用的；

2. 取得销售（预售）许可证满三年仍未销售完毕的；

3. 整体转让未竣工决算房地产开发项目的；

4. 直接转让土地使用权的；

5. 纳税人申请注销税务登记但未办理土地增值税清算手续的；

6. 国务院税务主管部门确定的其他情形。

（二）非房地产开发企业土地增值税申报纳税

非从事房地产开发的纳税人应当自房地产转移合同签订之日起30日内办理纳税申报并缴纳税款。

土地增值税纳税申报表（略）

此外，税务机关应当与相关部门建立土地增值税涉税信息共享机制和工作配合机制。各级地方人民政府自然资源、住房建设、规划等有关行政主管部门应当向税务机关提供房地产权属登记、转移、规划等信息，协助税务机关依法征收土地增值税。土地增值税预征清算等办法，由国务院税务主管部门会同有关部门制定。

第五章

企业所得税法

第一节 企业所得税概述

一、概念

企业所得税是对我国境内的企业和其他取得收入的组织的生产经营所得和其他所得征收的一种税。其中，企业分为居民企业和非居民企业。居民企业是指依法在中国境内成立，或者依照外国（地区）法律成立但实际管理机构在中国境内的企业；非居民企业是指依照外国（地区）法律成立且实际管理机构不在中国境内，但在中国境内设立机构场所的，或者在中国境内未设立机构、场所，但有来源于中国境内所得的外国企业。

企业所得税法是指国家制定的用以调整企业所得税征收与缴纳之间权利及义务关系的法律规范。2007 年 3 月 16 日，第十届全国人民代表大会第五次会议通过了《中华人民共和国企业所得税法》（以下简称《企业所得税法》），并于 2008 年 1 月 1 日开始实行。内外资企业从此实行统一的企业所得税法。2017 年 2 月 24 日第十二届全国人民代表大会常务委员会第二十六次会议对《中华人民共和国企业所得税法》进行了第一次修改，2018 年 12 月 29 日第十三届全国人民代表大会常务委员会第七次会议第二次修改了《中华人民共和国企业所得税法》的相关内容，并且在 2019 年 4 月 23 日国务院令第 714 号修改通过了《中华人民共和国企业所得税法实施条例》（以下简称《企业所得税法实施条例》），以及国务院财政、税务主管部门发布的相关规定。

二、企业所得税的特点

企业所得税的特点主要有三点：第一，通常以净所得为征税对象；第二，通常以经过计算得出的应纳税所得额为计税依据；第三，纳税人和实际负担人通常是一致的，因而可以直接调节纳税人的所得。

由此可以看出，企业所得税的计税依据是利润，即所得额，而非收入。因此，计算所得税时，计税依据即应纳税所得额的计算涉及纳税人的收入、成本、费用、税金损失和其他支出等各个方面，使得所得税的计算较为复杂。在征收企业所得税的过程中，还采用各种税收激励政策。发挥其对经济的调控作用、对产业结构的调整作用等，以达到调控目的和需要。

三、企业所得税的作用

（一）促进企业改善经营管理活动，提升企业的盈利能力

由于企业所得税只对利润征税，一般采用比例税率。因此，投资能力和盈利能力较强的企业能产生较多的利润，但在适用比例税率的情况下，盈利能力越强，则税负承担能力越强，相对降低了企业的税负水平，也相对增加了企业的税后利润。并且，在征税过程中，对企业的收入、成本、费用等进行核查，对企业的经营管理活动和财务管理活动展开监督，促使企业改善经营管理活动，提高盈利能力。

（二）调节产业结构，促进经济发展

企业所得税的调节作用在于公平税负，量能负担。尽管各国所得税一般采用比例税率，一定程度上削弱了所得税的调控功能，但在税制设计中，通常各国会通过实施各项税收优惠政策来发挥其对纳税人投资、产业结构调整、环境治理等方面的调控作用。

（三）为国家建设筹集财政资金

税收的首要职能就是筹集财政收入。随着我国国民收入向企业和居民分配的倾斜，以及经济的持续发展和企业盈利水平的不断提高，企业所得税占全部税收收入的比重越来越高，从 1994 年占总税收收入的 13.57%，提高到 2018 年占总税收收入的 23.01%，成为我国税制的主体税种之一。

第二节　纳税义务人、征税对象与税率

企业所得税在国外也叫法人所得税或公司所得税，计税依据是以利润为基础的应纳税所得额，因此对企业所得税影响较大的几个因素是纳税人、征税对象、税率和税收优惠。税收优惠将在后文单独介绍。

一、纳税义务人

企业所得税的纳税义务人是指在中华人民共和国境内的企业和其他取得收入的组织。

各国对企业所得税的纳税义务人的规定大致是相同的，只对具有独立法人资格的公司等法人企业和其他组织征收企业所得税。不具有独立法人资格的个人独资和合伙企业则不以企业名义缴纳所得税，而是由自然人业主将其从合伙企业分得的利润连同来自其他方面的所得一起申报缴纳个人所得税，其法人投资者则征收企业所得税。

《企业所得税法》第一条规定，除个人独资企业、合伙企业不适用企业所得税法外，凡在我国境内，企业和其他取得收入的组织（以下统称企业）为企业所得税的纳税人，依照本法规定缴纳企业所得税。

根据企业纳税义务范围的宽窄标准，企业所得税的纳税人可分为居民企业和非居民企业。这两类企业在向中国政府缴纳所得税时，纳税义务不同。

把企业所得税的纳税人企业分为居民企业和非居民企业，是为了更好地保障我国税收管

辖权的有效行使。税收管辖权是一国政府在征税方面的主权，是国家主权的重要组成部分。根据国际上的通行做法，我国选择了地域管辖权和居民管辖权的双重管辖权标准，最大限度地维护我国的税收利益。

（一）居民企业

居民企业，是指依法在中国境内成立，或者依照外国（地区）法律成立但实际管理机构在中国境内的企业。这里的企业包括国有企业、集体企业、私营企业、联营企业、股份制企业、外商投资企业、外国企业以及有生产、经营所得和其他所得的其他组织。其中，有生产、经营所得和其他所得的其他组织，是指经国家有关部门批准，依法注册、登记的事业单位、社会团体等组织。由于我国的一些社会团体组织、事业单位在完成国家事业计划的过程中，开展多种经营和有偿服务活动，取得除财政部门各项拨款、财政部和国家物价部门批准的各项规费收入以外的经营收入，具有了经营的特点，应当视同企业纳入征税范围。此外，实际管理机构，是指对企业的生产经营、人员、账务、财产等实施实质性全面管理和控制的机构。

（二）非居民企业

非居民企业，是指依照外国（地区）法律成立且实际管理机构不在中国境内，但在中国境内设立机构、场所的，或者在中国境内未设立机构、场所，但有来源于中国境内所得的企业。

上述所称机构、场所，是指在中国境内从事生产经营活动的机构、场所。包括：

1. 管理机构、营业机构、办事机构。
2. 工厂、农场、开采自然资源的场所。
3. 提供劳务的场所。
4. 从事建筑、安装、装配、修理、勘探等工程作业的场所。
5. 其他从事生产经营活动的机构、场所。

非居民企业委托营业代理人在中国境内从事生产经营活动的，包括委托单位或者个人经常代其签订合同，或者储存、交付货物等，该营业代理人视为非居民企业在中国境内设立的机构、场所。

二、征税对象

企业所得税的征税对象，是指企业的生产经营所得、其他所得和清算所得。

（一）居民企业的征税对象

居民企业应就来源于中国境内、境外的所得作为征税对象。所得包括销售货物所得、提供劳务所得、转让财产所得、股息红利等权益性投资所得、利息所得、租金所得、特许权使用费所得、接受捐赠所得和其他所得。

（二）非居民企业的征税对象

非居民企业在中国境内设立机构、场所的，应当就其所设机构、场所取得的来源于中国境内的所得，以及发生在中国境外但与其所设机构、场所有实际联系的所得，缴纳企业所得税。非居民企业在中国境内未设立机构、场所的，或者虽设立机构、场所但取得的所得与其所设机构、场所没有实际联系的，应当就其来源于中国境内的所得缴纳企业所得税。

上述所称实际联系是指非居民企业在中国境内设立的机构、场所拥有的据以取得所得的股权、债权，以及拥有、管理、控制据以取得所得的财产。

（三）所得来源的确定

1. 销售货物所得，按照交易活动发生地确定。

2. 提供劳务所得，按照劳务发生地确定。

3. 转让财产所得。（1）不动产转让所得按照不动产所在地确定；（2）动产转让所得按照转让动产的企业或者机构、场所所在地确定；（3）权益性投资资产转让所得按照被投资企业所在地确定。

4. 股息、红利等权益性投资所得，按照分配所得的企业所在地确定。

5. 利息所得、租金所得、特许权使用费所得，按照负担、支付所得的企业或者机构、场所所在地确定，或者按照负担、支付所得的个人的住所地确定。

6. 其他所得，由国务院财政、税务主管部门确定。

三、税率

企业所得税税率是体现国家与企业分配关系的核心要素。税率设计的原则是兼顾国家、企业、职工个人三者利益，既要保证财政收入的稳定增长，又要使企业在发展生产、经营方面有一定的财力保证；既要考虑到企业的实际情况和负担能力，又要维护税率的统一性。

企业所得税实行比例税率。比例税率简便易行，透明度高，不会因征税而改变企业间收入分配比例，有利于促进效率的提高。现行规定是：

1. 基本税率为25%。适用于居民企业和在中国境内设有机构、场所且所得与机构、场所有关联的非居民企业。现行企业所得税基本税率设定为25%，既考虑了我国财政承受能力，又考虑了企业负担水平。

2. 低税率为20%。适用于在中国境内未设立机构、场所的，或者虽设立机构、场所但取得的所得与其所设机构、场所没有实际联系的非居民企业。但实际征税时适用10%的税率。

现行企业所得税基本税率设定为25%，从国际上比较还是偏低的。据有关资料介绍，全世界160个实行企业所得税的国家（地区）平均税率为28.6%，我国周边18个国家（地区）的平均税率为26.7%。从历史上看，我国原企业所得税的名义税负为33%，但根据多年的实际征收情况，其实际税负在25%左右。现行税率的确定，既考虑了我国财政承受能力，又考虑了企业负担水平。从税收负担的基本原理而言，设立25%的企业所得税税率，国家对企业的经营成果分配1/4，企业自己占3/4，但由于计算企业经营成果的方法与企业所得税应纳税所得额的计算方法不完全一致，有可能存在经营成果的实际分配比例与基本原理的分配比例的差异。

第三节　应纳税所得额

应纳税所得额是企业所得税的计税依据，按照《企业所得税法》的规定，应纳税所得额为企业每一个纳税年度的收入总额，减除不征税收入、免税收入、各项扣除以及允许弥补的以前年度亏损后的余额。基本公式为：

应纳税所得额 = 收入总额 - 不征税收入 - 免税收入 - 各项扣除
- 允许弥补的以前年度亏损

除特殊规定外，企业应纳税所得额的计算以权责发生制为原则，即凡属于当期的收入和费用，不论款项是否收付，均作为当期的收入和费用；凡不属于当期的收入和费用，即使款项已经在当期收付，也不作为当期的收入和费用。应纳税所得额的正确计算直接关系到国家财政收入和企业的税收负担，并且同成本、费用核算关系密切。因此，《企业所得税法》对企业应纳税所得额计算中的收入总额、扣除范围和标准、资产的所得税处理、亏损弥补等作了明确规定。

一、收入总额

企业的收入总额包括以货币形式和非货币形式从各种来源取得的收入，具体包括：销售货物收入，提供劳务收入，转让财产收入，取得股息、红利等权益性投资收益，取得利息收入，租金收入，特许权使用费收入，接受捐赠收入，其他收入。

企业取得收入的货币形式，包括现金、存款、应收账款、应收票据、准备持有至到期的债券投资以及债务的豁免等；纳税人以非货币形式取得的收入，包括固定资产、生物资产、无形资产、股权投资、存货、不准备持有至到期的债券投资、劳务以及有关权益等，这些非货币资产应当按照市场价格确定的公允价值确定收入额，收入的具体构成表现如下：

（一）一般收入的确认

1. 销售货物收入。是指企业销售商品、产品、原材料、包装物、低值易耗品以及其他存货取得的收入。

2. 提供劳务收入。是指企业从事建筑安装、修理修配、交通运输、仓储租赁、金融保险、邮电通信、咨询经纪、文化体育、科学研究、技术服务、教育培训、餐饮住宿、中介代理、卫生保健、社区服务、旅游、娱乐、加工以及其他劳务服务活动取得的收入。

3. 转让财产收入。是指企业转让固定资产、生物资产、无形资产、股权、债权等财产取得的收入。

企业转让股权收入，应在转让协议生效且完成股权变更手续时，确认为收入的实现。转让股权收入扣除为取得该股权所发生的成本后，为股权转让所得。企业在计算股权转让所得时，不得扣除被投资企业未分配利润等股东留存收益中按该项股权所可能分配的金额。

4. 取得股息、红利等权益性投资收益。是指企业因权益性投资从被投资方取得的收入。除国务院财政、税务主管部门另有规定外，股息、红利等权益性投资收益，应在被投资方作出利润分配决定的日期确认为收入的实现。

被清算企业的股东分得的剩余资产的金额，其中相当于被清算企业累计未分配利润和累计的盈余公积中按该股东所占股份比例计算的部分，应确认为股息所得；剩余资产减除股息所得后的余额，超过或低于股东投资成本的部分，应确认为股东的投资转让所得或损失。

投资企业从被投资企业撤回或减少投资，其取得的资产中，相当于初始出资的部分，应确认为投资收回；相当于被投资企业累计未分配利润和累计盈余公积按减少实收资本比例计算的部分，应确认为股息所得；其余部分确认为投资资产转让所得。

被投资企业将股权（票）溢价所形成的资本公积转为股本的，不作为投资方企业的股息、红利收入，投资方企业也不得增加该项长期投资的计税基础。

依据《财政部 国家税务总局 证监会关于沪港股票市场交易互联互通机制试点有关税收政策的通知》（财税〔2014〕81号）的规定，自2014年11月17日起，对内地企业投资者通过沪港通投资香港联交所上市股票取得的股息红利所得，计入其收入总额，依法计征企业所得税。其中，内地居民企业连续持有H股满12个月取得的股息红利所得，依法免征企业所得税。

香港联交所上市H股公司应向中国结算提出申请，由中国结算向H股公司提供内地企业投资者名册，H股公司对内地企业投资者不代扣股息红利所得税款，应纳税款由企业自行申报缴纳。

内地企业投资者自行申报缴纳企业所得税时，对香港联交所非H股上市公司已代扣代缴的股息红利所得税，可依法申请税收抵免。

5. 利息收入。是指企业将资金提供他人使用但不构成权益性投资，或者因他人占用本企业资金取得的收入，包括存款利息、贷款利息、债券利息、欠款利息等收入。利息收入，应按照合同约定的债务人应付利息的日期确认为收入的实现。

企业混合性投资业务，是指兼具权益和债权双重特性的投资业务。同时符合下列条件的混合性投资业务。

（1）被投资企业接受投资后，需要按投资合同或协议约定的利率定期支付利息（或定期支付保底利息、固定利润、固定股息，下同）。

（2）有明确的投资期限或特定的投资条件，并在投资期满或者满足特定投资条件后，被投资企业需要赎回投资或偿还本金。

（3）投资企业对被投资企业净资产不拥有所有权。

（4）投资企业不具有选举权和被选举权。

（5）投资企业不参与被投资企业日常生产经营活动。

符合上述第（1）至第（5）条规定的混合性投资业务，自2013年9月1日起，按下列规定进行企业所得税处理，以前发生混合性投资业务企业所得税处理不再调整。

（1）对于被投资企业支付的利息，投资企业应于被投资企业应付利息的日期，确认收入的实现并计入当期应纳税所得额；被投资企业应于应付利息的日期，确认利息支出，并按税法和《国家税务总局关于企业所得税若干问题的公告》（国家税务总局公告2011年第34号）第一条的规定，进行税前扣除。

（2）对于被投资企业赎回的投资，投资双方应于赎回时将赎价与投资成本之间的差额确认为债务重组损益，分别计入当期应纳税所得额。

6. 租金收入。是指企业提供固定资产、包装物或者其他有形资产的使用权取得的收入。

租金收入按照合同约定的承租人应付租金的日期确认为收入的实现。如果交易合同或协议中规定租赁期限跨年度，且租金提前一次性支付的，根据《实施条例》第九条规定的收入与费用配比原则，出租人可对上述已确认的收入，在租赁期内，分期均匀计入相关年度收入。

7. 特许权使用费收入。是指企业提供专利权、非专利技术、商标权、著作权以及其他特许权的使用权取得的收入。特许权使用费收入按照合同约定的特许权使用人应付特许权使用费的日期确认为收入的实现。

8. 接受捐赠收入。是指企业接受的来自其他企业、组织或者个人无偿给予的货币性资产、非货币性资产。接受捐赠收入按照实际收到捐赠资产的日期确认为收入的实现。

9. 其他收入。是指企业取得的除以上 8 项收入外的其他收入，包括企业资产溢余收入、逾期未退包装物押金收入、确实无法偿付的应付款项、已作坏账损失处理后又收回的应收款项、债务重组收入、补贴收入、违约金收入、汇兑收益等。

（二）特殊收入的确认

1. 以分期收款方式销售货物的，按照合同约定的收款日期确认收入的实现。

2. 企业受托加工制造大型机械设备、船舶、飞机，以及从事建筑、安装、装配工程业务或者提供其他劳务等，持续时间超过 12 个月的，按照纳税年度内完工进度或者完成的工作量确认收入的实现。

3. 采取产品分成方式取得收入的，按照企业分得产品的日期确认收入的实现，其收入额按照产品的公允价值确定。

4. 企业发生非货币性资产交换，以及将货物、财产、劳务用于捐赠、偿债、赞助、集资、广告、样品、职工福利或者利润分配等用途的，应当视同销售货物、转让财产或者提供劳务，但国务院财政、税务主管部门另有规定的除外。

（三）处置资产收入的确认

1. 企业发生下列情形的处置资产，除将资产转移至境外以外，由于资产所有权属在形式和实质上均不发生改变，可作为内部处置资产，不视同销售确认收入，相关资产的计税基础延续计算。

（1）将资产用于生产、制造、加工另一产品。

（2）改变资产形状、结构或性能。

（3）改变资产用途（如自建商品房转为自用或经营）。

（4）将资产在总机构及其分支机构之间转移。

（5）上述两种或两种以上情形的混合。

（6）其他不改变资产所有权属的用途。

2. 企业将资产移送他人的下列情形，因资产所有权属已发生改变而不属于内部处置资产，应按规定视同销售确定收入。

（1）用于市场推广或销售。

（2）用于交际应酬。

（3）用于职工奖励或福利。

（4）用于股息分配。

（5）用于对外捐赠。

（6）其他改变资产所有权属的用途。

3. 企业发生第 2 条规定情形时，属于企业自制的资产，应按企业同类资产同期对外销售价格确定销售收入；属于外购的资产，可按被移送资产的公允价值确定销售收入。

（四）相关收入实现的确认

除企业所得税法及实施条例前述收入的规定外，企业销售收入的确认，必须遵循权责发生制原则和实质重于形式原则。

1. 企业销售商品同时满足下列条件的，应确认收入的实现：

（1）商品销售合同已经签订，企业已将商品所有权相关的主要风险和报酬转移给购货方。

（2）企业对已售出的商品既没有保留通常与所有权相联系的继续管理权，也没有实施有效控制。

（3）收入的金额能够可靠地计量。

（4）已发生或将发生的销售方的成本能够可靠地核算。

2. 符合上款收入确认条件，采取下列商品销售方式的，应按以下规定确认收入实现时间：

（1）销售商品采用托收承付方式的，在办妥托收手续时确认收入。

（2）销售商品采取预收款方式的，在发出商品时确认收入。

（3）销售商品需要安装和检验的，在购买方接受商品以及安装和检验完毕时确认收入。如果安装程序比较简单，可在发出商品时确认收入。

（4）销售商品采用支付手续费方式委托代销的，在收到代销清单时确认收入。

3. 采用售后回购方式销售商品的，销售的商品按售价确认收入，回购的商品作为购进商品处理。有证据表明不符合销售收入确认条件的，如以销售商品方式进行融资，收到的款项应确认为负债，回购价格大于原售价的，差额应在回购期间确认为利息费用。

4. 销售商品以旧换新的，销售商品应当按照销售商品收入确认条件确认收入，回收的商品作为购进商品处理。

5. 企业为促进商品销售而在商品价格上给予的价格扣除属于商业折扣，商品销售涉及商业折扣的，应当按照扣除商业折扣后的金额确定销售商品收入金额。

债权人为鼓励债务人在规定的期限内付款而向债务人提供的债务扣除属于现金折扣，销售商品涉及现金折扣的，应当按扣除现金折扣前的金额确定销售商品收入金额，现金折扣在实际发生时作为财务费用扣除。

企业因售出商品的质量不合格等原因在售价上给予的减让属于销售折让；企业因售出商品质量、品种不符合要求等原因发生的退货属于销售退回。企业已经确认销售收入的售出商品发生销售折让和销售退回，应当在发生当期冲减当期销售商品收入。

6. 企业在各个纳税期末提供劳务交易的结果能够可靠估计的，应采用完工进度（完工百分比）法确认提供劳务收入。

（1）提供劳务交易的结果能够可靠估计，是指同时满足下列条件：收入的金额能够可靠地计量；交易的完工进度能够可靠地确定；交易中已发生和将发生的成本能够可靠地核算。

(2) 企业提供劳务完工进度的确定，可选用下列方法：已完工作的测量；已提供劳务占劳务总量的比例；发生成本占总成本的比例。

(3) 企业应按照从接受劳务方已收或应收的合同或协议价款确定劳务收入总额，根据纳税期末提供劳务收入总额乘以完工进度扣除以前纳税年度累计已确认提供劳务收入后的金额，确认为当期劳务收入；同时，按照提供劳务估计总成本乘以完工进度扣除以前纳税期间累计已确认劳务成本后的金额，结转为当期劳务成本。

(4) 下列提供劳务满足收入确认条件的，应按规定确认收入：

①安装费。应根据安装完工进度确认收入。安装工作是商品销售附带条件的，安装费在确认商品销售实现时确认收入。

②宣传媒介的收费。应在相关的广告或商业行为出现于公众面前时确认收入。广告的制作费，应根据制作广告的完工进度确认收入。

③软件费。为特定客户开发软件的收费，应根据开发的完工进度确认收入。

④服务费。包含在商品售价内可区分的服务费，在提供服务的期间分期确认收入。

⑤艺术表演、招待宴会和其他特殊活动的收费。在相关活动发生时确认收入。收费涉及几项活动的，预收的款项应合理分配给每项活动，分别确认收入。

⑥会员费。申请入会或加入会员，只允许取得会籍，所有其他服务或商品都要另行收费的，在取得该会员费时确认收入。申请入会或加入会员后，会员在会员期内不再付费就可得到各种服务或商品，或者以低于非会员的价格销售商品或提供服务的，该会员费应在整个受益期内分期确认收入。

⑦特许权费。属于提供设备和其他有形资产的特许权费，在交付资产或转移资产所有权时确认收入；属于提供初始及后续服务的特许权费，在提供服务时确认收入。

⑧劳务费。长期为客户提供重复的劳务收取的劳务费，在相关劳务活动发生时确认收入。

7. 企业以买一赠一等方式组合销售本企业商品的，不属于捐赠，应将总的销售金额按各项商品的公允价值的比例来分摊确认各项的销售收入。

8. 企业取得财产（包括各类资产、股权、债权等）转让收入、债务重组收入、接受捐赠收入、无法偿付的应付款收入等，不论是以货币形式还是非货币形式体现，除另有规定外，均应一次性计入确认收入的年度计算来缴纳企业所得税。

二、不征税收入和免税收入

国家为了扶持和鼓励某些特殊的纳税人和特定的项目，对企业取得的某些收入予以不征税或免税的特殊政策，以减轻企业的负担，促进经济的协调发展。

（一）不征税收入

1. 财政拨款，是指各级人民政府对纳入预算管理的事业单位、社会团体等组织拨付的财政资金，但国务院和国务院财政、税务主管部门另有规定的除外。

2. 依法收取并纳入财政管理的行政事业性收费、政府性基金。行政事业性收费是指依照法律法规等有关规定，按照国务院规定程序批准，在实施社会公共管理，以及在向公民、法人或者其他组织提供特定公共服务过程中，向特定对象收取并纳入财政管理的费用。政府性基金，是指企业依照法律、行政法规等有关规定，代政府收取的具有专项用途的财政资金。具体规定如下：

（1）企业按照规定缴纳的、由国务院或财政部批准设立的政府性基金以及由国务院和省、自治区、直辖市人民政府及其财政、价格主管部门批准设立的行政事业性收费，准予在计算应纳税所得额时扣除。

（2）企业收取的各种基金、收费，应计入企业当年收入总额。

（3）对企业依照法律、法规及国务院有关规定收取并上缴财政的政府性基金和行政事业性收费，准予作为不征税收入，于上缴财政的当年在计算应纳税所得额时从收入总额中减除；未上缴财政的部分，不得从收入总额中减除。

3. 国务院规定的其他不征税收入，是指企业取得的，由国务院财政、税务主管部门规定专项用途并经国务院批准的财政性资金。

财政性资金，是指企业取得的来源于政府及其有关部门的财政补助、补贴、贷款贴息，以及其他各类财政专项资金，包括直接减免的增值税和即征即退、先征后退、先征后返的各种税收，但不包括企业按规定取得的出口退税款。

（1）企业取得的各类财政性资金，除属于国家投资和资金使用后要求归还本金的以外，均应计入企业当年收入总额。国家投资是指国家以投资者身份投入企业并按有关规定相应增加企业实收资本（股本）的直接投资。

（2）对企业取得的由国务院财政、税务主管部门规定专项用途并经国务院批准的财政性资金，准予作为不征税收入，在计算应纳税所得额时从收入总额中减除。

（3）纳入预算管理的事业单位、社会团体等组织按照核定的预算和经费报领关系收到的由财政部门或上级单位拨入的财政补助收入，准予作为不征税收入，在计算应纳税所得额时从收入总额中减除，但国务院和国务院财政、税务主管部门另有规定的除外。

4. 专项用途财政性资金企业所得税处理的具体规定。

根据财税〔2011〕70号通知规定，自2011年1月1日起，企业取得的专项用途财政性资金企业所得税处理按以下规定执行：

（1）企业从县级以上各级人民政府财政部门及其他部门取得的应计入收入总额的财政性资金，凡同时符合以下条件的，可以作为不征税收入，在计算应纳税所得额时从收入总额中减除：企业能够提供规定资金专项用途的资金拨付文件；财政部门或其他拨付资金的政府部门对该资金有专门的资金管理办法或具体管理要求；企业对该资金以及以该资金发生的支出单独进行核算。

（2）企业将符合上述第（1）条规定条件的财政性资金作不征税收入处理后，在5年（60个月）内未发生支出且未缴回财政部门或其他拨付资金的政府部门的部分，应计入取得该资金第六年的应税收入总额；计入应税收入总额的财政性资金发生的支出，允许在计算应纳税所得额时扣除。

另外，企业取得的不征税收入，应按照上述（财税〔2011〕70号，以下简称《通知》）的规定进行处理。凡未按照《通知》规定进行管理的，应作为企业应税收入计入应纳税所得额，依法缴纳企业所得税。

值得注意的是，根据《企业所得税法实施条例》第二十八条的规定，上述企业的不征税收入用于支出所形成的费用或者财产，应纳税所得额时，不得计算扣除或者计算对应的折旧、摊销扣除。

（二）免税收入

1. 国债利息收入。为鼓励企业积极购买国债，支援国家建设，税法规定，企业因购买国债所得的利息收入，免征企业所得税。

2. 符合条件的居民企业之间的股息、红利等权益性收益。是指居民企业直接投资于其他居民企业取得的投资收益。

3. 在中国境内设立机构、场所的非居民企业从居民企业取得与该机构、场所有实际联系的股息、红利等权益性投资收益。该收益都不包括连续持有居民企业公开发行并上市流通的股票不足 12 个月取得的投资收益。

4. 符合条件的非营利组织的下列收入为免税收入：

（1）接受其他单位或者个人捐赠的收入。

（2）除《企业所得税法》第七条规定的财政拨款以外的其他政府补助收入，但不包括因政府购买服务取得的收入。

（3）按照省级以上民政、财政部门规定收取的会费。

（4）不征税收入和免税收入孳生的银行存款利息收入。

（5）财政部、国家税务总局规定的其他收入。

符合条件的非营利组织的收入，不包括非营利组织从事营利性活动取得的收入，但国务院财政、税务主管部门另有规定的除外。

符合条件的非营利组织是指：

（1）依法履行非营利组织登记手续。

（2）从事公益性或者非营利性活动。

（3）取得的收入除用于与该组织有关的、合理的支出外，全部用于登记核定或者章程规定的公益性或者非营利性事业。

（4）财产及其孳生息不用于分配。

（5）按照登记核定或者章程规定，该组织注销后的剩余财产用于公益性或者非营利性目的，或者由登记管理机关转赠给与该组织性质、宗旨相同的组织，并向社会公告。

（6）投入人对投入该组织的财产不保留或者享有任何财产权利。

（7）工作人员工资福利开支控制在规定的比例内，不变相分配该组织的财产。

（8）国务院财政、税务主管部门规定的其他条件。

5. 对企业取得的 2009 年及以后年度发行的地方政府债券利息所得，免征企业所得税。地方政府债券是指经国务院批准，以省、自治区、直辖市和计划单列市政府为发行和偿还主体的债券。

三、税前扣除项目

（一）扣除项目的原则

企业申报的扣除项目和金额要真实、合法。所谓真实是指能提供证明有关支出确属已经实际发生；合法是指符合国家税法的规定，若其他法规规定与税收法规规定不一致，应以税收法规的规定为标准。除税收法规另有规定外，税前扣除一般应遵循以下原则：

1. 权责发生制原则，是指企业费用应在发生的所属期扣除，而不是在实际支付时确认扣除。

2. 配比原则，是指企业发生的费用应当与收入配比扣除。除特殊规定外，企业发生的费用不得提前或滞后申报扣除。

3. 相关性原则，是指企业可扣除的费用从性质和根源上必须与取得应税收入直接相关。

4. 确定性原则，是指企业可扣除的费用不论何时支付，其金额必须是确定的。

5. 合理性原则，是指符合生产经营活动常规，应当计入当期损益或者有关资产成本的必要和正常的支出。

（二）扣除项目的范围

《企业所得税法》规定，企业实际发生的与取得收入有关的、合理的支出，包括成本、费用、税金、损失和其他支出，准予在计算应纳税所得额时扣除。在实际中，计算应纳税所得额时还应注意三方面的内容：第一，企业发生的支出应当区分收益性支出和资本性支出。收益性支出在发生当期直接扣除；资本性支出应当分期扣除或者计入有关资产成本，不得在发生当期直接扣除。第二，企业的不征税收入用于支出所形成的费用或者财产，不得扣除或者计算对应的折旧、摊销扣除。第三，除企业所得税法和本条例另有规定外，企业实际发生的成本、费用、税金、损失和其他支出，不得重复扣除。

1. 成本。是指企业在生产经营活动中发生的销售成本、销货成本、业务支出以及其他耗费，即企业销售商品（产品、材料、下脚料、废料、废旧物资等）、提供劳务、转让固定资产、无形资产（包括技术转让）的成本。

企业必须将经营活动中发生的成本合理划分为直接成本和间接成本。直接成本是可直接计入有关成本计算对象或劳务的经营成本中的直接材料、直接人工等。间接成本是指多个部门为同一成本对象提供服务的共同成本，或者同一种投入可以制造、提供两种或两种以上的产品或劳务的联合成本。

直接成本可根据有关会计凭证、记录直接计入有关成本计算对象或劳务的经营成本中。间接成本必须根据与成本计算对象之间的因果关系、成本计算对象的产量等，以合理的方法分配计入有关成本计算对象中。

2. 费用。是指企业每一个纳税年度为生产、经营商品和提供劳务等所发生的销售（经营）费用、管理费用和财务费用。已经计入成本的有关费用除外。

销售费用，是指应由企业负担的为销售商品而发生的费用，包括广告费、运输费、装卸费、包装费、展览费、保险费、销售佣金（能直接认定的进口佣金调整商品进价成本）、代销手续费、经营性租赁费及销售部门发生的差旅费、工资、福利费等费用。

管理费用，是指企业的行政管理部门为管理组织经营活动提供各项支援性服务而发生的费用。

财务费用，是指企业筹集经营性资金而发生的费用，包括利息净支出、汇兑净损失、金融机构手续费以及其他非资本化支出。

3. 税金。是指企业发生的除企业所得税和允许抵扣的增值税以外的企业缴纳的各项税金及其附加。即企业按规定缴纳的消费税、城市维护建设税、关税、资源税、土地增值税、房产税、车船税、土地使用税、印花税、教育费附加等产品销售税金及附加。这些已纳税金准予税前扣除。准许扣除的税金有两种方式：一是在发生当期扣除；二是在发生当期计入相关资产的成本，在以后各期分摊扣除。

4. 损失。是指企业在生产经营活动中发生的固定资产和存货的盘亏、毁损、报废损失，转让财产损失，呆账损失，坏账损失，自然灾害等不可抗力因素造成的损失以及其他损失。

企业发生的损失，减除责任人赔偿和保险赔款后的余额，依照国务院财政、税务主管部门的规定扣除。

企业已经作为损失处理的资产，在以后纳税年度又全部收回或者部分收回时，应当计入当期收入。

5. 扣除的其他支出。是指除成本、费用、税金、损失外，企业在生产经营活动中发生的与生产经营活动有关的、合理的支出。

（三）具体扣除项目及其标准

在计算应纳税所得额时，下列项目可按照实际发生额或规定的标准扣除。

1. 工资、薪金支出

（1）企业发生的合理的工资、薪金支出准予据实扣除。工资、薪金支出是企业每一纳税年度支付给本企业任职或与其有雇佣关系的员工的所有现金或非现金形式的劳动报酬，包括基本工资、奖金、津贴、补贴、年终加薪、加班工资，以及与任职或者是受雇有关的其他支出。

合理的工资、薪金，是指企业按照股东大会、董事会、薪酬委员会或相关管理机构制定的工资薪金制度规定实际发放给员工的工资薪金。税务机关在对工资薪金进行合理性确认时，可按以下原则掌握：

①企业制定了较为规范的员工工资薪金制度。

②企业所制定的工资薪金制度符合行业及地区水平。

③企业在一定时期所发放的工资薪金是相对固定的，工资薪金的调整是有序进行的。

④企业对实际发放的工资薪金，已依法履行了代扣代缴个人所得税义务。

⑤有关工资薪金的安排，不以减少或逃避税款为目的。

（2）属于国有性质的企业，其工资薪金不得超过政府有关部门给予的限定数额；超过部分不得计入企业工资薪金总额，也不得在计算企业应纳税所得额时扣除。

（3）企业因雇用季节工、临时工、实习生、返聘离退休人员以及接受外部劳务派遣用工所实际发生的费用，应区分为工资薪金支出和职工福利费支出，并按《企业所得税法》规定在企业所得税前扣除。其中属于工资薪金支出的，准予计入企业工资薪金总额的基数，作为计算其他各项相关费用扣除的依据。

（4）企业年度汇算清缴结束前支付汇缴年度工资薪金税前扣除。企业在年度汇算清缴结束前向员工实际支付的已预提汇缴年度工资薪金，准予在汇缴年度按规定扣除。

（5）企业接受外部劳务派遣用工所实际发生的费用，应分两种情况按规定在税前扣除：按照协议（合同）约定直接支付给劳务派遣公司的费用，应作为劳务费支出；直接支付给员工个人的费用，应作为工资薪金支出和职工福利费支出。其中属于工资薪金支出的费用，准予计入企业工资薪金总额的基数，作为计算其他各项相关费用扣除的依据。

2. 职工福利费、工会经费、职工教育经费

企业发生的职工福利费、工会经费、职工教育经费按标准扣除，未超过标准的按实际数扣除，超过标准的只能按标准扣除。

（1）企业发生的职工福利费支出，不超过工资薪金总额14%的部分准予扣除。企业职工福利费，包括以下内容：

①尚未实行分离办社会职能的企业，其内设福利部门所发生的设备、设施和人员费用，包括职工食堂、职工浴室、理发室、医务所、托儿所、疗养院等集体福利部门的设备、设施及维修保养费用和福利部门工作人员的工资薪金、社会保险费、住房公积金、劳务费等。

②为职工卫生保健、生活、住房、交通等所发放的各项补贴和非货币性福利，包括企业向职工发放的因公外地就医费用、未实行医疗统筹企业职工医疗费用、职工供养直系亲属医疗补贴、供暖费补贴、职工防暑降温费、职工困难补贴、救济费、职工食堂经费补贴、职工交通补贴等。

③按照其他规定发生的其他职工福利费，包括丧葬补助费、抚恤费、安家费、探亲假路费。值得注意的是：企业发生的职工福利费，应该单独设置账册，进行准确核算。没有单独设置账册准确核算的，税务机关应责令企业在规定的期限内进行改正。逾期仍未改正的，税务机关可对企业发生的职工福利费进行合理的核定。

（2）企业拨缴的工会经费，不超过工资薪金总额2%的部分准予扣除。

自2010年7月1日起，企业拨缴的职工工会经费，不超过工资薪金总额2%的部分，凭工会组织开具的《工会经费收入专用收据》在企业所得税税前扣除。

自2010年1月1日起，在委托税务机关代收工会经费的地区，企业拨缴的工会经费，也可凭合法、有效的工会经费代收凭据依法在税前扣除。

（3）除国务院财政、税务主管部门另有规定外，企业发生的职工教育经费支出，自2018年1月1日起不超过工资薪金总额8%的部分，准予在计算企业所得税应纳税所得额时扣除；超过部分，准予在以后纳税年度结转扣除。

上述计算职工福利费、工会经费、职工教育经费的工资薪金总额，是指企业按照上述第1条规定实际发放的工资薪金总和，不包括企业的职工福利费、职工教育经费、工会经费以及养老保险费、医疗保险费、失业保险费、工伤保险费、生育保险费等社会保险费和住房公积金。属于国有性质的企业，其工资薪金不得超过政府有关部门给予的限定数额；超过部分不得计入企业工资薪金总额，也不得在计算企业应纳税所得额时扣除。

3. 社会保险费

（1）企业依照国务院有关主管部门或者省级人民政府规定的范围和标准为职工缴纳的“五险一金”，即基本养老保险费、基本医疗保险费、失业保险费、工伤保险费、生育保险费等基本社会保险费和住房公积金，准予扣除。

（2）企业为投资者或者职工支付的补充养老保险费、补充医疗保险费，在国务院财政、税务主管部门规定的范围和标准内，准予扣除。企业依照国家有关规定为特殊工种职工支付的人身安全保险费和符合国务院财政、税务主管部门规定可以扣除的商业保险费准予扣除。

（3）企业参加财产保险，按照规定缴纳的保险费，准予扣除。企业为投资者或者职工支付的商业保险费，不得扣除。

4. 利息费用

企业在生产、经营活动中发生的利息费用，按下列规定扣除。

（1）非金融企业向金融企业借款的利息支出、金融企业的各项存款利息支出和同业拆借利息支出、企业经批准发行债券的利息支出可据实扣除。

（2）非金融企业向非金融企业借款的利息支出，不超过按照金融企业同期同类贷款利率计算的数额的部分可据实扣除，超过部分不许扣除。

鉴于目前我国对金融企业利率要求的具体情况，企业在按照合同要求首次支付利息并进行税前扣除时，应提供金融企业的同期同类贷款利率情况说明，以证明其利息支出的合理性。

（3）关联企业利息费用的扣除。企业从其关联方接受的债权性投资与权益性投资的比例超过规定标准而发生的利息支出，不得在计算应纳税所得额时扣除。

①在计算应纳税所得额时，企业实际支付给关联方的利息支出，不超过以下规定比例和税法及其实施条例有关规定计算的部分，准予扣除，超过的部分不得在发生当期和以后年度扣除。

企业实际支付给关联方的利息支出，除符合下面第②条规定外，其接受关联方债权性投资与其权益性投资比例为：金融企业 5∶1；其他企业 2∶1。

②企业如果能够按照税法及其实施条例的有关规定提供相关资料，并证明相关交易活动符合独立交易原则的，或者该企业的实际税负不高于境内关联方的，其实际支付给境内关联方的利息支出，在计算应纳税所得额时准予扣除。

③企业同时从事金融业务和非金融业务，其实际支付给关联方的利息支出，应按照合理方法分开计算；没有按照合理方法分开计算的，一律按前述第①条有关其他企业的比例计算准予税前扣除的利息支出。

④企业自关联方取得的不符合规定的利息收入应按照有关规定缴纳企业所得税。

（4）企业向自然人借款的利息支出在企业所得税税前的扣除。

①企业向股东或其他与企业有关联关系的自然人借款的利息支出，应根据《企业所得税法》第四十六条及《财政部、国家税务总局关于企业关联方利息支出税前扣除标准有关税收政策问题的通知》（财税〔2008〕121 号）规定的条件，计算企业所得税扣除额。

②企业向除第①条规定以外的内部职工或其他人员借款的利息支出，其借款情况同时符合以下条件的，其利息支出在不超过按照金融企业同期同类贷款利率计算的数额的部分，准予扣除。

条件一：企业与个人之间的借贷是真实、合法、有效的，并且不具有非法集资目的或其他违反法律、法规的行为；

条件二：企业与个人之间签订了借款合同。

5. 借款费用

（1）企业在生产经营活动中发生的合理的不需要资本化的借款费用，准予扣除。

（2）企业为购置、建造固定资产、无形资产和经过 12 个月以上的建造才能达到预定可销售状态的存货发生借款的，在有关资产购置、建造期间发生的合理的借款费用，应予以资本化，作为资本性支出计入有关资产的成本；有关资产交付使用后发生的借款利息，可在发生当期扣除。

（3）企业通过发行债券、取得贷款、吸收保户储金等方式融资而发生的合理的费用支出，符合资本化条件的，应计入相关资产成本；不符合资本化条件的，应作为财务费用，准予在企业所得税前据实扣除。

6. 汇兑损失

企业在货币交易中，以及纳税年度终了时将人民币以外的货币性资产、负债按照期末即期人民币汇率中间价折算为人民币时产生的汇兑损失，除已经计入有关资产成本以及与向所有者进行利润分配相关的部分外，准予扣除。

7. 业务招待费

（1）企业发生的与生产经营活动有关的业务招待费支出，按照发生额的60%扣除，但最高不得超过当年销售（营业）收入的5‰。

（2）对从事股权投资业务的企业（包括集团公司总部、创业投资企业等），其从被投资企业所分配的股息、红利以及股权转让收入，可以按规定的比例计算业务招待费扣除限额。

（3）企业在筹建期间，发生的与筹办活动有关的业务招待费支出，可按实际发生额的60%计入企业筹办费，并按有关规定在税前扣除。

8. 广告费和业务宣传费

企业发生的符合条件的广告费和业务宣传费支出，除国务院财政、税务主管部门另有规定外，不超过当年销售（营业）收入15%的部分，准予扣除；超过部分，准予结转以后纳税年度扣除。

企业在筹建期间，发生的广告费和业务宣传费，可按实际发生额计入企业筹办费，可按上述规定在税前扣除。

烟草企业的烟草广告费和业务宣传费支出，一律不得在计算应纳税所得额时扣除。

企业申报扣除的广告费支出应与赞助支出严格区分。企业申报扣除的广告费支出，必须符合下列条件：广告是通过工商部门批准的专门机构制作的；已实际支付费用，并已取得相应发票；通过一定的媒体传播。

9. 环境保护专项资金

企业依照法律、行政法规有关规定提取的用于环境保护、生态恢复等方面的专项资金，准予扣除。上述专项资金提取后改变用途的，不得扣除。

10. 保险费

企业参加财产保险，按照规定缴纳的保险费，准予扣除。

11. 租赁费

企业根据生产经营活动的需要租入固定资产支付的租赁费，按照以下方法扣除：

（1）以经营租赁方式租入固定资产发生的租赁费支出，按照租赁期限均匀扣除。

（2）以融资租赁方式租入固定资产发生的租赁费支出，按照规定构成融资租入固定资产价值的部分应当提取折旧费用，分期扣除。

值得注意的是，经营性租赁和融资租赁性的区别在于经营租赁是指所有权不转移的租赁。而融资租赁是指在实质上转移与一项资产所有权有关的全部风险和报酬的一种租赁。

12. 劳动保护费

企业发生的合理的劳动保护支出，准予扣除。自2011年7月1日起，企业根据其工作性质和特点，由企业统一制作并要求员工工作时统一着装所发生的工作服饰费用，可以作为企业合理的支出给予税前扣除。

13. 公益性捐赠支出

公益性捐赠，是指企业通过公益性社会团体或者县级（含县级）以上人民政府及其部门，用于《中华人民共和国公益事业捐赠法》规定的公益事业的捐赠。

企业发生的公益性捐赠支出，不超过年度利润总额12%的部分，准予扣除。超过年度利润总额12%的部分，准于以后三年内在计算应纳税所得额时结转扣除。年度利润总额，是指企业依照国家统会计制度的规定计算的年度会计利润。

企业发生的公益性捐赠支出未在当年税前扣除的部分，自2017年1月1日起准予向以后年度结转扣除，但结转年限自捐赠发生年度的次年起计算最长不得超过三年。企业在对公益性捐赠支出计算扣除时，应先扣除以前年度结转的捐赠支出，再扣除当年发生的捐赠支出。2016年9月1日至2016年12月31日发生的公益性捐赠支出，未在2016年税前扣除的部分，可按上述规定执行。

（1）用于公益事业的捐赠支出，是指《中华人民共和国公益事业捐赠法》规定的向公益事业的捐赠支出，具体范围包括：救助灾害、救济贫困、扶助残疾人等困难的社会群体和个人的活动；教育、科学、文化、卫生、体育事业；环境保护、社会公共设施建设；促进社会发展和进步的其他社会公共和福利事业。

企事业单位、社会团体以及其他组织捐赠住房作为廉租住房的视同公益性捐赠按上述规定执行。

（2）公益性社会团体，是指同时符合下列条件的基金会、慈善组织等社会团体：依法登记，具有法人资格；以发展公益事业为宗旨，且不以营利为目的；全部资产及其增值为该法人所有；收益和营运结余主要用于符合该法人设立目的的事业；终止后的剩余财产不归属任何个人或者营利组织；不经营与其设立目的无关的业务；有健全的财务会计制度；捐赠者不以任何形式参与社会团体财产的分配；国务院财政、税务主管部门会同国务院民政部门等登记管理部门规定的其他条件。

（3）公益性社会团体和县级以上人民政府及其组成部门和直属机构在接受捐赠时，捐赠资产的价值，按以下原则确认：接受捐赠的货币性资产，应当按照实际收到的金额计算；接受捐赠的非货币性资产，应当以其公允价值计算。捐赠方在向公益性社会团体和县级以上人民政府及其组成部门和直属机构捐赠时，应当提供注明捐赠非货币性资产公允价值的证明。

（4）对存在以下情形之一的公益性群众团体，应取消其公益性捐赠税前扣除资格：前3年接受捐赠的总收入中用于公益事业的支出比例低于70%的；在申请公益性捐赠税前扣除资格时有弄虚作假行为的；存在逃避缴纳税款行为或为他人逃避缴纳税款提供便利的；存在违反该组织章程的活动，或者接受的捐赠款项用于组织章程规定用途之外的支出等情况的；受到行政处罚的。

被取消公益性捐赠税前扣除资格的公益性群众团体，三年内不得重新申请公益性捐赠税前扣除资格。

（5）对于通过公益性群众团体发生的公益性捐赠支出，主管税务机关应对照财政、税务部门联合发布的名单，接受捐赠的群众团体位于名单内，则企业或个人在名单所属年度发生的公益性捐赠支出可按规定进行税前扣除；接受捐赠的群众团体不在名单内，或虽在名单内但企业或个人发生的公益性捐赠支出不属于名单所属年度的，不得扣除。

14. 有关资产的费用

企业转让各类固定资产发生的费用，允许扣除。企业按规定计算的固定资产折旧费、无形资产和递延资产的摊销费，准予扣除。

15. 总机构分摊的费用

非居民企业在中国境内设立的机构、场所，就其中国境外总机构发生的与该机构、场所生产经营有关的费用，能够提供总机构出具的费用汇集范围、定额、分配依据和方法等证明文件，并合理分摊的，准予扣除。

16. 资产损失

企业当期发生的固定资产和流动资产盘亏、毁损净损失，由其提供清查盘存资料经主管税务机关审核后，准予扣除。

17. 准予扣除的其他项目

依照有关法律、行政法规和国家有关税法规定准予扣除的其他项目。如会员费、合理的会议费、差旅费、违约金、诉讼费用等。

18. 手续费及佣金支出

（1）企业发生的与生产经营有关的手续费及佣金支出，不超过以下规定计算限额以内的部分，准予扣除；超过部分，不得扣除。

①保险企业：财产保险企业按当年全部保费收入扣除退保金等后余额的 15%（含本数，下同）计算限额；人身保险企业按当年全部保费收入扣除退保金等后余额的 10% 计算限额。

②其他企业：按与具有合法经营资格中介服务机构或个人（不含交易双方及其雇员、代理人和代表人等）所签订服务协议或合同确认的收入金额的 5% 计算限额。

（2）企业应与具有合法经营资格的中介服务企业或个人签订代办协议或合同，并按国家有关规定支付手续费及佣金。除委托个人代理外，企业以现金等非转账方式支付的手续费及佣金不得在税前扣除。企业为发行权益性证券支付给有关证券承销机构的手续费及佣金不得在税前扣除。

（3）企业不得将手续费及佣金支出计入回扣、业务提成、返利、进场费等费用。

（4）企业已计入固定资产、无形资产等相关资产的手续费及佣金支出，应当通过折旧、摊销等方式分期扣除，不得在发生当期直接扣除。

（5）企业支付的手续费及佣金不得直接冲减服务协议或合同金额，并如实入账。

19. 企业维简费支出

企业实际发生的维简费支出，属于收益性支出的，可作为当期费用税前扣除；属于资本性支出的，应计入有关资产成本，并按《企业所得税法》规定计提折旧或摊销费用在税前扣除。

20. 企业参与政府统一组织的棚户区改造支出

21. 金融企业涉农贷款和中小企业贷款损失准备金

自 2014 年 1 月 1 日起至 2018 年 12 月 31 日，金融企业涉农贷款和中小企业贷款损失准备金企业所得税税前扣除按以下规定处理：

（1）金融企业根据《贷款风险分类指引》（银监发〔2007〕54 号），对其涉农贷款和中小企业贷款进行风险分类后，按照以下比例计提的贷款损失准备金，准予在计算应纳税所得额时扣除：

①关注类贷款，计提比例为2%；

②次级类贷款，计提比例为25%；

③可疑类贷款，计提比例为50%；

④损失类贷款，计提比例为100%。

（2）涉农贷款，是指《涉农贷款专项统计制度》（银发〔2007〕246号）统计的农户贷款、农村企业及各类组织贷款。

（3）中小企业贷款，是指金融企业对年销售额和资产总额均不超过2亿元的企业的贷款。

（4）金融企业发生的符合条件的涉农贷款和中小企业贷款损失，应先冲减已在税前扣除的贷款损失准备金，不足冲减部分可据实在计算应纳税所得额时扣除。

22. 金融企业贷款损失准备金

自2014年1月1日起至2018年12月31日，金融企业贷款（涉农贷款和中小企业贷款除外）损失准备金企业所得税税前扣除按以下规定处理。

（1）准予税前提取贷款损失准备金的贷款资产范围包括：

①贷款（含抵押、质押、担保等贷款）；

②银行卡透支、贴现、信用垫款（含银行承兑汇票垫款、信用证垫款、担保垫款等）、进出口押汇、同业拆出、应收融资租赁款等各项具有贷款特征的风险资产；

③由金融企业转贷并承担对外还款责任的国外贷款，包括国际金融组织贷款、外国买方信贷、外国政府贷款、日本国际协力银行不附条件贷款和外国政府混合贷款等资产。

（2）金融企业准予当年税前扣除的贷款损失准备金计算公式如下：

准予当年税前扣除的贷款损失准备金＝本年末准予提取贷款损失准备金的贷款资产余额×1%－截至上年末已在税前扣除的贷款损失准备金的余额

金融企业按上述公式计算的数额如为负数，应当相应调增当年应纳税所得额。

（3）金融企业的委托贷款、代理贷款、国债投资、应收股利、上交央行准备金以及金融企业剥离的债权和股权、应收财政贴息、央行款项等不承担风险和损失的资产，不得提取贷款损失准备金在税前扣除。

（4）金融企业发生的符合条件的贷款损失，应先冲减已在税前扣除的贷款损失准备金，不足冲减部分可据实在计算当年应纳税所得额时扣除。

四、不得扣除的项目

在计算应纳税所得额时，下列支出不得扣除：

1. 向投资者支付的股息、红利等权益性投资收益款项。

2. 企业所得税税款。

3. 税收滞纳金，是指纳税人违反税收法规，被税务机关处以的滞纳金。

4. 罚金、罚款和被没收财物的损失，是指纳税人违反国家有关法律、法规规定，被有关部门处以的罚款，以及被司法机关处以的罚金和被没收财物。

5. 超过规定标准的捐赠支出。

6. 赞助支出，是指企业发生的与生产经营活动无关的各种非广告性质支出。

7. 未经核定的准备金支出，是指不符合国务院财政、税务主管部门规定的各项资产减值准备、风险准备等准备金支出。

8. 企业之间支付的管理费、企业内营业机构之间支付的租金和特许权使用费，以及非银行企业内营业机构之间支付的利息，不得扣除。

9. 与取得收入无关的其他支出。

五、亏损弥补

1. 亏损，是指企业依照《企业所得税法》及其暂行条例的规定，将每一纳税年度的收入总额减除不征税收入、免税收入和各项扣除后小于零的数额。税法规定，企业某一纳税年度发生的亏损可以用下一年度的所得弥补，下一年度的所得不足以弥补的，可以逐年延续弥补，但最长不得超过5年。而且，企业在汇总计算缴纳企业所得税时，其境外营业机构的亏损不得抵减境内营业机构的盈利。

2. 自2018年1月1日起，当年具备高新技术企业或科技型中小企业资格（以下统称资格）的企业，其具备资格年度之前5个年度发生的尚未弥补完的亏损，准予结转以后年度弥补，最长结转年限由5年延长至10年。

上述所称高新技术企业，是指按照《科技部 财政部 国家税务总局关于修订印发〈高新技术企业认定管理办法〉的通知》（国科发火〔2016〕32号）规定认定的高新技术企业；所称科技型中小企业，是指按照《科技部 财政部 国家税务总局关于印发〈科技型中小企业评价办法〉的通知》（国科发政〔2017〕115号）规定取得科技型中小企业登记编号的企业。

3. 企业筹办期间不计算为亏损年度，企业自开始生产经营的年度，为开始计算企业损益的年度。企业从事生产经营之前进行筹办活动期间发生筹办费用支出，不得计算为当期的亏损，企业可以在开始经营之日的当年一次性扣除，也可以按照新税法有关长期待摊费用的处理规定处理，但一经选定，不得改变。

4. 税务机关对企业以前年度纳税情况进行检查时调增的应纳税所得额，凡企业以前年度发生亏损且该亏损属于企业所得税法规定允许弥补的，应允许调增的应纳税所得额弥补该亏损。弥补该亏损后仍有余额的，按照企业所得税法规定计算缴纳企业所得税。对检查调增的应纳税所得额应根据其情节，依照《税收征收管理法》有关规定进行处理或处罚。

上述规定自2010年12月1日开始执行。以前（含2008年度之前）没有处理的事项，按本规定执行。

5. 对企业发现以前年度实际发生的、按照税收规定应在企业所得税前扣除而未扣除或者少扣除的支出，企业做出专项申报及说明后，准予追补至该项目发生年度计算扣除，但追补确认期限不得超过5年。

企业由于上述原因多缴的企业所得税税款，可以在追补确认年度企业所得税应纳税款中抵扣，不足抵扣的，可以向以后年度递延抵扣或申请退税。

亏损企业追补确认以前年度未在企业所得税前扣除的支出，或盈利企业经过追补确认后出现亏损的，应首先调整该项支出所属年度的亏损额，然后再按照弥补亏损的原则计算以后年度多缴的企业所得税款，并按前款规定处理。

第四节 资产的所得税处理

资产是由于资本投资而形成的财产，对于资本性支出以及无形资产受让、开办、开发费用，不允许作为成本、费用从纳税人的收入总额中做一次性扣除，只能采取分次计提折旧或分次摊销的方式予以扣除。即纳税人经营活动中使用的固定资产的折旧费用、无形资产和长期待摊费用的摊销费用可以扣除。税法规定，纳入所得税处理范围的资产形式主要有固定资产、生物资产、无形资产、长期待摊费用、投资资产、存货等，均以历史成本为计税基础。历史成本是指企业取得该项资产时实际发生的支出。企业持有各项资产期间资产增值或者减值，除国务院财政、税务主管部门规定可以确认损益外，不得调整该资产的计税基础。

一、固定资产的所得税处理

固定资产，是指企业为生产产品、提供劳务、出租或者经营管理而持有的、使用时间超过 12 个月的非货币性资产，包括房屋、建筑物、机器、机械、运输工具以及其他与生产经营活动有关的设备、器具、工具等。

（一）固定资产计税基础

1. 外购的固定资产，以购买价款和支付的相关税费以及直接归属于使该资产达到预定用途发生的其他支出为计税基础。

2. 自行建造的固定资产，以竣工结算前发生的支出为计税基础。

3. 融资租入的固定资产，以租赁合同约定的付款总额和承租人在签订租赁合同过程中发生的相关费用为计税基础，租赁合同未约定付款总额的，以该资产的公允价值和承租人在签订租赁合同过程中发生的相关费用为计税基础。

4. 盘盈的固定资产，以同类固定资产的重置完全价值为计税基础。

5. 通过捐赠、投资、非货币性资产交换、债务重组等方式取得的固定资产，以该资产的公允价值和支付的相关税费为计税基础。

6. 改建的固定资产，除已足额提取折旧的固定资产和租入的固定资产以外的其他固定资产，以改建过程中发生的改建支出增加计税基础。

（二）固定资产折旧的范围

在计算应纳税所得额时，企业按照规定计算的固定资产折旧，准予扣除。下列固定资产不得计算折旧扣除：

1. 房屋、建筑物以外未投入使用的固定资产。

2. 以经营租赁方式租入的固定资产。

3. 以融资租赁方式租出的固定资产。

4. 已足额提取折旧仍继续使用的固定资产。

5. 与经营活动无关的固定资产。

6. 单独估价作为固定资产入账的土地。

7. 其他不得计算折旧扣除的固定资产。

（三）固定资产折旧的计提方法

1. 企业应当自固定资产投入使用月份的次月起计算折旧；停止使用的固定资产，应当自停止使用月份的次月起停止计算折旧。

2. 企业应当根据固定资产的性质和使用情况，合理确定固定资产的预计净残值。固定资产的预计净残值一经确定，不得变更。

3. 固定资产按照直线法计算的折旧，准予扣除。

（四）固定资产折旧的计提年限

除国务院财政、税务主管部门另有规定外，各类固定资产计算折旧的最低年限如下：

1. 房屋、建筑物，为 20 年。

2. 飞机、火车、轮船、机器、机械和其他生产设备，为 10 年。

3. 与生产经营活动有关的器具、工具、家具等，为 5 年。

4. 飞机、火车、轮船以外的运输工具，为 4 年。

5. 电子设备，为 3 年。

从事开采石油、天然气等矿产资源的企业，在开始商业性生产前发生的费用和有关固定资产的折耗、折旧方法，由国务院财政、税务主管部门另行规定。

（五）固定资产折旧的所得税处理

1. 企业固定资产会计折旧年限如果短于税法规定的最低折旧年限，其按会计折旧年限计提的折旧高于按税法规定的最低折旧年限计提的折旧部分，应调增当期应纳税所得额；企业固定资产会计折旧年限已期满且会计折旧已提足，但税法规定的最低折旧年限尚未到期且税收折旧尚未足额扣除，其未足额扣除的部分准予在剩余的税收折旧年限继续按规定扣除。

2. 企业固定资产会计折旧年限如果长于税法规定的最低折旧年限，其折旧应按会计折旧年限计算扣除，税法另有规定除外。

3. 企业按会计规定提取的固定资产减值准备，不得税前扣除，其折旧仍按税法确定的固定资产计税基础计算扣除。

4. 企业按税法规定实行加速折旧的，其按加速折旧办法计算的折旧额可全额在税前扣除。

5. 石油天然气开采企业在计提油气资产折耗（折旧）时，由于会计与税法规定计算方法不同导致的折耗（折旧）差异，应按税法规定进行纳税调整。

（六）固定资产改扩建的所得税处理

自 2011 年 7 月 1 日起，企业对房屋、建筑物固定资产在未足额提取折旧前进行改扩建的，如属于推倒重置的，该资产原值减除提取折旧后的净值，应并入重置后的固定资产计税成本，并在该固定资产投入使用后的次月起，按照税法规定的折旧年限，一并计提折旧；如属于提升功能、增加面积的，该固定资产的改扩建支出，并入该固定资产计税基础，并从改扩建完工投入使用后的次月起，重新按税法规定的该固定资产折旧年限计提折旧；如该改扩建后的固定资产尚可使用的年限低于税法规定的最低年限的，可以按尚可使用的年限计提折旧。

二、生物资产的所得税处理

生物资产，是指有生命的动物和植物。生物资产分为消耗性生物资产、生产性生物资产和公益性生物资产。其中，消耗性生物资产是指为出售而持有的或在将来收获为农产品的生物资产，包括生长中的农田作物、蔬菜、用材林以及存栏待售的牲畜等；生产性生物资产是指为产出农产品、提供劳务或出租等目的而持有的生物资产，包括经济林、薪炭林、产畜和役畜等；公益性生物资产是指以防护、环境保护为主要目的的生物资产，包括防风固沙林、水土保持林和水源涵养林等。

（一）生物资产的计税基础

生产性生物资产按照下列方法确定计税基础：

1. 外购的生产性生物资产，以购买价款和支付的相关税费为计税基础。

2. 通过捐赠、投资、非货币性资产交换、债务重组等方式取得的生产性生物资产，以该资产的公允价值和支付的相关税费为计税基础。

（二）生物资产的折旧方法和折旧年限

生产性生物资产按照直线法计算的折旧，准予扣除。企业应当自生产性生物资产投入使用月份的次月起计算折旧；停止使用的生产性生物资产，应当自停止使用月份的次月起停止计算折旧。

企业应当根据生产性生物资产的性质和使用情况，合理确定生产性生物资产的预计净残值。生产性生物资产的预计净残值一经确定，不得变更。

生产性生物资产计算折旧的最低年限，一般规定林木类生产性生物资产，为10年；畜类生产性生物资产，为3年。

三、无形资产的所得税处理

无形资产，是指企业长期使用、但没有实物形态的资产，包括专利权、商标权、著作权、土地使用权、非专利技术、商誉等。

（一）无形资产的计税基础

无形资产按照下列方法确定计税基础：

1. 外购的无形资产，以购买价款和支付的相关税费以及直接归属于使该资产达到预定用途发生的其他支出为计税基础。

2. 自行开发的无形资产，以开发过程中该资产符合资本化条件后至达到预定用途前发生的支出为计税基础。

3. 通过捐赠、投资、非货币性资产交换、债务重组等方式取得的无形资产，以该资产的公允价值和支付的相关税费为计税基础。

（二）无形资产摊销的范围

在计算应纳税所得额时，企业按照规定计算的无形资产摊销费用，准予扣除。

下列无形资产不得计算摊销费用扣除：

1. 自行开发的支出已在计算应纳税所得额时扣除的无形资产。
2. 自创商誉。
3. 与经营活动无关的无形资产。
4. 其他不得计算摊销费用扣除的无形资产。

（三）无形资产的摊销方法及年限

无形资产的摊销，采取直线法计算。无形资产的摊销年限不得低于 10 年。作为投资或者受让的无形资产，有关法律规定或者合同约定了使用年限的，可以按照规定或者约定的使用年限分期摊销。外购商誉的支出，在企业整体转让或者清算时，准予扣除。

四、长期待摊费用的所得税处理

长期待摊费用是指企业发生的应在 1 个年度以上或几个年度进行摊销的费用。在计算应纳税所得额时，企业发生的下列支出作为长期待摊费用按照规定摊销的，准予扣除。

1. 已足额提取折旧的固定资产的改建支出。
2. 租入固定资产的改建支出。
3. 固定资产的大修理支出。
4. 其他应当作为长期待摊费用的支出。

企业的固定资产修理支出可在发生当期直接扣除。企业的固定资产改良支出，如果有关固定资产尚未提足折旧，可增加固定资产价值；如有关固定资产已提足折旧，可作为长期待摊费用，在规定的期间内平均摊销。

固定资产的改建支出，是指改变房屋或者建筑物结构、延长使用年限等发生的支出。已足额提取折旧的固定资产的改建支出，按照固定资产预计尚可使用年限分期摊销；租入固定资产的改建支出，按照合同约定的剩余租赁期限分期摊销；改建的固定资产延长使用年限的，除已足额提取折旧的固定资产、租入固定资产的改建支出外，其他的固定资产发生改建支出，应当适当延长折旧年限。

大修理支出，按照固定资产尚可使用年限分期摊销。

企业所得税法所指固定资产的大修理支出，是指同时符合下列条件的支出：

（1）修理支出达到取得固定资产时的计税基础 50% 以上。

（2）修理后固定资产的使用年限延长 2 年以上。

其他应当作为长期待摊费用的支出，自支出发生月份的次月起，分期摊销，摊销年限不得低于 3 年。

五、存货的所得税处理

存货是指企业持有以备出售的产品或者商品、处在生产过程中的在产品、在生产或者提供劳务过程中耗用的材料和物料等。

（一）存货的计税基础

存货按照下列方法确定其成本：

1. 通过支付现金方式取得的存货，以购买价款和支付的相关税费为成本。

2. 通过支付现金以外的方式取得的存货，以该存货的公允价值和支付的相关税费为成本。

3. 生产性生物资产收获的农产品，以产出或者采收过程中发生的材料费、人工费和分摊的间接费用等必要支出为成本。

（二）存货的成本计算方法

企业使用或者销售的存货的成本计算方法，可以在先进先出法、加权平均法、个别计价法中选用一种。计价方法一经选用，不得随意变更。

企业转让以上资产，在计算企业应纳税所得额时，资产的净值允许扣除。其中，资产的净值是指有关资产、财产的计税基础减除已经按照规定扣除的折旧、折耗、摊销、准备金等后的余额。

除国务院财政、税务主管部门另有规定外，企业在重组过程中，应当在交易发生时确认有关资产的转让所得或者损失，相关资产应当按照交易价格重新确定计税基础。

六、投资资产的所得税处理

投资资产是指企业对外进行权益性投资和债权性投资而形成的资产。

（一）投资资产的成本

投资资产按以下方法确定投资成本：

1. 通过支付现金方式取得的投资资产，以购买价款为成本。

2. 通过支付现金以外的方式取得的投资资产，以该资产的公允价值和支付的相关税费为成本。

（二）投资资产成本的扣除方法

企业对外投资期间，投资资产的成本在计算应纳税所得额时不得扣除，企业在转让或者处置投资资产时，投资资产的成本准予扣除。

（三）投资企业撤回或减少投资的所得税处理

自2011年7月1日起，投资企业从被投资企业撤回或减少投资，其取得的资产中，相当于初始出资的部分，应确认为投资收回；相当于被投资企业累计未分配利润和累计盈余公积按减少实收资本比例计算的部分，应确认为股息所得；其余部分确认为投资资产转让所得。

被投资企业发生的经营亏损，由被投资企业按规定结转弥补；投资企业不得调整减低其投资成本，也不得将其确认为投资损失。

（四）非货币性资产投资企业的所得税处理

非货币性资产是指现金、银行存款、应收账款、应收票据以及准备持有至到期的债券投资等货币性资产以外的资产。

1. 居民企业（以下简称企业）以非货币性资产对外投资确认的非货币性资产转让所得，可在不超过5年期限内，分期均匀计入相应年度的应纳税所得额，按规定计算缴纳企业所得税。

2. 企业以非货币性资产对外投资，应对非货币性资产进行评估并按评估后的公允价值扣除计税基础后的余额，计算确认非货币性资产转让所得。

企业以非货币性资产对外投资，应于投资协议生效并办理股权登记手续时，确认非货币性资产转让收入的实现。

3. 企业以非货币性资产对外投资而取得被投资企业的股权，应以非货币性资产的原计税成本为计税基础，加上每年确认的非货币性资产转让所得，逐年进行调整。被投资企业取得非货币性资产的计税基础，应按非货币性资产的公允价值确定。

4. 企业在对外投资5年内转让上述股权或投资收回的，应停止执行递延纳税政策，并就递延期内尚未确认的非货币性资产转让所得，在转让股权或投资收回当年的企业所得税年度汇算清缴时，一次性计算缴纳企业所得税；企业在计算股权转让所得时，可按相关规定将股权的计税基础一次调整到位。

企业在对外投资5年内注销的，应停止执行递延纳税政策，并就递延期内尚未确认的非货币性资产转让所得，在注销当年的企业所得税年度汇算清缴时，一次性计算缴纳企业所得税。

5. 非货币性资产投资，限于以非货币性资产出资设立新的居民企业，或将非货币性资产注入现存的居民企业。

6. 企业发生非货币性资产投资，符合《财政部 国家税务总局关于企业重组业务企业所得税处理若干问题的通知》（财税〔2009〕59号）等文件规定的特殊性所得税处理条件的，也可选择按特殊性所得税处理规定执行。

七、税法规定与会计规定差异的处理

税法规定与会计规定差异的处理是指企业在财务会计核算中与税法规定不一致的，应当依照税法规定予以调整。即企业在平时进行会计核算时，可以按会计制度的有关规定进行账务处理，但在申报纳税时，对税法规定和会计制度规定有差异的，要按税法规定进行纳税调整。

根据《企业所得税法》第二十一条规定，对企业依据财务会计制度规定，并实际在财务会计处理上已确认的支出，凡没有超过《企业所得税法》和有关税收法规规定的税前扣除范围和标准的，可按企业实际会计处理确认的支出，在企业所得税前扣除，计算其应纳税所得额。

1. 企业不能提供完整、准确的收入及成本、费用凭证，不能正确计算应纳税所得额的，由税务机关核定其应纳税所得额。

2. 企业依法清算时，以其清算终了后的清算所得为应纳税所得额，按规定缴纳企业所得税。所谓清算所得，是指企业的全部资产可变现价值或者交易价格减除资产净值、清算费用以及相关税费等后的余额。

投资方企业从被清算企业分得的剩余资产，其中相当于从被清算企业累计未分配利润和累计盈余公积中应当分得的部分，应当确认为股息所得；剩余资产减除上述股息所得后的余额，超过或者低于投资成本的部分，应当确认为投资资产转让所得或者损失。

3. 企业应纳税所得额是根据税收法规计算出来的，它在数额上与依据财务会计制度计算的利润总额往往不一致。因此，税法规定：对企业按照有关财务会计规定计算的利润总额，要按照税法的规定进行必要调整后，才能作为应纳税所得额计算缴纳所得税。

4. 自 2011 年 7 月 1 日起，企业当年度实际发生的相关成本、费用，由于各种原因未能及时取得该成本、费用的有效凭证，企业在预缴季度所得税时，可暂按账面发生金额进行核算；但在汇算清缴时，应补充提供该成本、费用的有效凭证。

第五节　税收优惠

税收优惠是指国家对某一部分特定企业和课税对象给予减轻或免除税收负担的一种措施。税法规定的企业所得税的税收优惠方式包括免税、减税、加计扣除、加速折旧、减计收入、税额抵免等。

一、免征与减征优惠

企业的下列所得，可以免征、减征企业所得税。企业如果从事国家限制和禁止发展的项目，不得享受企业所得税优惠。

（一）从事农、林、牧、渔业项目的所得

企业从事农、林、牧、渔业项目的所得，包括免征和减征两部分：

1. 企业从事下列项目的所得，免征企业所得税：

（1）蔬菜、谷物、薯类、油料、豆类、棉花、麻类、糖料、水果、坚果的种植。

（2）农作物新品种的选育。

（3）中药材的种植。

（4）林木的培育和种植。

（5）牲畜、家禽的饲养。

（6）林产品的采集。

（7）灌溉、农产品初加工、兽医、农技推广、农机作业和维修等农、林、牧、渔服务业项目。

（8）远洋捕捞。

2. 企业从事下列项目的所得，减半征收企业所得税：

（1）花卉、茶以及其他饮料作物和香料作物的种植。

（2）海水养殖、内陆养殖。

（二）从事国家重点扶持的公共基础设施项目投资经营的所得

国家重点扶持的公共基础设施项目是指《公共基础设施项目企业所得税优惠目录》规定的港口码头、机场、铁路、公路、电力、水利等项目。

1. 企业从事国家重点扶持的公共基础设施项目的投资经营的所得，自项目取得第一笔生产经营收入所属纳税年度起，第1年至第3年免征企业所得税，第4年至第6年减半征收企业所得税。

2. 企业承包经营、承包建设和内部自建自用本条规定的项目，不得享受本条规定的企业所得税优惠。

3. 企业投资经营符合《公共基础设施项目企业所得税优惠目录》规定条件和标准的公共基础设施项目，采用一次核准、分批次（如码头、泊位、航站楼、跑道、路段、发电机组等）建设的，凡同时符合以下条件的，可按每一批次为单位计算所得，并享受企业所得税“三免三减半”优惠：（1）不同批次在空间上相互独立；（2）每一批次自身具备取得收入的功能；（3）以每一批次为单位进行会计核算，单独计算所得，并合理分摊期间费用。

（三）从事符合条件的环境保护、节能节水项目的所得

环境保护、节能节水项目的所得，自项目取得第一笔生产经营收入所属纳税年度起，第1年至第3年免征企业所得税，第4年至第6年减半征收企业所得税。

符合条件的环境保护、节能节水项目，包括公共污水处理、公共垃圾处理、沼气综合开发利用、节能减排技术改造、海水淡化等。项目的具体条件和范围由国务院财政、税务主管部门商国务院有关部门制定，报国务院批准后公布施行。

但是以上规定享受减免税优惠的项目，在减免税期限内转让的，受让方自受让之日起，可以在剩余期限内享受规定的减免税优惠；减免税期限届满后转让的，受让方不得就该项目重复享受减免税优惠。

（四）符合条件的技术转让所得

1. 企业所得税法所称，符合条件的技术转让所得免征、减征企业所得税，是指一个纳税年度内，居民企业转让技术所有权所得不超过500万元的部分，免征企业所得税；超过500万元的部分，减半征收企业所得税。

2. 技术转让的范围，包括居民企业转让专利技术、计算机软件著作权、集成电路布图设计权、植物新品种、生物医药新品种、5年（含）以上非独占许可使用权，以及财政部和国家税务总局确定的其他技术。

3. 居民企业取得禁止出口和限制出口技术转让所得，不享受技术转让减免企业所得税优惠政策。

4. 居民企业从直接或间接持有股权之和达到100%的关联方取得的技术转让所得，不享受技术转让减免企业所得税优惠政策。

5. 享受技术转让所得减免企业所得税优惠的企业，应单独计算技术转让所得，并合理分摊企业的期间费用；没有单独计算的，不得享受技术转让所得企业所得税优惠。

6. 企业发生技术转让，应在纳税年度终了后至报送年度纳税申报表以前，向主管税务

机关办理减免税备案手续。

二、高新技术企业优惠

（一）国家需要重点扶持的高新技术企业减按15%的税率征收企业所得税

国家需要重点扶持的高新技术企业是指拥有核心自主知识产权，并同时符合下列条件的企业：

1. 企业申请认定时须注册成立一年以上。

2. 企业通过自主研发、受让、受赠、并购等方式，获得对其主要产品（服务）的上发挥核心技术作用的知识产权的所有权。

3. 对企业主要产品（服务）发挥核心技术作用的技术属于《国家重点支持的高新技术领域》规定的范围。

4. 企业从事研发和相关技术创新活动的科技人员占企业当年职工总数的比例不低于10%。

5. 企业近三个会计年度（实际经营期不满三年的按实际经营时间计算，下同）的研究开发费用总额占同期的销售收入的比例符合下列要求：最近一年销售收入小于5000万元的企业，比例不低于5%；最近一年销售收入在5000万元至2亿元的企业，比例不低于4%；最近一年销售收入在2亿元以上的企业，比例不低于3%。其中，企业在中国境内发生的研究开发费用总额占全部研究开发费用总额的比例不低于60%。

6. 近一年的高新技术产品（服务）收入占企业当年总收入的60%以上。

7. 企业创新能力评价应达到相应要求。

8. 企业申请认定前一年内未发生重大安全、重大质量事故或严重环境违法行为。

（二）取消高新技术企业资格的情况

已认定的高新技术企业有下列行为之一的，由认定机构取消其高新技术企业资格。

1. 在申请认定过程中存在严重弄虚作假行为的。

2. 发生重大安全、重大质量事故或有严重环境违法行为的。

3. 未按期报告与认定条件有关重大变化情况，或累计两年未填报年度发展情况报表的。

对被取消高新技术企业资格的企业，由认定机构通知税务机关按《税收征管法》及有关规定，追缴其自发生上述行为之日所属年度起已享受的高新技术企业税收。

三、小型微利企业优惠

小型微利企业减按20%的税率征收企业所得税。小型微利企业的条件如下：

1. 工业企业，年度应纳税所得额不超过50万元，从业人数不超过100人，资产总额不超过3000万元。

2. 其他企业，年度应纳税所得额不超过50万元，从业人数不超过80人，资产总额不超过1000万元。

其中，“从业人数”按企业全年平均从业人数计算，“资产总额”按企业年初和年末的资产总额平均计算。

上述年度应纳税所得额、从业人数和资产总额三个指标计算准确与否，决定着是否能够正确享受小型微利企业税收优惠。

小型微利企业，是指企业的全部生产经营活动产生的所得均负有我国企业所得税纳税义务的企业。仅就来源于我国所得负有我国纳税义务的非居民企业，不适用上述规定。

四、加计扣除优惠

加计扣除是指对企业支出项目按规定的比例给予税前扣除的基础上再给予追加扣除。加计扣除优惠包括以下两项内容：

1. 研究开发费用的加计扣除，是指企业为开发新技术、新产品、新工艺发生的研究开发费用，未形成无形资产计入当期损益的，在按照规定据实扣除的基础上，按照研究开发费用的50%加计扣除；形成无形资产的，按照无形资产成本的150%摊销。

2. 企业安置残疾人员所支付的工资的加计扣除，是指企业安置残疾人员的，在按照支付给残疾职工工资据实扣除的基础上，按照支付给残疾职工工资的100%加计扣除。残疾人员的范围适用《中华人民共和国残疾人保障法》的有关规定。企业安置国家鼓励安置的其他就业人员所支付的工资的加计扣除办法，由国务院另行规定。

五、创投企业优惠

创业投资企业从事国家需要重点扶持和鼓励的创业投资，可以按投资额的一定比例抵扣应纳税所得额。

创投企业优惠，是指创业投资企业采取股权投资方式投资于未上市的中小高新技术企业2年以上的，可以按照其投资额的70%在股权持有满2年的当年抵扣该创业投资企业的应纳税所得额；当年不足抵扣的，可以在以后纳税年度结转抵扣。

【例5-1】 A企业2017年1月1日向B企业（未上市的中小高新技术企业）投资200万元，股权持有到2019年12月31日。要求：A企业2019年度可抵扣的应纳税所得额是多少？

【解答】 A企业2019年度可抵扣的应纳税所得额 $=200\times70\%=140$（万元）。

六、加速折旧优惠

企业的固定资产由于技术进步等原因，确需加速折旧的，可以缩短折旧年限或者采取加速折旧的方法。可采用以上折旧方法的固定资产是指：

1. 由于技术进步，产品更新换代较快的固定资产；

2. 常年处于强震动、高腐蚀状态的固定资产。

采取缩短折旧年限方法的，最低折旧年限不得低于规定折旧年限的60%；采取加速折旧方法的，可以采取双倍余额递减法或者年数总和法。

七、减计收入优惠

企业综合利用资源，生产符合国家产业政策规定的产品所取得的收入，可以在计算应纳税所得额时减计收入。

综合利用资源，是指企业以《资源综合利用企业所得税优惠目录》规定的资源作为主要原材料，生产国家非限制和禁止并符合国家和行业相关标准的产品取得的收入，减按

90%计入收入总额。

上述所称原材料占生产产品材料的比例不得低于《资源综合利用企业所得税优惠目录》规定的标准。

八、税额抵免优惠

税额抵免，是指企业购置并实际使用《环境保护专用设备企业所得税优惠目录》《节能节水专用设备企业所得税优惠目录》（2017 年版）和《安全生产专用设备企业所得税优惠目录》规定的环境保护、节能节水、安全生产等专用设备的，该专用设备的投资额 10% 可以从企业当年的应纳税额中抵免；当年不足抵免的，可以在以后 5 个纳税年度结转抵免。

享受前款规定的企业所得税优惠的企业，应当实际购置并自身实际投入使用前款规定的专用设备；企业购置上述专用设备在 5 年内转让、出租的，应当停止享受企业所得税优惠，并补缴已经抵免的企业所得税税款。转让的受让方可以按照该专用设备投资额的 10% 抵免当年企业所得税应纳税额；当年应纳税额不足抵免的，可以在以后 5 个纳税年度结转抵免。

企业所得税优惠目录，由国务院财政、税务主管部门等国务院有关部门制定，报国务院批准后公布施行。

企业同时从事适用不同企业所得税待遇的项目的，其优惠项目应当单独计算所得，并合理分摊企业的期间费用；没有单独计算的，不得享受企业所得税优惠。

自 2009 年 1 月 1 日起，增值税一般纳税人购进固定资产发生的进项税额可从其销项税额中抵扣。如增值税进项税额允许抵扣，其专用设备投资额不再包括增值税进项税额；如增值税进项税额不允许抵扣，其专用设备投资额应为增值税专用发票上注明的价税合计金额。企业购买专用设备取得普通发票的，其专用设备投资额为普通发票上注明的金额。

第六节　应纳税额的计算

一、居民企业应纳税额的计算

居民企业应缴纳所得税额等于应纳税所得额乘以适用税率，基本计算公式为：

应纳税额 = 应纳税所得额 × 适用税率 − 减免税额 − 抵免税额

根据计算公式可以看出，应纳税额的多少，取决于应纳税所得额和适用税率两个因素。应纳税所得额的计算一般有以下两种方法。

（一）直接计算法

在直接计算法下，企业每一纳税年度的收入总额减除不征税收入、免税收入、各项扣除以及允许弥补的以前年度亏损后的余额为应纳税所得额。计算公式：

应纳税所得额 = 收入总额 − 不征税收入 − 免税收入 − 各项扣除金额 − 允许弥补的以前年度亏损

（二）间接计算法

在间接计算法下，是在会计利润总额的基础上加上或减去按照税法规定调整的项目金额后，即为应纳税所得额。计算公式为：

应纳税所得额 = 会计利润总额 ± 纳税调整项目金额

纳税调整项目金额包括两方面的内容：一是税收规定范围与会计规定不一致的应予以调整的金额；二是税法规定扣除标准与会计规定不一致的应予以调整的金额。

【例 5 -2】南山企业为居民企业，2019 年发生经营业务如下：

（1）取得产品销售收入 5000 万元。

（2）发生产品销售成本 3200 万元。

（3）发生销售费用 1000 万元（其中广告费 760 万元）；管理费用 520 万元（其中业务招待费 30 万元）；财务费用 60 万元。

（4）销售税金 190 万元（含增值税 140 万元）。

（5）营业外收入 85 万元，营业外支出 52 万元（含通过公益性社会团体向贫困山区捐款 30 万元，支付税收滞纳金 6 万元）。

（6）计入成本、费用中的实发工资总额 200 万元，拨缴职工工会经费 6 万元，发生职工福利费 32 万元，发生职工教育经费 12 万元。

要求：计算该企业 2019 年度实际应纳的企业所得税。

【解答】

（1）会计利润总额 = 5000 + 85 - 3200 - 1000 - 520 - 60 - (190 - 140) - 52
= 203（万元）

（2）广告费和业务宣传费调增所得额 = 760 - 5000 × 15% = 760 - 750 = 10（万元）

（3）业务招待费调增所得额 = 30 - 30 × 60% = 30 - 18 = 12（万元）

5000 × 5‰ = 25（万元）> 30 × 60% = 18（万元）

（4）捐赠支出应调增所得额 = 30 - 203 × 12% = 5.64（万元）

（5）工会经费应调增所得额 = 6 - 200 × 2% = 2（万元）

（6）职工福利费应调增所得额 = 32 - 200 × 14% = 4（万元）

（7）职工教育经费扣除限额 = 200 × 8% = 16（万元）

实际发生额小于扣除限额，不需进行纳税调整。

（8）应纳税所得额 = 203 + 10 + 12 + 5.64 + 2 + 4 = 236.64（万元）

（9）2019 年应缴企业所得税 = 236.64 × 25% = 59.16（万元）

【例 5 -3】某工业企业为居民企业，2019 年度发生经营业务如下：

全年取得产品销售收入 6000 万元，发生产品销售成本 4500 万元；其他业务收入 960 万元，其他业务成本 710 万元；取得购买国债的利息收入 50 万元；缴纳非增值税销售税金及附加 360 万元；发生的管理费用 791 万元，其中新技术的研究开发费用 80 万元、业务招待费用 90 万元；发生财务费用 200 万元；取得直接投资其他居民企业的权益性收益 41 万元（已在投资方所在地按 15% 的税率缴纳了所得税）；取得营业外收入 120 万元，发生营业外支出 260 万元（其中含公益捐赠 40 万元）。要求计算该企业 2019 年应纳的企业所得税。

【解答】

(1) 利润总额 =6000 +960 +50 +41 +120 -4500 -710 -360 -791 -200 -260
=350 (万元)

(2) 国债利息收入免征企业所得税，应调减所得额 50 万元。

(3) 新技术的研究开发费按扣除基础上再按 75% 加计扣除，

应调减所得额 =80 ×75% =60 (万元)

(4) 按实际发生业务招待费的 60% 计算 =90 ×60% =54 (万元)

按销售(营业)收入的 5‰计算扣除限额 = (6000 +960) ×5‰ =34.8 (万元)

按照规定，应调增所得额 =90 -34.8 =55.2 (万元)

(5) 取得直接投资其他居民企业的权益性收益属于免税收入，应调减所得额 41 万元。

(6) 捐赠扣除标准二：350 ×12% =42 (万元)

实际捐赠额 40 万元小于扣除标准 42 万元，可按实捐数扣除，不做纳税调整。

(7) 应纳税所得额 =350 -50 -60 +55.2 -41 =254.2 (万元)

(8) 该企业 2015 年应缴纳企业所得税 =254.2 ×25% =63.55 (万元)

【例 5 -4】 某科技型中小企业，职工 90 人，资产总额 2800 万元。2019 年度生产经营业务如下：

(1) 取得产品销售收入 3000 万元、国债利息收入 20 万元；

(2) 与产品销售收入配比的成本 2200 万元；

(3) 发生销售费用 252 万元，管理费用 390 万元(其中业务招待费 28 万元、新产品研发费用 120 万元)；

(4) 向非金融企业借款 200 万元，支付年利息费用 18 万元(注：金融企业同期同类借款年利息率为 6%)；

(5) 企业所得税前准许扣除的税金及附加 32 万元；

(6) 10 月购进符合《环境保护专用设备企业所得税优惠目录》的专用设备，取得增值税专用发票注明金额 30 万元、增值税进项税额 5.1 万元，该设备当月投入使用；

(7) 计入成本、费用中的实发工资总额 200 万元、拨缴职工会经费 4 万元、发生职工福利费 35 万元、发生职工教育经费 10 万元。

要求：计算该企业 2019 年度应纳的企业所得税。

【解答】 该企业属于小型微利企业，享受减按 20% 所得税税率的税收优惠。

(1) 会计利润总额 =3000 +20 -2200 -252 -390 -18 -32 =128 (万元)

(2) 国债利息收入免征企业所得税，应调减所得额 20 万元

(3) 业务招待费应调增所得额 =28 -15 =13 (万元)

28 ×60% =16.8 (万元) >3000 ×5‰ =15 (万元)

(4) 新产品研发费用应调减所得额 =120 ×75% =90 (万元)

(5) 利息费用支出应调增所得额 =18 -200 ×6% =6 (万元)

(6) 工会经费应调增所得额 =4 -200 ×2% =0

(7) 职工福利费应调增所得额 =35 -200 ×14% =7 (万元)

(8) 职工教育经费扣除限额 =200 ×8% =16 (万元)

职工教育经费实际发生额小于扣除限额，不作纳税调整。

（9）应纳税所得额 = 128 - 20 + 13 - 90 + 6 + 7 = 44（万元）

（10）该企业2019年度应缴企业所得税 = 44 × 20% - 30 × 10% = 5.8（万元）

二、居民企业核定征收应纳税额

为了加强企业所得税征收管理，规范核定征收企业所得税工作，保障国家税款及时足额入库，维护纳税人合法权益，根据《中华人民共和国企业所得税法》及其实施条例、《中华人民共和国税收征收管理法》及其实施细则的有关规定，对居民企业采用核定征收企业所得税的有关规定如下：

（一）核定征收企业所得税的范围

核定征收办法适用于居民企业纳税人，居民企业纳税人属于下列情形之一的，需采用核定征收企业所得税：

1. 依照法律、行政法规的规定可以不设置账簿的。
2. 依照法律、行政法规的规定应当设置但未设置账簿的。
3. 擅自销毁账簿或者拒不提供纳税资料的。
4. 虽设置账簿，但账目混乱或者成本资料、收入凭证、费用凭证残缺不全，难以查账的。
5. 发生纳税义务，未按照规定的期限办理纳税申报，经税务机关责令限期申报，逾期仍不申报的。
6. 申报的计税依据明显偏低，又无正当理由的。

特殊行业、特殊类型的纳税人和一定规模以上的纳税人不适用核定征收办法。上述特定纳税人由国家税务总局另行明确。

根据国家税务总局公告2012年第27号规定，自2012年1月1日起，专门从事股权（股票）投资业务的企业，不得核定征收企业所得税。

对依法按核定应税所得率方式核定征收企业所得税的企业，取得的转让股权（股票）收入等转让财产收入，应全额计入应税收入额，按照主营项目（业务）确定适用的应税所得率计算征税；若主营项目（业务）发生变化，应在当年汇算清缴时，按照变化后的主营项目（业务）重新确定适用的应税所得率计算征税。

（二）核定征收的办法

核定征收有两种方法，分别是核定应税所得率方法和核定应纳所得税额方法。

税务机关应根据居民企业纳税人具体情况，对核定征收企业所得税的纳税人，采用核定应税所得率方法或者核定应纳所得税额方法。

1. 具有下列情形之一的，适用核定其应税所得率：

（1）能正确核算（查实）收入总额，但不能正确核算（查实）成本费用总额的。

（2）能正确核算（查实）成本费用总额，但不能正确核算（查实）收入总额的。

（3）通过合理方法，能计算和推定纳税人收入总额或成本费用总额的。

纳税人不属于以上情形的，适用核定其应纳所得税额。

2. 税务机关采用下列方法核定征收企业所得税：

（1）参照当地同类行业或者类似行业中经营规模和收入水平相近的纳税人的税负水平核定。

（2）按照应税收入额或成本费用支出额定率核定。

（3）按照耗用的原材料、燃料、动力等推算或测算核定。

（4）按照其他合理方法核定。

采用前款所列一种方法不足以正确核定应纳税所得额或应纳税额的，可以同时采用两种以上的方法核定。采用两种以上方法测算的应纳税额不一致时，可按测算的应纳税额从高原则进行核定。

采用应税所得率方式核定征收企业所得税的，应纳所得税额计算公式如下：

应纳所得税额 = 应纳税所得额 × 适用税率

应纳税所得额 = 应税收入额 × 应税所得率

或：应纳税所得额 = 成本（费用）支出额 ÷（1 - 应税所得率）× 应税所得率

实行应税所得率方式核定征收企业所得税的纳税人，经营多业的，无论其经营项目是否单独核算，均由税务机关根据其主营项目确定适用的应税所得率。

主营项目应为纳税人所有经营项目中，收入总额或者成本（费用）支出额或者耗用原材料、燃料、动力数量所占比重最大的项目。

应税所得率按表 5 - 1 规定的幅度标准确定。

表 5 - 1　　应税所得率的幅度标准

行　　业	应税所得率（%）
农、林、牧、渔业	3—10
制造业	5—15
批发和零售贸易业	4—15
交通运输业	7—15
建筑业	8—20
饮食业	8—25
娱乐业	15—30
其他行业	15—30

纳税人的生产经营范围、主营业务发生重大变化，或者应纳税所得额或应纳税额增减变化达到20%的，应及时向税务机关申报调整已确定的应纳税额或应税所得率。

主管税务机关应及时向纳税人送达《企业所得税核定征收鉴定表》，及时完成对其核定征收企业所得税的鉴定工作。

三、非居民企业应纳税额的计算

对于在中国境内未设立机构、场所的，或者虽设立机构、场所但取得的所得与其所设机构、场所没有实际联系的非居民企业的所得，按照下列方法计算应纳税所得额：

1. 股息、红利等权益性投资收益和利息、租金、特许权使用费所得，以收入全额为应纳税所得额。

2. 转让财产所得，以收入全额减除财产净值后的余额为应纳税所得额。财产净值是指财产的计税基础减除已经按照规定扣除的折旧、折耗、摊销、准备金等后的余额。

3. 其他所得，参照前两项规定的方法计算应纳税所得额。

四、境外所得抵扣税额的计算

企业取得的下列所得已在境外缴纳的所得税税额，可以从其当期应纳税额中抵免：

（1）居民企业来源于中国境外的应税所得。

（2）非居民企业在中国境内设立机构、场所，取得发生在中国境外但与该机构、场所有实际联系的应税所得。

抵免限额为该项所得依照企业所得税法规定计算的应纳税额；超过抵免限额的部分，可以在以后5个年度内，用每年度抵免限额抵免当年应抵税额后的余额进行抵补。

已在境外缴纳的所得税税额，是指企业来源于中国境外的所得依照中国境外税收法律以及相关规定应当缴纳并已经实际缴纳的企业所得税性质的税款。企业依照企业所得税法的规定抵免企业所得税税额时，应当提供中国境外税务机关出具的税款所属年度的有关纳税凭证。

抵免限额，是指企业来源于中国境外的所得，依照企业所得税法规定计算的应纳税额。除国务院财政、税务主管部门另有规定外，该抵免限额应当分国（地区）不分项计算，计算公式为：

前述5个年度，是指从企业取得的来源于中国境外的所得，已经在中国境外缴纳的企业所得税性质的税额超过抵免限额的当年的次年起连续5个纳税年度。

第七节 征收管理

一、纳税地点

1. 除税收法律、行政法规另有规定外，居民企业一般以企业登记注册地为纳税地点；但登记注册地在境外的，以实际管理机构所在地为纳税地点。其中，企业注册登记地是指企业依照国家有关规定登记注册的住所地。

2. 居民企业在中国境内设立不具有法人资格的营业机构的，应当汇总计算并缴纳企业所得税。企业汇总计算并缴纳企业所得税时，应当统一核算应纳税所得额，具体办法由国务院财政、税务主管部门另行制定。

3. 非居民企业在中国境内设立机构、场所的，应当就其所设机构、场所取得的来源于中国境内的所得，以及发生在中国境外但与其所设机构、场所有实际联系的所得，以机构、场所所在地为纳税地点。非居民企业在中国境内设立两个或者两个以上机构、场所的，经税务机关审核批准，可以选择由其主要机构、场所汇总缴纳企业所得税。非居民企业经批准汇总缴纳企业所得税后，需要增设、合并、迁移、关闭机构、场所或者停止机构、场所业务的，应当事先由负责汇总申报缴纳企业所得税的主要机构、场所向其所在地税务机关报告；需要变更汇总缴纳企业所得税的主要机构、场所的，依照前款规定办理。

4. 非居民企业在中国境内未设立机构、场所的，或者虽设立机构、场所但取得的所与其所设机构、场所没有实际联系的所得，以扣缴义务人所在地为纳税地点。

5. 除国务院另有规定外，企业之间不得合并缴纳企业所得税。

二、纳税期限

企业所得税按年计征，分月或者分季预缴，年终汇算清缴，多退少补。

企业所得税的纳税年度，自公历 1 月 1 日起至 12 月 31 日止。企业在一个纳税年度的中间开业，或者由于合并、关闭等原因终止经营活动，使该纳税年度的实际经营期不足 12 个月的，应当以其实际经营期为 1 个纳税年度。企业清算时，应当以清算期间作为 1 个纳税年度。

自年度终了之日起 5 个月内，企业纳税人应向税务机关报送年度企业所得税纳税申报表，并汇算清缴，结清应缴应退税款。

企业在年度中间终止经营活动的，企业纳税人应当自实际经营终止之日起 60 日内，向税务机关办理当期企业所得税汇算清缴。

三、纳税申报

按月或按季预缴的，应当自月份或者季度终了之日起 15 日内，向税务机关报送预缴企业所得税纳税申报表，预缴税款。

企业在报送企业所得税纳税申报表时，应当按照规定附送财务会计报告和其他有关资料。

企业应当在办理注销登记前，就其清算所得向税务机关申报并依法缴纳企业所得税。

依照企业所得税法缴纳的企业所得税，以人民币计算。所得以人民币以外的货币计算的，应当折合成人民币计算并缴纳税款。

企业在纳税年度内无论盈利或者亏损，都应当依照《企业所得税法》第五十四条规定的期限，向税务机关报送预缴企业所得税纳税申报表、年度企业所得税纳税申报表、财务会计报告和税务机关规定应当报送的其他有关资料。

第六章

个人所得税法

第一节　个人所得税概述

一、概念

个人所得税是主要以自然人取得的各类应税所得为征税对象而征收的一种所得税，是政府利用税收对个人收入进行调节的一种手段。个人所得税的纳税人不仅包括个人还包括具有自然人性质的个人独资企业、合伙企业。

个人所得税法是指国家制定的用以调整个人所得税征收与缴纳之间权利及义务关系的法律规范。

在改革开放前相当长的时期里，我国对个人所得不征税。党的十一届三中全会以后，我国实行对外开放政策，随着对外经济交往的不断扩大，来华工作、取得收入的外籍人员日益增多。为了维护国家的税收权益，第五届全国人民代表大会根据国际惯例，于 1980 年 9 月通过了《中华人民共和国个人所得税法》（以下简称《个人所得税法》），首次开征个人所得税，统一适用于中国公民和在我国取得收入的外籍人员。随着经济的不断发展，《个人所得税法》在近 40 多年的应用过程中，先后经历了 1993 年 10 月 31 日、1999 年 8 月 30 日、2005 年 10 月 27 日、2007 年 6 月 29 日、2007 年 12 月 29 日、2011 年 6 月 30 和 2018 年 8 月 31 日七次修改通过。目前适用的是 2018 年 8 月 31 日由第十三届全国人民代表大会常务委员会第五次会议修改通过并公布的，自 2019 年 1 月 1 日起施行的《个人所得税法》。

二、个人所得税的意义

（一）调节收入分配，体现社会公平

改革开放以来，随着经济的持续发展，我国人民的生活水平也不断提高。让一部分人先富起来的经济发展思路，使社会收入分配差距在一定时期内扩大也是不可避免的。一部分人已达到较高的收入水平，因此，在坚持效率优先的原则基础上，不损害效率的前提下，还应体现社会公平，保持社会稳定，就有必要对个人收入进行适当的税收调节。在保证人们基本生活不受影响的前提下，本着高收入者多纳税、中等收入者少纳税、低收入者不纳税的原则，通过征收个人所得税来缓解社会收入分配不公的矛盾。

（二）增强纳税意识，树立义务观念

由于历史的原因和计划经济体制的影响，我国公民的纳税意识以前一直较为淡薄，义务观念比较缺乏。通过制定和宣传个人所得税法，建立个人所得税的纳税申报、源泉扣缴制度，通过强化个人所得税的征收管理和对违反税法行为的处罚等措施，可以逐步培养、普及全民依法履行纳税义务的观念，有利于提高全体人民的公民意识和法制意识，为社会主义市场经济的发展创造良好的社会环境。

（三）扩大聚财渠道，增加财政收入

个人所得税是市场经济发展的产物，个人所得税收入是随着一国经济的市场化、工业化、城市化程度和人均 GDP 水平的提高而不断增长的。

目前，一些主要的西方发达国家都实行以所得税为主体的税制，个人所得税的规模和比重均比较大。就我国目前情况看，随着改革开放的不断深入和经济的快速发展，个人总体收入水平不断提高，个人所得税收入也快速增长，在我国总税收收入比重不断增加，1980 年的占比仅为 0.003%，而 2018 年的占比达到 9.01%，在我国的所有税种中，仅次于增值税和企业所得税，已经名列第三位。

从经济发展角度看，个人所得税仍然不失为一个收入弹性和增长潜力较大的税种，是国家财政收入的一个重要来源。随着我国经济的持续发展，我国居民的收入水平还将逐步提高，个人所得税税源将不断扩大，个人所得税收入占国家税收总额的比重将逐年增加，最终将发展成为具有活力的一个主体税种。

三、我国个人所得税的特点

个人所得税是世界各国普遍征收的个税种，我国个人所得税主要有以下特点：

（一）个人所得税制采用混合征收制

世界各国的个人所得税制大体可分为三种类型：分类征收制、综合征收制与混合征收制。分类征收制，就是将纳税人不同来源、不同性质的所得项目，分别规定不同的税率进行征税；综合征收制，是对纳税人全年的各项所得加以汇总，就其总额进行征税；混合征收制，是对纳税人不同来源、不同性质的所得先分别按照不同的税率征税，然后将全年的各项所得进行汇总征税。这三种税制各有所长，各国可根据本国具体情况选择、运用。

我国在 2018 年 12 月 31 日前，个人所得税采用的是分类征收制，即将个人取得的各种所得划分为 11 类，分别适用不同的费用减除规定、税率和计税方法。实行分类征收制，可以广泛采用源泉扣缴办法、加强源泉控管、简化纳税手续、方便征纳双方。同时，还可以对不同所得实行不同的征税方法，便于体现国家的政策。但从 2019 年 1 月 1 日起，我国个人所得税采用混合征收，即将工资、薪金所得，劳务报酬所得，稿酬所得和特许权使用费所得采用综合征收办法，除这些之外的其他各项所得采用分类征收办法。

（二）超额累进税率与固定比例税率并用

综合所得税制通常采用超额累进税率，分类所得税制一般采用比例税率。比例税率计算

简便，便于实行源泉扣缴；超额累进税率可以合理调节收入分配，体现公平。我国现行个人所得税根据各类个人所得的不同性质和特点，将这两种形式的税率综合运用于个人所得税制。其中，对工资、薪金所得，劳务报酬所得，稿酬所得，特许权使用费所得、经营所得使用超额累进税率，实现量能负担。其他各项应税所得采用20%固定比例税率。

（三）费用扣除采用定额扣除、定率扣除和核算扣除等多种方法相结合

各国的个人所得税都有费用扣除的规定，只是扣除的方法及额度不相同。依据费用扣除从宽、从简的原则，我国个人所得税费用扣除采用定额扣除、定率扣除和核算扣除等多种方法相结合。其中，对工资、薪金所得，劳务报酬所得，稿酬所得及特许权使用费所得适用的减除费用标准为每月5000元的基本费用，在此基础上再扣除专项扣除费用和专项附加扣除费用。这样，大多数获得中低水平所得的个人可不用负担个人所得税；对其他各项应税所得采用定额和定率等相结合的扣除方法。

（四）个人所得税计算较复杂

我国个人所得税自2019年1月1日起采用混合征收模式，对综合所得和经营所得的费用扣除既采取总额扣除法，又采取分类分项的各种扣除方法。如专项附加扣除在同一个家庭中还得分为不同的纳税主体分别扣除，在按月或按次预缴的基础上，年终要进行汇算清缴，增加了税款的计算复杂程度和税务机关征收管理的难度。

（五）采取扣缴义务人全员全额扣缴申报和个人自行申报两种征纳方法

我国《个人所得税法》规定，对纳税人的应纳税额分别采取由扣缴义务人全员全额扣缴申报和纳税人自行申报两种方法。对凡是可以在应税所得的支付环节扣缴个人所得税的，均由扣缴义务人履行代扣代缴义务；对于没有扣缴义务人的，取得工资，薪金所得，劳务报酬所得，稿酬所得和特许权使用费综合所得的，由纳税人自行申报纳税和年终汇算清缴。此外，对其他不便扣缴税款的，亦规定由纳税人自行申报纳税。

此外，我国个人所得税目前是以个人作为纳税单位，不实行家庭（夫妻联合）申报纳税。

第二节 纳税义务人

个人所得税的纳税人是指在中国境内有住所，或者无住所但在中国境内居住累计满183天，以及无住所又不居住或居住不满183天但从中国境内取得所得的个人。包括中国公民、个体工商户、个人独资企业及合伙企业的投资者、在中国取得所得的外籍人员（包括无国籍人员，下同）和中国的香港、澳门、台湾同胞等。其中“中国境内”的概念，现行税法是指中国大陆地区，目前还不包括中国的香港、澳门和台湾地区。

纳税义务人身份如何确定的问题。各国的税收立法和税收政策有所不同。为了有效地行使税收管辖权，我国根据国际惯例，将上述纳税义务人依据住所和居住时间两个标准，划分为居民个人和非居民个人，分别承担不同的纳税义务。同时，个人所得税法规定的住所标准和居住时间标准，是判定居民身份的两个并列平等的标准，个人只要符合或达到其中任何一个标准，就可以被认定为居民个人。

一、居民个人

根据《个人所得税法》规定，居民个人指在中国境内有住所，或者无住所但在一个纳税年度，在中国境内居住累计满 183 天的个人。

在中国境内有住所的个人，是指因户籍、家庭、经济利益关系，而在中国境内习惯性居住的个人。这里所说的习惯性居住是判定纳税义务人属于居民个人还是非居民个人的一个重要依据。它是指个人因学习、工作、探亲等原因消除之后，没有理由在其他地方继续居留时，所要回到的地方，而不是指实际居住或在某一个特定时期内的居住地。一个纳税人因学习、工作、探亲、旅游等原因，原来是在中国境外居住，但是在这些原因消除之后，如果必须回到中国境内居住的，则中国为该人的习惯性居住地。尽管该纳税义务人在一个纳税年度内或几个纳税年度都不在中国境内居住 1 天，他依然是中国的居民纳税义务人，应就其来自全球的所有应纳税所得额，向中国缴纳个人所得税。

采用按住所这一标准确定是否是居民个人身份，就把中、外人员，以及中国的港、澳、台同胞与在境内居住的中国公民区别开来。

在一个纳税年度内，在中国境内居住累计满 183 天的个人，是指在一个纳税年度（即公历 1 月 1 日起至 12 月 31 日止，下同）内，在中国境内居住累计满 183 日。在计算居住天数时，按其在一个纳税年度内在境内的实际居住时间确定，取消了原有的临时离境规定。即境内无住所的某人在一个纳税年度内无论出境多少次，只要在我国境内累计住满 183 天，就可判定为中国的居民个人。

例如，一个台湾同胞从 2018 年 12 月起到中国大陆境内某公司任职，在 2019 年纳税年度内，虽然他曾多次离境回到中国台湾，但由于该台湾同胞在我国大陆境内的住停留时间累计达 210 天，已经超过了一个纳税年度内在境内累计居住满 183 天的标准。因此，该台湾同胞确认为纳税义务人中的居民个人。

综上可知，个人所得税的居民个人包括以下两类：

（1）在中国境内定居的中国公民和外国侨民。但不包括虽具有中国国籍，却并没在中国大陆定居，而是侨居海外的华侨和居住在中国香港、澳门、台湾地区的同胞。

（2）从公历 1 月 1 日起至 12 月 31 日止，在中国境内累计居住满 183 天的外国人，侨胞和中国的香港、澳门、台湾同胞。

居民个人负有无限纳税义务。无论是来源于中国境内还是境外任何地方所取得的应纳税所得，都要在中国按相关规定缴纳个人所得税。

二、非居民个人

非居民个人，是指习惯性居住不在中国境内，而且不在中国居住；或者在一个纳税年度内，在中国境内居住累计不满 183 天的个人。在现实生活中，习惯性居住地不在中国境内的个人，只有外籍人员、华侨或中国香港、澳门和台湾同胞。因此，非居民个人，实际上只能是在一个纳税年度中，未在中国境内居住，或者在中国境内居住天数累计不满 183 天的外籍人员、华侨或中国的香港澳门、台湾同胞。

非居民个人承担有限纳税义务，即仅就其来源于中国境内的所得，向中国缴纳个人所得税。

按照财政部、税务总局联合印发《财政部 税务总局关于在中国境内无住所的个人居住时间判定标准的公告》（财政部 税务总局公告2019年第34号）规定，外籍人员、华侨或香港、澳门、台湾同胞在中国境内停留的当天满24小时的，计入境内居住天数；不足24小时的，不计入境内居住天数。

例如：张先生为中国香港居民，在深圳工作，每周一早上来深圳上班，周五晚上回香港。周一和周五当天停留都不足24小时，因此不计入境内居住天数，再加上周六、周日2天也不计入，这样，每周可计入的天数仅为3天，按全年52周计算，李先生全年在境内居住天数为156天，未超过183天，不应认定为居民个人，而应认定为非居民个人。这样，李先生只需对中国大陆境内取得的全部所得，按相关规定缴纳个人所得税。

第三节 征税范围及税率

一、征税范围

根据现行个人所得税法规定，工资、薪金所得；劳务报酬所得；稿酬所得；特许权使用费所得；经营所得；利息、股息、红利所得；财产租赁所得；财产转让所得和偶然所得等九项个人所得，应当缴纳个人所得税；其中，居民个人取得的工资、薪金所得；劳务报酬所得；稿酬所得；特许权使用费所得这四项所得为综合所得，按纳税年度合并计算个人所得税；非居民个人取得的工资、薪金所得；劳务报酬所得；稿酬所得；特许权使用费所得这四项综合所得，则按月或者按次分项计算个人所得税；不管是居民个人纳税人还是非居民个人纳税人取得的经营所得；利息、股息、红利所得；财产租赁所得；财产转让所得和偶然所得这五项所得，规定分别计算个人所得税。

（一）工资、薪金所得

工资、薪金所得，是指个人因任职或者受雇而取得的工资、薪金、奖金、年终加薪、劳动分红、津贴、补贴，以及与任职或者受雇有关的其他所得。

1. 工资、薪金所得涵盖范围。

一般来说，工资、薪金所得属于非独立个人劳动所得。工资一般指直接从事生产、经营或服务的劳动者（工人）的收入，即俗称“蓝领阶层”所得；薪金一般则指从事社会公职或管理活动的劳动者（公职人员）的收入，即俗称“白领阶层”所得。但实际立法过程中，各国都从简便易行的角度考虑，将工资、薪金合并为一个项目计征个人所得税。非独立个人劳动是指个人所从事的是由他人指定、安排并接受管理的劳动。受雇于公司、工厂、行政事业单位的人员（私营企业主除外）均为非独立劳动者。他们从上述单位取得的劳动报酬，是以工资、薪金的形式体现的。

除工资、薪金以外，奖金、年终加薪、劳动分红、津贴、补贴也被确定为工资、薪金范畴。其中，年终加薪、劳动分红不分种类和取得情况，一律按工资、薪金所得征税。奖金是指所有具有工资性质的奖金，免税奖金的范围在税法中另有规定。此外，还有一些所得的发放被视为取得工资、薪金所得的情形。例如，公司职工取得的用于购买企业国有股权的劳动分红，按“工资、薪金所得”项目计征个人所得税；出租汽车经营单位对出租车驾驶员采取单车承包或承租方式运营，出租车驾驶员从事客货营运取得的收入按工资，薪金所得征税。

注意：最新个人所得税实施条例规定，将税收递延型商业养老保险的养老金收入所征税款由计入“其他所得”项目调整为计入“工资、薪金所得”项目。

2. 个人取得的津贴、补贴，不计入工资、薪金所得的项目。

根据我国目前个人收入的构成情况，规定对于一些不属于工资、薪金性质的补贴、津贴或者不属于纳税人本人工资、薪金所得项目的收入，不予征税。这些项目包括：

（1）独生子女补贴。

（2）执行公务员工资制度未纳入基本工资总额的补贴、津贴差额和家属成员的副食品补贴。

（3）托儿补助费。

（4）差旅费津贴、误餐补助。其中，误餐补助是指按照财政部规定，个人因公在城区、郊区工作，不能在工作单位或返回就餐的，根据实际误餐顿数，按规定的标准领取的误餐费。应注意的是，单位以误餐补助名义发给职工的补助、津贴不能包括在内。

（5）外国来华留学生，领取的生活津贴费、奖学金，不属于工资、薪金范畴，不征个人所得税。

3. 军队干部取得的补贴、津贴中有 8 项不计入工资、薪金所得项目征税，即：①政府特殊津贴；②福利补助；③夫妻分居补助费；④随军家属无工作生活困难补助费；⑤独生子女保健费；⑥子女保教补助费；⑦机关在职军以上干部公勤费（保姆费）；⑧军粮差价补贴。

4. 军队干部取得的暂不征税的补贴、津贴。包括：①军人职业津贴；②军队设立的艰苦地区补助；③专业性补助；④基层军官岗位津贴（营连排长岗位津贴）；⑤伙食补贴。

（二）劳务报酬所得

劳务报酬所得，是指个人从事设计、装潢、安装、制图、化验、测试、医疗、法律、会计、咨询、讲学、新闻、广播、翻译、审稿、书画雕刻、影视、录音、录像、演出、表演、广告、展览、技术服务、介绍服务、经纪服务、代办服务，以及其他劳务报酬的所得。

上述各项劳务报酬所得一般属于个人独立从事自由职业取得的所得或属于独立个人劳动所得。判断一种收入是属于劳务报酬所得，还是属于工资、薪金所得的重要标准在于是否存在雇佣与被雇佣关系。劳务报酬所得是个人独立从事某种技艺，独立提供某种劳务而取得的所得；而工资、薪金所得则是个人从事非独立劳动，从受雇单位领取的报酬。后者存在雇佣与被雇佣的关系，而前者则不存在这种关系。

如果从事某项劳务活动取得的报酬是以工资、薪金形式体现的，如演员从剧团领取工资；教师从学校领取工资，这就属于工资、薪金所得项目；如演员自己或与他人组合“走穴”演出取得的报酬；教师受聘为各类学习班、培训班授课取得的课酬收入，因他们从事的这些劳务活动取得的报酬不是来自聘用、雇佣或工作的单位，就不属于工资、薪金所得范围，而属于劳务报酬所得的范围。也就是说，个人兼职取得的收入，应按照“劳务报酬所得”项目缴纳个人所得税。

因此，个人担任董事职务所取得的董事费收入分两种情形：若个人担任公司董事监事，且不在公司任职、受雇的情形，属于劳务报酬性质，按劳务报酬所得项目征税；若个人在公司（包括关联公司）任职、受雇，同时兼任董事、监事的，应将董事费、监事费与个人工资收入合并，统一按“工资、薪金所得”项目缴纳个人所得税。

自2004年1月20日起，对商品营销活动中，企业和单位对营销业绩突出的非雇员以培训班研讨会、工作考察等名义组织旅游活动，通过免收差旅费、旅游费对个人实行的营销业绩奖励（包括实物、有价证券等），应根据所发生费用的金额作为该营销人员当期的劳务收入，按照“劳务报酬所得”项目征收个人所得税，并由提供上述费用的企业和单位代扣代缴。

（三）稿酬所得

稿酬所得是指个人因其作品以图书、报刊形式出版、发表而取得的所得。这里所说的作品，包括文学作品、书画作品、摄影作品，以及其他作品。作者去世后，财产继承人取得的遗作稿酬，也应作为稿酬所得征收个人所得税。

将稿酬所得独立划归一个征税项目，而对不以图书、报刊形式出版、发表的翻译、审稿、书画所得归为劳务报酬所得，主要是考虑了出版、发表作品的特殊性。第一，它是一种依靠较高智力创作的精神产品；第二，它具有普遍性；第三，它与社会主义精神文明和物质文明密切相关；第四，它的报酬相对偏低。因此，稿酬所得应当与一般劳务报酬相区别，并给予适当优惠照顾。

（四）特许权使用费所得

特许权使用费所得，是个人提供专利权、商标权、著作权、非专利技术，以及其他特许权使用费所得。提供著作权的使用权取得的所得，不包括稿酬所得。

专利权是由国家专利主管机关依法授予专利申请人或其权利继承人在一定期间内实施其发明创造的专有权。对于专利权，许多国家只将提供他人使用取得的所得，列入对于专利特许权使用费，而将转让专利权所得都列为资本利得税的征税对象。我国没有开征资本利得税，故将个人提供和转让专利权取得的所得，都列入征收特许权使用费所得征收个人所得税。

商标权，即商标注册人享有的商标专用权。著作权，即版权，是作者依法对文学艺术和科学作品享有的专有权。个人提供或转让商标权、著作权、专有技术或技术秘密、技术诀窍取得的所得，应当依法缴纳个人所得税。

（五）经营所得

经营所得主要体现以下几方面：

1. 个体工商户从事生产、经营活动取得的所得，个人独资企业投资人、合伙企业的个人合伙人来源于境内注册的个人独资企业、合伙企业生产经营的所得（个体工商户以业主为个人所得税纳税义务人）。

2. 个人依法从事办学、医疗、咨询，以及其他有偿服务活动取得的所得。

3. 个人对企业、事业单位承包经营、承租经营以及转包、转租取得的所得。

对企事业单位的承包经营、承租经营所得是指，个人承包经营或承租经营，以及转包、转租取得的所得。承包项目可分多种，如生产经营、采购、销售、建筑安装等各种承包。转包包括全部转包或部分转包。

4. 个人从事其他生产、经营活动取得的所得。

例如，个人因从事彩票代销业务而取得的所得；或者从事个体出租车运营的出租车驾驶员取得的收入，都应按照“经营所得”项目计征个人所得税。这里所说的从事个体出租车运营包括：出租车属个人所有，但挂靠出租汽车经营单位或企事业单位，驾驶员向挂靠单位缴纳管理费的，或出租汽车经营单位将出租车所有权转移给驾驶员的。

注意：个体工商户和从事生产、经营的个人，取得与生产、经营活动无关的其他各项应税所得，应分别按照其他应税项目的有关规定，计算征收个人所得税。如取得银行存款的利息所得、对外投资取得的股息所得，应按“股息、利息、红利”税目的规定单独计征个人所得税；个人独资企业、合伙企业的个人投资者以企业资金为本人、家庭成员及其相关人员支付与企业生产经营无关的消费性支出及购买汽车、住房等财产性支出，视为企业对个人投资者利润分配，并入投资者个人的生产经营所得，依照“经营所得”项目计征个人所得税。

（六）利息、股息、红利所得

利息、股息、红利所得是指，个人拥有债权、股权而取得的利息、股息、红利所得。利息是指，个人拥有债权而取得的利息，包括存款利息、贷款利息和各种债券的利息。按税法规定，个人取得的利息所得，除国债和国家发行的金融债券利息外，应当依法缴纳个人所得税。股息是指，拥有公司股权的个人收到从公司按照一定的利率和股金发给的息金；而红利是指，拥有公司一定股权的个人从公司按股份分配的利润。股息、红利所得，除另有规定外，都应当缴纳个人所得税。

除个人独资企业、合伙企业以外的其他企业的个人投资者，以企业资金为本人、家庭成员及其相关人员支付与企业生产经营无关的消费性支出及购买汽车、住房等财产性支出，视为企业对个人投资者的红利分配，依照“利息、股息、红利所得”项目计征个人所得税。企业的上述支出不允许在所得税前扣除。

纳税年度内个人投资者从其投资企业（个人独资企业、合伙企业除外）借款，在该纳税年度终了后既不归还又未用于企业生产经营的，其未归还的借款可视为企业以个人投资者的红利分配，依照“利息、股息、红利所得”项目计征个人所得税。

（七）财产租赁所得

财产租赁所得是指，个人出租不动产、机器设备、车船，以及其他财产取得的所得。个人取得的财产转租收入，属于“财产租赁所得”的征税范围，由财产转租人缴纳个人所得税。

（八）财产转让所得

财产转让所得是指，个人转让有价证券、股权、合伙企业中的财产份额、不动产、机器设备、车船，以及其他财产取得的所得。

在现实生活中，个人进行的财产转让主要是个人财产所有权的转让。财产转让实际上是一种买卖行为，当事人双方通过签订、履行财产转让合同，形成财产买卖的法律关系，使出让财产的个人从对方取得价款（收入）或其他经济利益。财产转让所得因其性质的特殊性，需要单独列举项目征税。对个人取得的各项财产转让所得，除股票转让所得等暂不征收个人所得税外，都要征收个人所得税。具体规定为：

1. 股票转让所得。

根据《中华人民共和国个人所得税法实施条例》规定，对股票转让所得征收个人所得税的办法，由国务院另行规定，并报全国人民代表大会常务委员会备案。鉴于我国证券市场发育还不成熟，股份制改革仍需完善，对股票转让所得的计算、征税办法和纳税期限的确认等，都需要更深入的调查研究后，结合国际通行的做法，作出符合我国实际的规定。因此国务院决定，对股票转让所得暂不征收个人所得税。

2. 量化资产股份转让。

集体所有制企业在改制为股份合作制企业时，对职工个人以股份形式取得的拥有所有权的企业量化资产，暂缓征收个人所得税；待个人将股份转让时，就其转让收入额，减除个人取得该股份时实际支付的费用支出和合理转让费用后的余额，按“财产转让所得”项目计征个人所得税。

3. 个人出售自有住房。

（1）自 2010 年 10 月 1 日起，对出售自有住房并在 1 年内重新购房的纳税人不再减免个人所得税。

（2）对个人转让自用 5 年以上，并且是家庭唯一生活用房取得的所得，继续免征个人所得税。

（九）偶然所得

偶然所得是指，个人得奖、中奖、中彩，以及其他偶然性质的所得。得奖是指，参加各种有奖竞赛活动，取得名次得到的奖金；中奖、中彩是指参加各种有奖活动，如有奖销售、有奖储蓄或者购买彩票，经过规定程序，抽中、摇中号码而取得的奖金。偶然所得应缴纳的个人所得税税款，一律由发奖单位或机构代扣代缴。个人取得的所得，难以界定应纳税所得项目的，由国务院税务主管部门确定。

根据财政部　税务总局 2019 年第 74 号公告规定，下列所得应按照“偶然所得”项目征税。

1. 个人为单位或他人提供担保获得报酬。

2. 房屋产权所有人将房屋产权无偿赠与他人的，受赠人因无偿受赠房屋取得的受赠收入，按照“偶然所得”项目计算缴纳个人所得税。

3. 企业在业务宣传、广告等活动中，随机向本单位以外的个人赠送礼品（包括网络红包，下同），以及企业在年会、座谈会、庆典，以及其他活动中向本单位以外的个人赠送礼品，个人取得的礼品收入，按照“偶然所得”项目计算缴纳个人所得税，但企业赠送的具有价格折扣或折让性质的消费券、代金券、抵用券、优惠券等礼品除外。

需要说明的是，“网络红包”，仅包括企业向个人发放的网络红包，不包括亲戚朋友之间互相赠送的网络红包。亲戚朋友之间互相赠送的礼品（包括网络红包），不在个人所得税征税范围之内。

二、税率

个人所得税率根据不同个人所得项目，规定了超额累进税率和比例税率两种形式。其中规定综合所得和经营所得适用超额累进税率；利息、股息、红利所得，财产租赁所得，财产转让所得和偶然所得，适用比例税率。

（一）综合所得税率

适用3%—45%的七级超额累进税率（见表6－1）。

综合所得包括工资、薪金所得，劳务报所得，稿酬所得和特许权使用费所得四项所得。其中，居民个人的综合所得是以每一纳税年度内取得综合所得计算个人所得税；而非居民个人的综合所得则按月或者按次分项计算个人所得税。

表6－1　　居民个人综合所得税率表

级数	全年应纳税所得额	税率（%）
1	不超过36000元的	3
2	超过36000元至144000元的部分	10
3	超过144000元至300000元的部分	20
4	超过300000元至420000元的部分	25
5	超过420000元至660000元的部分	30
6	超过660000元至960000元的部分	35
7	超过960000元的部分	45

注：本表所称全年应纳税所得额是指居民个人取得综合所得以每一纳税年度收入减除费用6万元及专项扣除、专项附加扣除和税法规定的其他扣除后的余额。非居民个人综合所得换算成按月计算应纳税所得额。

根据个人所得税法规定，居民个人取得综合所得，按年计算个人所得税；有扣缴义务人的，由扣缴义务人按月或者按次预扣预缴税款；非居民个人取得综合所得，有扣缴义务人的，由扣缴义务人按月或者按次代扣代缴税款。

为方便计算可采用速算扣除法进行计算。具体速算扣除表如表6－2、表6－3、表6－4所示：

表6－2　　个人所得税预扣率表

（适用于居民个人工资、薪金所得）

级数	累计预扣预缴应纳税所得额	预扣率（%）	速算扣除数
1	不超过36000元的部分	3	0
2	超过36000元至144000元的部分	10	2520
3	超过144000元至300000元的部分	20	16920
4	超过300000元至420000元的部分	25	31920
5	超过420000元至660000元的部分	30	52920
6	超过660000元至960000元的部分	35	85920
7	超过960000元的部分	45	181920

表 6－3 个人所得税预扣率表

（适用于居民个人劳务报酬所得）

级数	预扣预缴应纳税所得额	预扣率（%）	速算扣除数
1	不超过 20000 元的部分	20	0
2	超过 20000 元至 50000 元的部分	30	2000
3	超过 50000 元的部分	40	7000

表 6－4 个人所得税预扣率表

（适用于非居民个人工资、薪金所得，劳务报酬所得，稿酬所得，特许权使用费所得）

级数	应纳税所得额	税率（%）	速算扣除数
1	不超过 3000 元的部分	3	0
2	超过 3000 元至 12000 元的部分	10	210
3	超过 12000 元至 25000 元的部分	20	1410
4	超过 25000 元至 35000 元的部分	25	2660
5	超过 35000 元至 55000 元的部分	30	4410
6	超过 55000 元至 80000 元的部分	35	7160
7	超过 80000 元的部分	45	15160

（二）经营所得税率

适用 5%—35% 的五级超额累进税率（见表 6－5）。

表 6－5 居民个人经营所得税率表

级数	全年应纳税所得额	预扣率（%）	速算扣除数
1	不超过 30000 元的部分	5	0
2	超过 30000 元至 90000 元的部分	10	1500
3	超过 90000 元至 300000 元的部分	20	10500
4	超过 300000 元至 500000 元的部分	30	40500
5	超过 500000 元的部分	35	65500

注：上表所称全年纳税所得额是指依照规定，以每一纳税年度的收入总额减除成本、费用以及损失后的余额。

（三）利息、股息、红利所得，财产租赁所得，财产转让所得和偶然所得税率

适用比例税率 20%（见表 6－6）。

表 6－6 利息、股息、红利所得，财产租赁所得，财产转让所得和偶然所得税率表

每次应纳税所得额	税率
利息、股息、红利所得，财产租赁所得，财产转让所得和偶然所得	20%

第四节 个人所得税的计税

一、应纳税所得额的一般规定

个人所得税的应纳税所得额是个人取得的各项收入减去税法规定的扣除项目或扣除金额之后的余额。正确计算应纳税所得额，是依法征收个人所得税的基础和前提。

（一）收入的形式与确定

纳税义务人取得的各项收入一般是货币形式，除外还有实物、有价证券等多种形式。若纳税人的所得为实物的，应当按照所取得的凭证上注明的价格计算应纳税所得额；无凭证的实物或者凭证上所注明的价格明显偏低的，参照市场价格核定应纳税所得额；若纳税人的所得为有价证券的，根据票面价格和市场价格核定应纳税所得额；若所得为其他形式的经济利益的，参照市场价格核定应纳税所得额。

纳税义务人取得的各项收入的征税确定方法有三种：一是按年计征，如经营所得、居民个人取得的综合所得；二是按月计征，如非居民个人取得的工资、薪金所得；三是按次计征，如利息、股息、红利所得，财产租赁所得，偶然所得和非居民个人取得的劳务所得，稿酬所得，特许权使用费所得等6项所得。

（二）费用扣除的方法

从世界各国征收个人所得税的实践来看，在计算应纳税所得额时，除特殊项目外，一般都允许纳税人从其收入所得总额中扣除为取得收入所支出的必要的成本或费用，仅就扣除费用后的余额征税。由于各国具体情况不同，其扣除项目、扣除标准及扣除方法也不尽一致。

我国现行的个人所得税采取分项确定、分类扣除，根据其所得的不同情况分别实行定额、定率和会计核算三种扣除方法。

1. 对综合所得（工资、薪金所得，劳务报酬所得，稿酬所得，特许权使用费所得）涉及的个人生计费用，采取定额和定率扣除的办法。

2. 对经营所得（个体工商户的生产、经营所得和对企事业单位的承包经营、承租经营所得）及财产转让所得，涉及生产、经营有关成本或费用的支出，采取会计核算办法扣除有关成本、费用或规定的必要费用。

3. 对财产租赁所得，因涉及既要按一定比例合理扣除费用，又要避免扩大征税范围等两个需同时兼顾的因素，故采取定额和定率两种扣除办法。

4. 利息、股息、红利所得和偶然所得，因不涉及必要费用的支付，所以规定不得扣除任何费用。

由于个人所得税的应税项目不同，并且取得某项所得所需费用也不相同，因此，计算个人应纳税所得额，需按不同应税项目分项确定与计算。以某项应税项目的收入额减去税法规定的该项目费用减除标准后的余额，为该应税项应纳税所得额。

二、居民个人综合所得的应纳税所得额

居民个人的综合所得，以每一纳税年度的收入额减除费用60000元、专项扣除、专项附加扣除和依法确定的其他扣除后的余额，为应纳税所得额。

（一）每一纳税年度的收入额

包括劳务报酬所得、特许权使用费所得以其收入减除20%的费用后的余额，即收入的80%；稿酬所得按其收入减除20%的费用后的余额再按70%计算，即稿酬收入的56%。

（二）专项扣除

包括居民个人按照国家规定的范围和标准缴纳的基本养老保险、基本医疗保险、失业保险等社会保险费和住房公积金等。

（三）专项附加扣除

包括子女教育、继续教育、大病医疗、住房贷款利息或者住房租金、赡养老人等支出。

1. 子女教育。

（1）扣除依据与标准。纳税人年满3岁的子女接受学前教育和学历教育的相关支出，按照每个子女每月1000元（每年12000元）的标准定额扣除。学前教育包括年满3岁至小学入学前教育；学历教育包括义务教育（小学、初中教育）、高中阶段教育（普通高中、中等职业、技工教育）、高等教育（大学专科、大学本科、硕士研究生、博士研究生教育）。

（2）扣除方法。父母可以选择由其中一方按扣除标准的100%扣除，也可以选择由双方分别按扣除标准的50%扣除，具体扣除方式在一个纳税年度内不能变更。

注意：纳税人子女在中国境外接受教育的、纳税人应当留存境外学校录取通知书、留学签证等相关教育的证明资料备查。

2. 继续教育。

（1）扣除依据与标准。纳税人在中国境内接受学历（学位）继续教育的支出，在学历（学位）教育期间按照每月400元（每年4800元）定额扣除。同一学历（学位）继续教育的扣除期限不能超过48个月（4年）。纳税人接受技能人员职业资格继续教育、专业技术人员职业资格继续教育支出，在取得相关证书的当年，按照3600元定额扣除。

（2）扣除方法。个人接受本科及以下学历（学位）继续教育，符合税法规定扣除条件的，可以选择由其父母扣除，也可以选择由本人扣除。

3. 大病医疗。

（1）扣除依据与标准。在一个纳税年度内，纳税人发生的与基本医保相关的医药费用支出，扣除医保后个人负担（指医保目录范围内的自付部分）累计超过15000元的部分，由纳税人在办理年度汇算清缴时，在80000元限额内据实扣除。

（2）扣除方法。纳税人发生的医药费用支出可以选择由本人或者其配偶扣除；未成年子女发生的医药费用支出可以选择由其父母一方扣除。纳税人及其配偶、未成年子女发生的医药费支出，应按前述规定分别计算扣除额。

注意：纳税人应当留存医药服务收费及医保报销相关票据原件（或复印件）等资料，医疗保障部门应当向患者提供在医疗保障信息系统记录的本人年度医药费用信息查询服务。

4. 住房贷款利息。

（1）扣除依据与标准。纳税人本人或配偶，单独或共同使用商业银行或住房公积金个人住房贷款，为本人或其配偶购买中国境内住房，发生的首套住房贷款利息支出，在实际发生贷款利息的年度，按照每月 1000 元（每年 12000 元）的标准定额扣除，扣除期限最长不超过 240 个月（20 年）。纳税人只能享受一套首套住房贷款利息扣除。

注意：首套住房贷款是指购买住房享受首套住房贷款利率的住房贷款。

（2）扣除方法。经夫妻双方约定，可以选择由其中一方扣除，具体扣除方式在确定后，一个纳税年度内不得变更。

若夫妻双方婚前分别购买住房发生的首套住房贷款，其贷款利息支出，婚后可以选择其中一套购买的住房，由购买方按扣除标准的 100% 扣除，也可以由夫妻双方对各自购买的住房分别按扣除标准的 50% 扣除，具体扣除方式在一个纳税年度内不能变更。纳税人应当留存住房贷款合同、贷款还款支出凭证备查。

5. 住房租金。

（1）扣除依据与标准。纳税人在主要工作城市没有自有住房而发生的住房租金支出，可以按照以下标准定扣除：①直辖市、省会（首府）城市、计划单列市，以及国务院确定的其他城市，扣除标准为每月 1500 元（每年 18000 元）。②除上述所列城市外，市辖区户籍人口超过 100 万的城市，扣除标准为每月 1100 元（每年 13200 元）；③市辖区户籍人口不超过 100 万的城市，扣除标准为每月 800 元（每年 9600 元）。

市辖区户籍人口，以国家统计局公布的数据为准。

（2）扣除方法。①夫妻双方主要工作城市相同的，只能由一方扣除住房租金支出。②住房租金支出由签订租赁住房合同的承租人扣除。③纳税人及其配偶在一个纳税年度内不得同时分别享受住房贷款利息专项附加扣除和住房租金专项附加扣除。

注意：纳税人应当留存住房租赁合同、协议等有关资料备查。

6. 赡养老人。

（1）扣除依据与标准。纳税人赡养一位及以上年满 60 岁的父母（包括养父母），以及其子女均已去世的而年满 60 岁的祖父母、外祖父母。按照每月 2000 元（每年 24000 元）的标准定额扣除。与赡养老人人数无关。

（2）扣除方法。①纳税人为独生子女的，按照每月 2000 元（每年 24000 元）的标准定额扣除；②纳税人为非独生子女的，由其与兄弟姐妹分摊每月 2000 元（每年 24000 元）的扣除额度，但每人分摊的额度最高不得超过每月 1000 元（每年 12000 元）。可以由赡养人均摊或者约定分摊，也可以由被赡养人指定分摊。约定或者指定分摊的须签订书面分摊协议，指定分摊优于约定分摊。具体分摊方式和额度在一个纳税年度内不得变更。

（四）依法确定的其他扣除

包括个人缴付符合国家规定的企业年金、职业年金，个人购买符合国家规定的商业健康保险、税收递延型商业养老保险的支出，以及国务院规定可以扣除的其他项目。

值得注意的是，专项扣除、专项附加扣除和依法确定的其他扣除，以居民个人一个纳租年度的应纳税所得额为限额；一个纳税年度扣除不完的，不结转以后年度扣除。

个人将其所得通过中国境内的公益性社会组织、国家机关向教育、扶贫、济困等公益慈善事业进行捐赠，捐赠额未超过纳税人申报的应纳税所得额30%的部分，可以从其应纳税所得额中扣除；国务院规定对公益慈善事业捐赠实行全税前扣除的，从其规定。

居民个人从中国境外取得的所得，可以从其应纳税额中抵免已在境外缴纳的个人所得税税额，但抵免额不得超过该纳税人境外所得依照本法规定计算的应纳税额。

所得为人民币以外货币的，按照办理纳税申报或者扣缴申报的上一月最后一天人民币汇率中间价，折合成人民币计算应纳税所得额。年度终了后办理汇算清缴的，对已经按月、按季或者按次预缴税款的人民币以外货币所得，不再重新折算；对应当补缴税款的所得部分，按照上一纳税年度最后一天人民币汇率中间价，折合成人民币计算应纳税所得额。

三、居民个人综合所得的应纳税额

1. 居民个人综合所得应纳税额。

年应纳税额 = ∑（每一级数的全年应纳税所得 × 对应级数的适用税率）

= ∑ 每一级数（全年收入额 - 60000 元 - 各专项扣除额 - 享受的专项附加扣除额 - 享受的其他扣除）× 对应级数的适用税率

2. 综合所得的预扣预缴法。

最新个人所得税法规定，对工资、薪金采取累计预扣法，对劳务报酬、稿酬及特许权使用费采取按月或者按次的预扣预缴。年终对照《居民个人综合所得税率表（见表6-1）》进行汇算清缴，多退少补。

（1）扣缴义务人向居民个人支付工资、薪金所得时，应当按照累计预扣法计算预扣税款，按月办理全员全额扣缴申报。具体计算公式如下：

本期应预扣预缴税额 =（累计预扣预缴应纳税所得额 × 预扣率 - 速算扣除数）- 累计减免税额 - 累计已预扣预缴税额

累计预扣预缴应纳税所得额 = 累计收入 - 累计免税收入 - 累计减除费用 - 累计专项扣除 - 累计专项附加扣除 - 累计依法确定的其他扣除

其中：累计减除费用，按照5000元/月乘以纳税人当年截至本月在本单位的任职受雇月份数计算，上述公式中，计算居民个人工资、薪金所得预扣预缴税额的预扣率、速算扣除数，按《个人所得税预扣率表》执行（见表6-2）。

【例6-1】某公司职工刘某2013年入职，2019年1—3月每月工资收入为30000元，每月减除费用5000元，"三险一金"等专项扣除为4500元，享受子女教育、赡养老人两项专项附加扣除共计2000元，没有减免收入及减免税额等情况。要求：依照最新税法规定计算1—3月每月应预扣预缴税额。

【解答】1月：（30000 - 5000 - 4500 - 2000）× 3% = 555（元）

2月：（30000 × 2 - 5000 × 2 - 4500 × 2 - 2000 × 2）× 10% - 2520 - 555 = 625（元）

3月：（30000 × 3 - 5000 × 3 - 4500 × 3 - 2000 × 3）× 10% - 2520 - 555 - 625 = 1850（元）

其中，由于刘某2月累计预扣预缴的应纳税所得额为37000元，已适用10%的税率，因此2月和3月应预扣预缴税金有所增加。

（2）扣缴义务人向居民个人支付劳务报酬所得、稿酬所得、特许权使用费所得，按次或者按月预扣预缴个人所得税。

劳务报酬所得应预扣预缴税额 = 预扣预缴应纳税所得额 × 预扣率 - 速算扣除数

稿酬所得、特许权使用费所得应预扣预缴税额 = 预扣预缴应纳税所得额 ×20%

具体预扣预缴方法：①劳务报酬所得、稿酬所得、特许权使用费所得以收入减除费用后的余额为收入额。其中，稿酬所得的收入额减按 70% 计算。②减除费用：劳务报酬所得、稿酬所得、特许权使用费所得每次收入不超过 4000 元的，减除费用按 800 元计算；每次收入 4000 元以上的，减除费用按 20% 计算。③应纳税所得额：劳务报酬所得、稿酬所得、特许权使用费所得，以每次收入额为预扣预缴应纳税所得额。劳务报酬所得适用 20%—40% 的超额累进预扣率；稿酬所得、特许权使用费所得适用 20% 的比例预扣率。

3. 劳务报酬所得的预扣预缴法。

（1）每次收入不超过 4000 元的劳务报酬所得。

劳务报酬所得应预扣预缴税额 = 预扣预缴应纳税所得额 × 超额累进预扣率 - 速算扣除数

= （每次收入 - 800）× 超额累进预扣率 - 速算扣除数

（2）每次收入 4000 元以上的劳务报酬所得。

劳务报酬所得应预扣预缴税额 = 预扣预缴应纳税所得额 × 超额累进预扣率 - 速算扣除数

= 每次收入 ×（1 - 20%）× 超额累进预扣率 - 速算扣除数

【例 6 - 2】 属居民个人纳税人的李某在 2019 年取得测试劳务报酬 3800 元，要求计算预扣预税额。

【解答】 预扣预税额 =（3600 - 800）×3% - 0 = 84（元）

4. 稿酬所得的预扣预缴法。

预扣预缴税额 = 预扣预缴应纳税所得额 × 比例预扣率 20%

其中，稿酬所得应预扣预缴税额分为：

（1）每次收入不超过 4000 元的稿酬所得。

所得应预扣预缴税额 = 预扣预缴应纳税所得额 × 比例预扣率 20%

= （每次收入 - 800）×70% × 比例预扣率 20%

（2）每次收入 4000 元以上的稿酬所得。

稿酬所得应预扣预缴税额 = 预扣预缴应纳税所得 × 比例预扣率 20%

= 每次收入 ×（1 - 20%）×70% × 比例预扣率 20%

【例 6 - 3】 属居民个人纳税人的王某取得稿酬所得 40000 元，要求计算预扣预缴税额。

【解答】 预扣预税额 = 40000 ×（1 - 20%）×70% ×20% = 4480（元）

5. 特许权使用费所得的预扣预缴法。

预扣预缴税额 = 预扣预缴应纳税所得额 × 比例预扣率 20%

其中，特许权使用费所得应预扣预缴税额分为：

（1）每次收入不超过 4000 元的特许权使用费所得。

特许权使用费所得应预扣预缴税额 = 预扣预缴应纳税所得额 × 比例预扣率 20%

= （每次收入 - 800）× 比例预扣率 20%

（2）每次收入 4000 元以上的特许权使用费所得。

特许权使用费所得应预扣预缴税额 = 预扣预缴应纳税所得额 × 比例预扣率 20%

=每次收入×(1-20%)×比例预扣率20%

【例6-4】 属居民个人纳税人的陈某取得特许权使用费所得80000元。要求计算预扣预税额。

【解答】 预扣预税额=80000×(1-20%)×20%=12800(元)

四、非居民个人综合所得的计税

(一)非居民个人综合所得的应纳税所得额

非居民个人的工资、薪金所得,以每月收入额减除费用5000元后的余额为应纳税所得额;非居民个人同居民个人取得的劳务报酬所得、稿酬所得和特许权使用费所得一样,所得以收入减除20%的费用后的余额为收入额;稿酬所得的收入额减20%费用后再按70%计算的规定。以每次收入额为应纳税所得额。

非居民个人取得劳务报酬所得、稿酬所得、特许权使用费所得,根据不同所得项目特点,分别规定为

1. 属于一次性收入的,以取得该项收入为一次。

就劳务报酬所得来看,从事设计、安装等劳务,往往是按照客户的要求,完成一次劳务后取得收入。因此,是属于一次;就稿酬来看、以每次出版、发表取得的收入为一次,不论出版单位是预付还是分笔支付稿酬,或者加印该作品后再付稿酬,均应合并其稿酬所得按一次计征个人所得税;就特许权使用费来看,以某项使用权的一次转让所取得的收入为一次。

2. 属于同一事项连续取得收入的,以1个月内取得的收入为一次。例如,某英籍歌手(非居民个人)与一夜总会签约,承诺在一定时期内每两天到夜总会演唱一次,每次演出后付酬800元。在计算该英籍歌手劳务报酬所得时,应视为同一事项的连续性收入,以其1个月内取得的收入为一次计征个人所得税,而不能以每天取得的收入为一次。

同时需要注意的是,如果一次性劳务收入以分月支付方式取得的、就适用同一事项连续取得收入,以1个月内取得的收入为一次的规定。

(二)非居民个人综合所得的应纳税额

非居民个人支付综合所得中的工资、薪金所得,劳务报酬所得,稿酬所得和特许权使用费所得时,不需要预扣预缴,直接进行个人所得税的计算。

扣缴义务人向非居民个人支付工资、薪金所得,劳务报酬所得,稿酬所得和特许权使用费所得时,按月或者按次代扣代缴个人所得税。

1. 非居民个人工资薪金所得的应纳税额。

以每月收入额减除费用5000元后的余额为应纳税所得额,其计算公式为:

月应纳税额=(每月收入额-5000元)×适用税率-速算扣除额

2. 非居民个人稿酬所得的应纳税额。

每次应纳税额=应纳税所得额税率-速算扣除数

=每次收入×(1-20%)×70%×适用税率-速算扣除数

3. 非居民个人劳务报酬所得和特许权使用费所得的应纳税额。

每次应纳税额=应纳税所得额×税率-速算扣除数

=每次收入×(1-20%)×适用税率-速算扣除数

【例 6－5】假定在某外资企业中工作的美国专家黄先生（假设为非居民纳税人），2019 年 8 月取得由该企业发放的含税工资收入 15000 元人民币，此外还从别处取得劳务报酬 5000 元人民币。要求计算 8 月份黄先生应纳个人所得税。

【解答】黄先生 8 月份工资、薪金所得应纳税 =（15000 － 5000）× 10% － 210 = 790（元）

黄先生 8 月份劳务报酬所得应纳税额 = 5000 ×（1 － 20%）× 10% － 210 = 190（元）

五、经营所得的计税

经营所得，以每一纳税年度的收入总额减除成本、费用，以及损失后的余额，为应纳税所得额。所称成本、费用，是指生产、经营活动中发生的各项直接支出和分配，计入成本的间接费用及销售费用、管理费用、财务费用。所称损失，是指生产、经营活动中发生的固定资产和存货的盘亏、毁损、报废损失，转让财产损失，坏账损失，自然灾害等不可抗力因素造成的损失，以及其他损失。应纳税所得额的计算以权责发生制为原则，财政部、国家税务总局另有规定的除外。

取得经营所得的个人，没有综合所得的，计算其每一纳税年度的应纳税所得额时，应当减除费用 60000 元、专项扣除、专项附加扣除，以及其他依法确定的扣除项。专项附加扣除在办理汇算清缴时减除。

从事生产、经营活动，未提供完整、准确的纳税资料，不能正确计算应纳税所得额的，由主管税务机关核定应纳税所得额或者应纳税额。

应纳税额 = 全年应纳税所得额 × 适用税率 － 速算扣除数

或 =（全年收入总额 － 成本、费用以及损失）× 适用税率 － 速算扣除数

（一）个体工商户经营所得的计税

1. 计税基本规定。

（1）个体工商户的生产、经营所得，以每一纳税年度的收入总额，减除成本、费用、税金、损失、其他支出，以及允许弥补的以前年度亏损后的余额，为应纳税所得额。

（2）个体工商户从事生产经营，以及与生产经营有关的活动（以下简称“生产经营”）取得的货币形式和非货币形式的各项收入，为收入总额。包括：销售货物收入、提供劳务收入、转让财产收入、利息收入、租金收入、接受捐赠收入、其他收入。

前款所称其他收入包括个体工商户资产溢余收入、逾期一年以上的未退包装物押金收入、确实无法偿付的应付项、已作坏账损失处理后又收回的应收款项、债务重组收入、补贴收入违约金收入、汇兑收益等。

（3）成本，是指个体工商户在生产经营活动中发生的销售成本、销货成本、业务支出，以及其他耗费。

（4）费用，是指个体工商户在生产经营活动中发生的销售费用、管理费用和财务费用，已经计入成本的有关费用除外。

（5）税金，是指个体工商户在生产经营活动中发生的除个人所得税和允许抵扣的增值税以外的各项税金及其附加。

（6）损失，是指个体工商户在生产经营活动中发生的固定资产和存货的盘亏、毁损、

报废损失，转让财产损失，坏账损失，自然灾害等不可抗力因素造成的损失，以及其他损失。

个体工商户发生的损失，减除责任人赔偿和保险赔款后的余额，参照财政部、国家税务总局有关企业资产损失税前扣除的规定扣除。

个体工商户已经作为损失处理的资产，在以后纳税年度又全部收回或者部分收回时，应当计入收回当期的收入。

（7）其他支出，是指除成本、费用、税金、损失外，个体工商户在生产经营活动中发生的与生产经营活动有关的、合理的支出。

（8）个体工商户发生的与取得收入直接相关的支出应当区分收益性支出和资本性支出。收益性支出在发生当期直接扣除；资本性支出应当分期扣除或者计入有关资产成本，不得在发生当期直接扣除。

（9）除税收法律法规另有规定外，个体工商户实际发生的成本、费用、税金、损失和其他支出，不得重复扣除。

（10）个体工商户生产经营活动中，应当分别核算生产经营费用和个人、家庭费用。对于生产经营与个人、家庭生活混用难以分清的费用，其40%视为与生产经营有关费用，准予扣除。

（11）个体工商户纳税年度发生的亏损（是指个体工商户依照本办法规定计算的应纳税所得额小于0的数额），准予向以后年度结转，用以后年度的生产经营所得弥补，但结转年限最长不得超过5年。

（12）个体工商户使用或者销售存货，按照规定计算的存货成本，准予在计算应纳税所得额时扣除。

（13）个体工商户转让资产，该项资产的净值，准予在计算应纳税所得额时扣除。

（14）个体工商户下列支出不得扣除：

个人所得税税款；税收滞纳金；罚金、罚款和被没收财物的损失；不符合扣除规定的捐赠支出；赞助支出；用于个人和家庭的支出；与取得生产经营收入无关的其他支出；国家税务总局规定不准扣除的支出。

（15）个体工商户与企业联营分得的利润，按利息、股息、红利所得项目征收个人所得税。

2. 具体扣除项目及标准。

（1）个体工商户实际支付给从业人员的、合理的工资薪金支出，准予扣除。个体工商户业主的费用扣除标准，确定为60000元/年。个体工商户业主的工资薪金支出不得税前扣除。

（2）个体工商户按照国务院有关主管部门或者省级人民政府规定的范围和标准为其业主和从业人员缴纳的基本养老保险费、基本医疗保险费、失业保险费、生育保险费、工伤保险费和住房公积金，准予扣除。

个体工商户为从业人员缴纳的补充养老保险费、补充医疗保险费，分别在不超过从业人员工资总额5%标准内的部分据实扣除；超过部分，不得扣除。

个体工商户业主本人缴纳的补充养老保险费、补充医疗保险费，以当地（地级市）年度社会平均工资的3倍为计算基数，分别在不超过该计算基数5%标准内的部分据实扣除；

超过部分，不得扣除。

（3）除个体工商户依照国家有关规定为特殊工种从业人员支付的人身安全保险费和财政部、国家税务总局规定可以扣除的其他商业保险费外，个体工商户业主本人或者为从业人员支付的商业保险费，不得扣除。

（4）个体工商户在生产经营活动中发生的合理的、不需要资本化的借款费用，准予扣除。

（5）个体工商户在生产经营活动中发生的下列利息支出，准予扣除：向金融企业借款的利息支出；向非金融企业和个人借款的利息支出，不超过按照金融企业同期同类贷款利率计算的数额的部分。

（6）个体工商户在货币交易中，以及纳税年度终了时将人民币以外的货币性资产、负债按照期末即期人民币汇率中间价折算为人民币时产生的汇兑损失，除已经计入有关资产成本的部分外，准予扣除。

（7）个体工商户向当地工会组织拨缴的工会经费、实际发生的职工福利费支出、职工教育经费支出分别在工资薪金总额（指允许在当期税前扣除的工资薪金支出数额）的2%、14%、2.5%的标准内据实扣除。若职工教育经费的实际发生数额超出规定比例当期不能扣除的数额，准予在以后纳税年度结转扣除。个体工商户业主本人向当地工会组织缴纳的工会经费、实际发生的职工福利费支出、职工教育经费支出，以当地（地级市）上年度社会平均工资的3倍为计算基数，在本条第一款规定比例内据实扣除。

（8）个体工商户发生的与生产经营活动有关的业务招待费，按照实际发生额的60%扣除，但最高不得超过当年销售（营业）收入的5‰；业主自申请营业执照之日起至开始生产经营之日止所发生的业务招待费，按照实际发生额的60%计入个体工商户的开办费。

（9）个体工商户每一纳税年度发生的与其生产经营活动直接相关的广告费和业务宣传费不超过当年销售（营业）收入15%的部分，可以据实扣除，超过部分，准予在以后税年度结转扣除。

（10）个体工商户代其从业人员或者他人负担的税款，不得税前扣除。

（11）个体工商户按照规定缴纳的摊位费、行政性收费、协会会费等，按实际发生数扣除。

（12）个体工商户根据生产经营活动的需要租入固定资产支付的租赁费，按照以下方法扣除：以经营租赁方式租入固定资产发生的租赁费支出，按照租赁期限均匀扣除；以融资租赁方式租入固定资产发生的租赁费支出，按照规定构成融资租入固定资产价值的部分应当提取折旧费用，分期扣除。

（13）个体工商户参加财产保险，按照规定缴纳的保险费，准予扣除。

（14）个体工商户发生的合理的劳动保护支出，准予扣除。

（15）个体工商户自申请营业执照之日起至开始生产经营之日止所发生符合本办法规定的费用，除为取得固定资产、无形资产的资本性支出，以及应计入资产价值的汇兑损益、利息支出外，作为开办费，个体工商户可以选择在开始生产经营的当年一次性扣除，也可自生产经营月份起在不短于3年期限内摊销扣除，但一经选定，不得改变。

开始生产经营之日为个体工商户取得第一笔销售（营业）收入的日期。

（16）个体工商户对受益人的捐赠不得直接扣除。但通过公益性社会团体或者县级以上人民政府及其部门，适用于《中华人民共和国公益事业捐赠法》规定的公益事业的捐赠，捐赠额不超过其应纳税所得额30%的部分可以据实扣除。可以全额在税前扣除的捐赠支出项目，按财政部、国家税务总局的有关规定执行。

（17）本办法所称赞助支出，是指个体工商户发生的与生产经营活动无关的各种非广告性质支出。

（18）个体工商户研究开发新产品、新技术、新工艺所发生的开发费用，以及研究开发新产品、新技术而购置单台价值在10万元以下的测试仪器和试验性装置的购置费，准予直接扣除；单台价值在10万元以上（含10万元）的测试仪器和试验性装置，按固定资产管理，不得在当期直接扣除。

【例6-6】 A小型超市是个体工商户钟某经营，账证健全，2019年12月取得经营收入为50万元，准许扣除的当月成本、费用（不含业主工资）及相关税金共计280600元。1—11月累计应纳税所得额92400元（未扣除业主费用减除标准），1—11月累计已预缴个人所得税15200元。除经营所得外，业主本人没有其他收入，且2019年全年均享受赡养老人和1子女上小学三年级二项专项附加扣除。不考虑专项扣除和符合税法规定的其他扣除，要求：计算个体工商户就2019年度汇算清缴时应申请的个人所得税退税额。

【解答】 纳税人取得经营所得，按年计算个人所得税，由纳税人在月度或季度终了后15日内，向经营管理所在地主管税务机关办理预缴纳税申报；在取得所得的次年3月31日前，向经营管理所在地主管税务机关办理汇算清缴。因此，按照税收法律、法规和文件规定，先计算全年应纳税所得额，再计算全年应纳税额，并根据全年已预缴税额计算出当年度应补（退）税额。

（1）全年应纳税所得额 = 500000 − 280600 + 92400 − 60000 − 24000 − 12000 = 215800（元）

（2）全年应纳个人所得税 = 215800 × 20% − 10500 = 32660（元）

（3）该个体工商户2019年度应补交的个人所得税额 = 32660 − 15200 = 17460（元）

（二）个人独资企业和合伙企业经营所得的计税

相关规定：

1. 自2019年1月1日起，个人独资企业和合伙企业投资者的生产经营所得依法计征个人所得税时，个人独资企业和合伙企业投资者本人的费用扣除标准统一定为60000元/年，即5000元/月。投资者的工资不得在税前扣除。

2. 投资者及其家庭发生的生活费用不允许在税前扣除。投资者及其家庭发生的生活费用与企业生产经营费用混合在一起，并且难以划分的，全部视为投资者个人及其家庭发生的生活费用，不允许在税前扣除。

3. 企业生产经营和投资者及其家庭生活共用的固定资产，难以划分的，由主管税务机关根据企业的生产经营类型、规模等具体情况，核定准予在税前扣除的折旧费用的数额或比例。

4. 企业向其从业人员实际支付的合理的工资、薪金支出，允许在税前据实扣除。

5. 企业拨缴的工会经费、发生的职工福利费、职工教育经费支出分别在工资薪金总额2%、14%、2.5%的标准内据实扣除。

6. 每一纳税年度发生的广告费和业务宣传费用不超过当年销售（营业）收入 15% 的部分，可据实扣除；超过部分，准予在以后纳税年度结转扣除。

7. 每一纳税年度发生的与其生产经营业务直接相关的业务招待费支出，按照发生额的 60% 扣除，但最高不得超过当年销售（营业）收入的 5‰。

8. 企业计提的各种准备金不得扣除。

9. 投资者兴办两个或两个以上企业，并且企业性质全部是独资的，年度终了后，汇算清缴时，应纳税款的计算按以下方法进行：汇总其投资兴办的所有企业的经营所得作为应纳税所得额，以此确定适用税率，计算出全年经营所得的应纳税额，再根据每个企业的经营所得占所有企业经营所得的比例，分别计算出每个企业的应纳税额和应补缴税额。计算公式如下：

应纳税所得额 = $\sum$ 各个企业的经营所得

应纳税额 = 应纳税所得额 × 税率 − 速算扣除数

本企业应纳税额 = 应纳税额 ×（本企业的经营所得 ÷ $\sum$ 各个企业的经营所得）

本企业应补缴的税额 = 本企业应税额 − 本企业预缴的税额

10. 投资者兴办两个或两个以上企业的，根据前述规定准予扣除的个人费用，由投资者选择在其中一个企业的生产经营所得中扣除。

11. 企业的年度亏损，允许用本企业下一年度的生产经营所得弥补，下一年度所得不足弥补的，允许逐年延续弥补，但最长不得超过 5 年。

投资者兴办两个或两个以上企业的，企业的年度经营亏损不能跨企业弥补。

12. 投资者来源于中国境外的生产经营所得，已在境外缴纳所得税的，可以按照个人所得税法的有关规定计算扣除已在境外缴纳的所得税。

13. 个人独资企业和合伙企业对外投资分回的利息或者股息、红利，不纳入企业的收入，而应单独作为投资者个人取得的利息、股息、红利所得，按“利息、股息、红利所得”应税项目计算缴纳个人所得税。合伙企业的投资者按照合伙企业的全部生产经营所得和合伙协议约定的分配比例确定应纳税所得，合伙协议没有约定分配比例的，以全部生产经营所得和合伙人数量平均计算每个投资者应纳税所得额的规定，确定各个投资者的利息、股息、红利所得，分别按“利息、股息、红利所得”应税项目计算缴纳个人所得税。

六、财产租赁与转让所得的计税

（一）财产租赁所得的应纳税所得额与应纳税额

财产租赁所得一般以个人每次取得的收入，定额或定率减除规定费用后的余额为应税所得额。每次收入不超过 4000 元，定额减除费用 800 元；每次收入在 4000 元以上，定率减除 20% 的费用。财产租赁所得以 1 个月内取得的收入为一次。

个人出租财产取得的财产租赁收入，在计算缴纳个人所得税时，应依次扣除以下费用：

1. 财产租赁过程中缴纳的税金和国家能源交通重点建设基金、国家预算调节基金、教育费附加，可持完税（缴款）凭证，从其财产租赁收入中扣除。

2. 由纳税人负担的该出租财产实际开支的修缮费用。需能够提供有效、准确的修缮费用证明凭证，同时，允许扣除的修费用，以每次 800 元为限。一次扣除不完的，可以在下一次继续扣除，直到扣完为止。

3. 税法规定的费用扣除标准。个人将承租房屋转租取得的租金收入，应按“财产租赁所得”项目计算缴纳个人所得税。具体规定为：

有关财产租赁所得个人所得税前扣除税费的扣除次序调整为：财产租赁过程中缴纳的税费；向出租方支付的租金；由纳税人负担的租赁财产实际开支的修缮费用；税法规定的费用扣除标准。

财产租赁所得适用20%的比例税率。但对个人按市场价格出租的居民住房取得的所得，自2001年1月1日起暂减按10%的税率征收个人所得税。

（1）若每次（月）财产租赁收入不超过4000元的：

应纳税所得额 = 每次(月)收入额 - 准予扣除项目 - 修缮费用(800元为上限) - 800元

应纳税额 = 应纳税所得额 × 10%

（2）若每次（月）财产租赁收入超过4000元的：

应纳税所得额 = [每次(月)收入额 - 准予扣除项目 - 修缮费用(800元为上限)] × (1 - 20%)

应纳税额 = 应纳税所得额 × 10%

【例6-7】李某于2019年1月将其自有面积为125平方米的房屋出租给张某居住，租期1年。李某每月取得租金收入5000元，全年租金收入60000元。要求：计算李某全年租金收入应缴纳的个人所得税。

【解答】每月应纳税额 = 5000 × (1 - 20%) × 10% = 400（元）

全年应纳税额 = 400 × 12 = 4800（元）

【例6-8】王某于2019年1月将其自有面积为120平方米的房屋出租给刘某居住，租期1年。王某每月取得租金收入4500元，假定2月因下水道堵塞找人修理，发生修理费用1200元。要求：依照现行税法规定计算王某2月份和3月份的租金收入应缴纳的个人所得税。

【解答】如有维修部门的正式收据，则2月和3月的应纳税额为：

2月应纳税额 = (4500 - 800 - 800) × 10% = 290（元）

3月应纳税额 = (4500 - 400) × (1 - 20%) × 10% = 328（元）

（二）财产转让所得的应纳税所得额与应纳税额

财产转让所得以个人每次转让财产取得的收入额减除财产原值和相关税、费后的余额为应纳税所得额。其中，“每次”是指以一件财产的所有权一次转让取得的收入为一次。一般情况下，财产转让所得应纳税额的计算公式为：

应纳税额 = 应纳税所得额 × 适用税率 = (收入总额 - 财产原值 - 合理税费) × 20%

财产转让所得中允许减除的财产原值和合理税费是指：

1. 有价证券。其原值为买入价以及买入时按规定缴纳的有关费用。

【例6-9】帅某2018年5月份购入债券1000份，每份买入价20元，支付购进买入债券的税费共计300元。2019年8月份内将去年买入的债券一次卖出500份，每份卖出价25元，支付卖出债券的税费共计460元。要求：依照现行税法规定计算李某售出债券应缴纳的个人所得税。

【解析】500 份债券的原值及合理税费 =（20000 + 300）÷1000 ×500 + 460 = 10610（元）

应缴纳的个人所得税 =（500 ×25 - 10610）×20% = 378（元）

2. 建筑物。其原值为建造费或者购进价格，以及其他有关税费。

3. 土地使用权。其原值为取得土地使用权所支付的金额、开发土地的费用，以及其他有关税费。

4. 机器设备、车船。其原值为购进价格、运输费、安装费，以及其他有关费用。

5. 其他财产。其原值参照以上方法确定。如果纳税人未提供完整、准确的财产原值凭证，不能正确计算财产原值，由主管税务机关核定其财产原值。

6. 个人因购买和处置债权取得所得的应纳税额 = 应纳税所得额 × 适用税率。

【例 6 - 10】 彭某于 2019 年 2 月将其一套住房转让给叶某，取得转让收入 3200000 元。该套住房购进时的原价为 1600000 元，转让时支付有关税费 120000 元。要求：依照现行税法规定计算刘某转让私房应缴纳的个人所得税。

【解析】应纳税所得额 = 3200000 - 1600000 - 120000 = 1480000（元）

应纳税额 = 1480000 ×20% = 296000（元）

七、利息、股息、红利所得的计税

利息、股息、红利所得，以每次收入额为应纳税所得额，适用 20% 的比例税率。其计算公式为：

应纳税额 = 每次收入 ×20%

八、偶然所得的计税

偶然所得和其他所得以个人每次取得的收入额为应纳税所得额，不扣除任何费用。除有特殊规定外，每次收入额就是应纳税所得额，以每次取得该项收入为一次。

偶然所得适用 20% 的比例税率，其应纳税额的计算公式为：

应纳税额 = 应纳税所得额（每次收入额）×20%

第五节 税收优惠

个人所得税既是一种分配手段，也是体现国家政策的重要工具之一。为了鼓励科学发明，支持社会福利、慈善事业发展和照顾某些纳税人的实际困难，《个人所得税法》对有关个人所得项目实行免减税的优惠规定。

一、免税优惠项目

下列各项个人所得，免征个人所得税：

1. 省级人民政府、国务院部委和中国人民解放军军以上单位，以及外国组织、国际组织颁发的科学、教育、技术、文化、卫生、体育、环境保护等方面的奖金。

2. 国债和国家发行的金融债券利息。其中，国债利息，是指个人持有中华人民共和国财政部发行的债券而取得的利息；国家发行的金融债券利息，是指个人持有经国务院批准发行的金融债券而取得的利息所得。

3. 个人取得的教育储蓄存款利息。

4. 按照国务院规定发给的政府特殊津贴、院士津贴、资深院士津贴和国务院规定免纳个人所得税的补贴、津贴。

5. 根据国家有关规定，从企业、事业单位、国家机关、社会团体提留的福利费或者从工会经费中支付给个人的生活补助费；及国家民政部门支付给个人的生活困难补助费。

6. 保险赔款。

7. 军人的转业费、复员费及退役金。

8. 按照国家统一规定发给干部、职工的安家费、退职费、退休工资、离休工资、离休生活补助费。

注意：从原任职单位取得的各类补贴、奖金、实物不属于免税的退休工资、离休工资、离休生活补助费，应按“工资、薪金所得”应税项目的规定缴纳个人所得税。

9. 依照我国有关法律规定应予免税的各国驻华使馆，领事馆的外交代表、领事官员和其他人员的所得。

10. 中国政府参加的国际公约、签订的协议中规定免税的所得。

11. 对个体工商户或个人，以及个人独资企业和合伙企业从事种植业、养殖业、饲养业和捕捞业（以下简称“四业”），取得的“四业”所得暂不征收个人所得税。

12. 个人举报、协查各种违法、犯罪行为而获得的奖金。

13. 个人办理代扣代缴税款手续，按规定取得的扣缴手续费。

14. 个人转让自用达5年以上并且是唯一的家庭居住用房取得的所得。

15. 对被拆迁人按照国家有关城镇房屋拆迁管理办法规定的标准取得的拆迁补偿款（含因棚户区改造而取得的拆迁补偿款），免征个人所得税。

16. 对个人投资者从投保基金公司取得的行政和解金，暂免征收个人所得税。

17. 对个人转让上市公司股票取得的所得暂免征收个人所得税。

18. 个人从公开发行和转让市场取得的上市公司股票，持股期限超过1年的，股息红利所得暂免征收个人所得税。个人从公开发行和转让市场取得的上市公司股票，持股期限在1个月以内（含1个月）的，其股息红利所得全额计入应纳税所得额；持股期限在1个月以上至1年（含1年）的，暂减按50%计入应纳税所得额。上述所得统一适用20%的税率计征个人所得税。

19. 个人取得的下列中奖所得，暂免征收个人所得税。

（1）单张有奖发票奖金所得不超过800元（含800元）的，暂免征收个人所得税；个人取得单张有奖发票奖金所得超过800元的，按“偶然所得”项征收个人所得税。

（2）购买社会福利行有奖募捐奖券、体育彩票一次中奖收入不超过10000元的暂免征收个人所得税，对一次中奖收入超过10000元的，应按“偶然所得”项全额征税。

20. 企业和个人按照国家或地方政府规定的比例，提取并向指定金融机构实际缴付的住房公积金、医疗保险金、失业保险费、基本养老保险金、免予征收个人所得税。超过规定比例缴付的部分计入职工个人当期的工资薪金所得，依法计征个人所得税。

21. 个人领取原提存的住房公积金、医疗保险金、基本养老保险金，以及具备《失业保险条例》规定条件的失业人员领取的失业保险金，免予征收个人所得税。

22. 按照国家或省级地方政府规定的比例缴付的住房公积金、医疗保险金、基本养老保险金、失业保险金存入银行个人账户所取得的利息所得，免予征收个人所得税。

23. 外籍个人以非现金形式或实报实销形式取得的住房补贴、伙食补贴、搬迁费、洗衣费。

24. 外籍个人按合理标准取得的境内、境外出差补贴。

25. 外籍个人取得的探亲费、语言训练费、子女教育费等，经当地税务机关审核批准为合理的部分。

26. 外籍个人从外商投资企业取得的股息、红利所得。

27. 凡符合下列条件之一的外籍专家取得的工资、薪金所得，可免征个人所得税。

（1）根据世界银行专项贷款协议，由世界银行直接派往我国工作的外国专家。

（2）联合国组织直接派往我国工作的专家。

（3）为联合国援助项目来华工作的专家。

（4）援助国派往我国专为该国拨助项目工作的专家。

（5）根据两国政府签订的文化交流项目来华工作两年以内的文教专家，其工资、薪金所得由该国负担的。

（6）根据我国大专院校国际交流项目来华工作两年以内的文教专家，其工资、薪金所得由该国负担的。

（7）通过民间科研协定来华工作的专家，其工资、薪金所得由该国政府机构负担的。

28. 经国务院财政部门批准免税的其他个人所得。

二、减税优惠项目

有下列情形之一的，可以减征个人所得税，具体幅度和期限由省自治区、直辖市人民政府规定，并报同级人民代表大会常务委员会备案。

1. 残疾人员、孤老人员和烈属的所得。
2. 因严重自然灾害造成重大损失的。
3. 其他经国务院财政部门批准减税的。

第六节　征收管理

个人所得税的征税管理办法全国通用实行的有：自行申报纳税和全员全额扣缴申报纳税两种。扣缴义务人应当按照国家规定办理全员全额扣缴申报，并向纳税人提供其个人所得和已扣缴税款等信息。

此外、税收征管法还对无法查账征收的纳税人规定了核定征收的方式（本教材不展开讲）。

根据《个人所得税法》及其实施条例、《税收征收管理法》及其实施细则的有关规定，国家税务总局制定下发了《个人所得税扣缴申报管理办法（试行）》，自 2019 年 1 月 1 日起执行。对扣缴义务人和代扣预扣税款的范围、不同项目所得扣缴方法、扣缴义务人的义务及应承担的责任等内容做明确规定。

一、扣缴义务人概述

（一）扣缴义务人认定

税法规定，个人所得税以所得人为纳税人，以支付所得的单位或者个人为扣缴义务人。纳税人有中国公民身份号码的，以中国公民身份号码为纳税人识别号；纳税人没有中国公民身份号码的，由税务机关赋予其纳税人识别号。扣缴义务人扣缴税款时，纳税人应当向扣缴义务人提供纳税人识别号。

（二）扣缴义务人的法定义务

1. 扣缴义务人在向个人支付应纳税所得（包括现金支付、汇拨支付、转账支付和以有价证券、实物，以及其他形式支付）时，不论纳税人是否属于本单位人员，均应代扣代缴其应纳的个人所得税税款。扣缴义务人依法履行代扣代缴税款义务时，纳税人不得拒绝。

2. 扣缴义务人向纳税人支付工资、薪金所得的，应当于年度终了后两个月内，向纳税人提供其个人所得和已扣缴税款等信息。纳税人年度中间需要提供上述信息的，扣缴义务人应当提供。纳税人取得除工资、薪金所得以外的其他所得，扣缴义务人应当在扣缴税款后，及时向纳税人提供其个人所得和已扣缴税款等信息。

3. 扣缴义务人应当按照纳税人提供的信息计算税款、办理扣缴申报，不得擅自更改纳税人提供的信息。但扣缴义务人发现纳税人提供的信息与实际情况不符的，可以要求纳税人修改。纳税人拒绝修改的、扣缴义务人应当报告税务机关，税务机关应当及时处理。若纳税人发现扣缴义务人提供或者扣缴申报的个人信息、支付所得、扣缴税款等信息与实际情况不符的，扣缴义务人有义务为其修改。扣缴义务人拒绝修改的，纳税人应当报告税务机关，税务机关应当及时处理。

4. 扣缴义务人对纳税人提供的《个人所得税专项附加扣除信息表》，应当按照规定妥善保存备查。并依法对纳税人报送的专项附加扣除等相关涉税信息和资料保密。

5. 扣缴义务人有未按照规定向税务机关报送资料和信息、未按照纳税人提供信息虚报虚扣专项附加扣除、应扣未扣税款、不缴或少缴已扣税款、借用或冒用他人身份等行为的，依照《中华人民共和国税收征收管理法》等相关法律、行政法规处理。

6. 扣缴义务人在扣缴税款时，必须向纳税人开具税务机关统一印制的代扣代收税款凭证，并详细注明纳税人姓名、工作单位、家庭住址和身份证或护照号码（无上述证件的，可用其他能有效证明身份的证件）等个人情况。对工资、薪金所得和股息、利息、红利所得等，因纳税人众多不便分别开具代扣代收税款凭证的，经主管税务机关同意，可不开具，但应通过一定的形式告知纳税人已扣缴税款，纳税人未持有完税依据而向扣缴义所人索取代扣代收税款凭证的，扣缴义务人不得拒绝。扣缴义务人向纳税人提供非正式扣税凭证的，纳税人可以拒收。

7. 扣缴义务人应设立代扣代缴税款账簿，正确反映个人所得税的扣缴情况，并如实填写《扣缴个人所得税报告表》及其他有关资料。扣缴义务人每月扣缴的税款，应当在次月15日内缴入国库，并向主管税务机关报送《扣缴个人所得税报告表》、代扣代收税款凭证和包括每一纳税人姓名、单位、职务、收入、税款等内容的《支付个人收入明细表》，以及税务机关要求报送的其他有关资料。扣缴义务人未按照规定的期限向主管税务机关报送《扣缴个人所得税报告表》《支付个人收入明细表》和个人基础信息等有关情况的，依照《中华人民共和国税收征管法》（以下简称《税收征管法》）第六十二条的规定给予相应处罚。

（三）扣缴义务人的法律责任

1. 属于2001年5月1日前发生的应税行为，如果纳税人拒绝履行纳税义务，扣缴义务人应当及时报告税务机关处理，并暂时停止支付其应纳税所得额。否则，纳税人应缴纳的税款由扣缴义务人补缴。同时，扣缴义务人还要承担应扣未扣、应收未收的税款，应缴纳的滞纳金或罚款。扣缴义务人应补缴的税款按下列公式计算：

应纳税所得额 =（支付的收入额 - 费用扣除标准 - 速算扣除数）÷（1 - 税率）

应纳税额 = 应纳税所得额 × 适用税率 - 速算扣除数

2. 属于2001年5月1日后发生的应税行为，按照《税收征管法》进行处理：扣缴义务人应扣未扣、应收而不收税款的，由税务机关向纳税人追缴税款，对扣缴义务人处应扣未扣、应收未收税款50%以上3倍以下的罚款；纳税人、扣缴义务人逃避、拒绝或者以其他方式阻挠税务机关检查的，由税务机关责令改正，可以处10000元以下的罚款；情节严重的，处10000元以上50000元以下的罚款。

3. 扣缴义务人的法人代表（或单位主要负责人）、财会部负责人及具体办理代扣代缴税款的有关人员，共同对依法履行代扣代缴义务负法律责任，根据税法规定，扣缴义务人有偷税或者抗税行为的，除依法追缴税款、处以罚款（罚金）外，对情节严重的，还应追究直接责任人的刑事责任。

（四）扣缴义务人代扣代缴的期限

扣缴义务人每月或者每次预扣、代扣的税款，应当在次月15日内缴入国库，向税务机关报送《个人所得税扣缴申报表》。

（五）扣缴义务人代扣代缴税款的手续费

税务机关应根据扣缴义务人所扣缴的税款付给2%的手续费，由扣缴义务人用于代扣代缴费用开支和奖励代扣代缴工作做得较好的办税人员。

二、全员全额扣缴申报纳税

（一）全员全额扣缴申报的概念

全员全额扣缴申报，是指扣缴义务人应当在代扣税款的次月15日内，向主管税务机关报送支付所得的所有个人的有关信息、支付所得数额、扣除事项和数额、扣缴税款的具体数额和总额，以及其他相关涉税信息资料。扣缴义务人应当依法办理全员全额扣缴申报。

（二）实行个人所得税全员全额扣缴申报的应税所得范围

（1）工资、薪金所得。

（2）劳务报酬所得。

（3）稿酬所得。

（4）特许权使用费所得。

（5）利息、股息、红利所得。

（6）财产租赁所得。

（7）财产转让所得。

（8）偶然所得。

三、自行申报纳税

（一）自行申报纳税的概念

自行申报纳税，是由纳税人自行在税法规定的纳税期限内，向税务机关申报取得的应税所得项目和数额，如实填写个人所得税纳税申报表，并按照税法规定计算应纳税额，据此缴纳个人所得税的一种方法。

（二）自行申报纳税的所得项目范围

税法规定，有下列情形之一的，纳税人应当依法办理纳税申报：

1. 取得综合所得需要办理汇算清缴。

2. 取得应税所得没有扣缴义务人。

3. 取得应税所得，扣缴义务人未扣缴税款。

4. 取得境外所得。

5. 因移居境外注销中国户籍。

6. 非居民个人在中国境内从两处以上取得工资、薪金所得。

7. 国务院规定的其他情形。

（三）取得综合所得需要办理汇算清缴的纳税申报范围

取得综合所得且符合下列情形之一的纳税人，应当依法办理汇算清缴。

1. 从两处以上取得综合所得，且综合所得年收入额减除专项扣除后的余额超过60000元。

2. 取得劳务报酬所得、稿酬所得、特许权使用费所得中一项或者多项所得，且综合所得年收入额减除专项扣除的余额超过60000元。

3. 纳税年度内预缴税额低于应纳税额。

4. 纳税人申请退税。

（四）取得经营所得的纳税申报

个体工商业主、个人独资企业投资者、合伙企业个人合伙人、承包承租经营者个人，以及其他从事生产、经营活动的个人取得经营所得，包括以下情形：

1. 个体工商户从事生产、经营活动取得的所得，个人独资企业投资人、合伙企业的个人合伙人、来源于境内注册的个人独资企业、合伙企业生产、经营的所得。

2. 个人依法从事办学、医疗、咨询，以及其他有偿服务活动取得的所得。

3. 个人对企业、事业单位承包经营、承租经营，以及转包、转租取得的所得。

4. 个人从事其他生产经营活动的所得。

纳税人取得经营所得，按年计算个人所得税，由纳税人在月度或季度终了后15日内，向经营管理所在地主管税务机关办理预缴纳税申报，并报送《个人所得税经营所得纳税申报表（A表）》；在取得所得的次年3月31日前，向经营管理所在地主管税务机关办理汇算清缴，并报送《个人所得税经营所得纳税申报表（B表）》；从两处以上取得经营所得的，选择向其中一处经营管理所在地主管税务机关办理年度汇总申报，并报送《个人所得税经营所得纳税申报表（C表）》。

（五）取得应税所得但扣缴义务人未扣缴税款的纳税申报

取得应税所得但扣缴义务人未扣缴税款的，应当区别以下情况办理纳税申报：

1. 居民个人取得综合所得的，且符合前述第（一）项所述情形的，应当依法办理汇算清缴。

2. 非居民个人取得工资、薪金所得，劳务报酬所得，稿酬所得，特许权使用费所得的，应当在取得所得的次年6月30日前，向扣缴义务人所在地主管税务机关办理纳税申报。并报送《个人所得税自行纳税申报表（A表）》。有两个以上扣缴义务人均未扣缴税款的，选择向其中一处经营管理所在地主管税务机关办理申报。非居民个人在次年6月30日前离境（临时离境除外）的，应当在离境前办理纳税申报。

3. 纳税人取得利息、股息、红利所得，财产租赁所得，财产转让所得和偶然所得的，应当在取得所得的次年6月30日前，按相关规定向主管税务机关办理纳税申报，并报送《个人所得税自行纳税申报表（A表）》。税务机关通知限期缴纳的，纳税人应当按照期限缴纳税款。

4. 纳税人取得应税所得没有扣缴义务人的，应当在取得所得的次月15日内向税务机关报送纳税申报表，并缴纳税款。

（六）取得境外所得的纳税申报

居民个人从中国境外取得所得的，应当在取得所得的次年3月1日至6月30日内，向中国境内任职、受雇单位所在地主管税务机关办理纳税申报；在中国境内没有任职、受雇单位的，向户籍所在地或中国境内经常居住地主管税务机关办理纳税申报；户籍所在地与中国境内经常居住地不一致的，选择其中一地主管税务机关办理纳税申报；在中国境内没有户籍的，向中国境内经常居住地主管税务机关办理纳税申报。

（七）因移居境外注销中国户籍的纳税申报

纳税人因移居境外注销中国户籍的，应当在申请注销中国户籍前，向户籍所在地主管税务机关办理纳税申报，进行税款清算。

1. 纳税人在注销户籍年度取得综合所得的，应当在注销户籍前，办理当年综合所得的汇算清缴，并报送《个人所得税年度自行纳税申报表》。尚未办理上一年度综合所得汇算清缴的，应当在办理注销户籍纳税申报时一并办理。

2. 纳税人在注销户籍年度取得经营所得的，应当在注销户籍前，办理当年经营所得的汇算清缴，并报送《个人所得税经营所得纳税申报表（B表）》；从两处以上取得经营所得的，还应当并报送《个人所得税经营所得纳税申报表（C表）》；尚未办理上一年度经营所得汇算清缴的，应当在办理注销户籍纳税申报时一并办理。

3. 纳税人在注销户籍当年取得利息、股息、红利所得，财产租赁所得，财产转让所得和偶然所得的，应当在注销户籍前，申报当年上述所得的完税情况，并报送《个人所得税自行纳税申报表（A 表)》。

4. 纳税人有未缴或者少缴税款的，应当在注销户籍前，结清欠缴或未缴的税款。纳税人存在分期缴税且未缴纳完毕的，应当在注销户籍前，结清尚未缴纳的税款。

5. 纳税人办理注销户籍纳税申报时，需要办理专项附加扣除、依法确定的其他扣除的，应当向税务机关报送《个人所得税专项附加扣除信息表》《商业健康保险税前扣除情况明细表》《个人税收递延型商业养老保险税前扣除情况明细表》等。

四、纳税地点

申报纳税地点一般应为收入来源地的税务机关。但是，纳税人在两处或两处以上取得工资、薪金所得的，可选择并固定在一地税务机关申报纳税；从境外取得所得的，应向境内户籍所在地或经常居住地税务机关申报纳税。

对在中国境内几地工作或提供劳务的临时来华人员，应以税法所规定的申报纳税日期为准，在某一地区达到申报纳税的日期，即应在该地申报纳税。但为了方便纳税，也可准予个人提出申请，经批准后固定在一地申报纳税。对由在华企业或办事机构发放工资、薪金的外籍纳税人，由在华企业或办事机构集中向当地税务机关申报纳税。

纳税人要求变更申报纳税地点的，须经原主管税务机关备案。

五、纳税期限

1. 居民个人取得综合所得，按年计算个人所得税。有扣缴义务人的，由扣缴义务人按月或者按次预扣预缴税款。需要办理汇算清缴的纳税人，应当在取得所得的次年 3 月 1 日至 6 月 30 日内，向任职、受雇单位所在地主管税务机关办理纳税申报，并报送《个人所得税年度自行纳税申报表》。

居民个人向扣缴义务人提供 2 项附加扣除信息的；扣缴义务人按月预扣预缴税款时应当按照规定予以扣除，不得拒绝。

非居民个人取得工资、薪酬所得，劳务报酬所得，稿酬所得和特许权使用费所得，有扣缴义务人的，由扣缴义务人按月或按次代扣代缴税款，不办理汇算清缴。

2. 纳税人取得经营所得，按年计算个人所得税，由纳税人在月度或者季度终了后 15 日内向税务机关报送纳税申报表，并预缴税款；在取得所得的次年 3 月 31 日前办理汇算清缴。纳税人取得利息、股息、红利所得、财产租赁所得，财产转让所得和偶然所得，按月或者按次计算个人所得税，有扣缴义务人的，由扣缴义务人按月或按次代扣代缴税款。

3. 纳税人取得应税所得没有扣缴义务人的，应当在取得所得的次月 15 日内向税务机关报送纳税申报表，并缴纳税款。

4. 纳税人取得应税所得，扣缴义务人未扣缴税款的，纳税人应在取得所得的次年 6 月 30 日前，缴纳税款；税务机关通知限期缴纳的，纳税人应当按照期限缴纳税款。

5. 居民个人从中国境外取得所得的，应当在取得所得的次年 3 月 1 日到 6 月 30 日内申报纳税。

6. 非居民个人在中国境内从两处以上取得工资、薪金所得的，应当在取得所得的次月15日内，向其中一处任职、受聘单位所在地主管税务机关办理纳税申报，并报送《个人所得税自行纳税申报表（A表）》。

7. 纳税人因移居境外注销中国户籍的，应当在注销中国户籍前办理税款清算。

8. 扣缴义务人每月或者每次预扣代扣的税款，应当在次月15日内缴入国库，并向税务机关报送扣缴《个人所得税扣缴申报表》。纳税人办理汇算清缴退税或者扣缴义务人为纳税人办理汇算清缴退税的，税务机关审核后，按照国库管理的有关规定办理退税。

六、申报纳税方式

个人所得税的申报纳税方式主要有三种，即由本人直接申报纳税，委托他人代为申报纳税，以及采用邮寄方式在规定的申报期内申报纳税。其中，采用邮寄申报纳税的，以寄出地的邮戳日期为实际申报日期。

第七章

财产和行为类税法

第一节　房产税法

房产税是以房屋为征税对象，按照房屋的计税余值或租金收入，向产权所有人征收的一种财产税。房产税在我国是一个古老的税种，最早始于周朝。新中国成立后，中央人民政府政务院颁布的《全国税收实施要则》中，把房产税列为全国开征的一个独立税种。1973 年进行税制改革，在简化税制的原则下，把试行工商税的企业缴纳的城市房地产税并入了工商税，但保留城市房地产税这一税种，只对居民个人和房产管理部门，以及外侨的房屋继续征收。1984 年进行工商税制全面改革，重新恢复对房产征税，1986 年 9 月 15 日，国务院正式发布了《中华人民共和国房产税暂行条例》，从当年 10 月 1 日开始施行。

征收房产税有利于加强房产管理。一方面，对房屋拥有者征收房产税，可以调节纳税人的收入水平，有利于加强对房屋的管理，提高房屋的使用效益，控制固定资产的投资规模。另一方面，房产税规定对个人拥有的非营业用房屋，不征房产税，可以鼓励个人建房、购房和改善住房条件，配合和推动城市住房制度改革。

房产税法是指国家制定的调整房产税征收与缴纳之间权利及义务关系的法律规范。现行房产税法的基本规范是 1986 年 9 月 15 日国务院颁布的《中华人民共和国房产税暂行条例》（以下简称《房产税暂行条例》）。

一、纳税义务人

房产税是以房屋为征税对象，按照房屋的计税余值或租金收入，向产权所有人征收的一种财产税。房产税以在征税范围内的房屋产权所有人为纳税人。其中：

1. 产权属国家所有的，由经营管理单位纳税；产权属集体和个人所有的，由集体单位和个人纳税。

所称单位，包括国有企业、集体企业、私营企业、股份制企业、外商投资企业、外国企业及其他企业和事业单位、社会团体、国家机关、军队及其他单位；所称个人，包括个体工商户及其他个人。

2. 产权出典的，由承典人纳税。所谓产权出典，是指产权所有人将房屋、生产资料等的产权，在一定期限内典当给他人使用，而取得资金的一种融资业务。这种业务大多发生于出典人急需用款，但又想保留产权回赎权的情况。承典人向出典人交付一定的典价之后，在质典期内即获抵押物品的支配权，并可转典。产权的典价一般要低于卖价。出典人在规定期间内须归还典价的本金和利息，方可赎回出典房屋等的产权。由于在房屋出典期间，产权所有人已无权支配房屋，因此，税法规定由对房屋具有支配权的承典人为纳税人。

3. 产权所有人、承典人不在房屋所在地的，或者产权未确定及租典纠纷未解决的，由房产代管人或者使用人纳税。

所谓租典纠纷，是指产权所有人在房产出典和租赁关系上，与承典人、租赁人发生各种争议，特别是权利和义务的争议悬而未决的。此外还有一些产权归属不清的问题，也都属于租典纠纷。对租典纠纷尚未解决的房产，规定由代管人或使用人为纳税人，主要目的在于加强征收管理，保证房产税及时入库。

4. 无租使用其他房产的问题。纳税单位和个人无租使用房产管理部门、免税单位及纳税单位的房产，应由使用人代为缴纳房产税。

二、征税范围

房产税以房产为征税对象。所谓房产，是指有屋面和围护结构（有墙或两边有柱），能够遮风避雨，可供人们在其中生产、学习、工作、娱乐、居住或储藏物资的场所。房地产开发企业建造的商品房，在出售前，不征收房产税；但对出售前房地产开发企业已使用或出租、出借的商品房应按规定征收房产税。

房产税的征税范围为城市、县城、建制镇和工矿区。其具体规定如下：

1. 城市是指国务院批准设立的市。

2. 县城是指县人民政府所在地的地区。

3. 建制镇是指经省、自治区、直辖市人民政府批准设立的建制镇。

4. 工矿区是指工商业比较发达、人口比较集中、符合国务院规定的建制镇标准，但尚未设立建制镇的大中型工矿企业所在地。开征房产税的工矿区须经省、自治区、直辖市人民政府批准。

房产税的征税范围不包括农村，这主要是为了减轻农民的负担。因为农村的房屋，除农副业生产用房外，大部分是农民居住用房。对农村房屋不纳入房产税征税范围，有利于农业发展，繁荣农村经济，促进社会稳定。

三、税率

我国现行房产税采用的是比例税率。由于房产税的计税依据分为从价计征和从租计征两种形式，所以房产税的税率也有两种：一种是按房产原值一次减除10%—30%后的余值计征的，税率为1.2%；另一种是按房产出租的租金收入计征的，税率为12%。从2001年1月1日起，对个人按市场价格出租的居民住房用于居住的，可暂减按4%的税率征收房产税。自2008年3月1日起，对个人出租住房不区分用途，按4%的税率征收房产税。

四、计税依据

房产税的计税依据是房产的计税价值或房产的租金收入。按照房产计税价值征税的，称为从价计征；按照房产租金收入计征的，称为从租计征。

1. 从价计征。

《房产税暂行条例》规定，房产税依照房产原值一次减除10%—30%后的余值计算缴纳。各地扣除比例由当地省、自治区、直辖市人民政府确定。

(1) 房产原值是指纳税人按照会计制度规定，在会计核算账簿“固定资产”科目中记载的房屋原价。因此，凡按会计制度规定在账簿中记载有房屋原价的，应以房屋原价按规定减除一定比例后作为房产余值计征房产税；没有记载房屋原价的，按照上述原则，并参照同类房屋确定房产原值，按规定计征房产税。

值得注意的是：自2009年1月1日起，对依照房产原值计税的房产，不论是否记载在会计账簿固定资产科目中，均应按照房屋原价计算缴纳房产税。房屋原价应根据国家有关会计制度规定进行核算。对纳税人未按国家会计制度规定核算并记载的，应按规定予以调整或重新评估。

自2010年12月21日起，对按照房产原值计税的房产，无论会计上如何核算，房产原值均应包含地价，包括为取得土地使用权支付的价款、开发土地发生的成本费用等。宗地容积率低于0.5的，按房产建筑面积的2倍计算土地面积并据此确定计入房产原值的地价。

(2) 房产原值应包括与房屋不可分割的各种附属设备或一般不单独计算价值的配套设施。主要有：暖气、卫生、通风、照明、煤气等设备；各种管线，如蒸汽、压缩空气、石油、给水排水等管道及电力、电信、电缆导线；电梯、升降机、过道、晒台等。属于房屋附属设备的水管、下水道、暖气管、煤气管等应从最近的探视井或三通管起，计算原值；电灯网、照明线从进线盒连接管起，计算原值。

(3) 纳税人对原有房屋进行改建、扩建的，要相应增加房屋的原值。房产余值是房产的原值减除规定比例后的剩余价值。此外，还应注意以下两个问题：

第一，对投资联营的房产，在计征房产税时应予以区别对待。对于以房产投资联营，投资者参与投资利润分红，共担风险的，按房产余值作为计税依据计征房产税；对以房产投资，收取固定收入，不承担联营风险的，实际是以联营名义取得房产租金，应根据《房产税暂行条例》的有关规定由出租方按租金收入计缴房产税。

第二，对融资租赁房屋的情况，由于租赁费包括购进房屋的价款、手续费、借款利息等，与一般房屋出租的“租金”内涵不同，且租赁期满后，当承租方偿还最后一笔租赁费时，房屋产权要转移到承租方。这实际是一种变相的分期付款购买固定资产的形式，所以在计征房产税时应以房产余值计算征收。至于租赁期内房产税的纳税人，由当地税务机关根据实际情况确定。

(4) 房屋附属设施和配套设施的计税规定。自2006年1月1日起，为了维持和增加房屋的使用功能或使房屋满足设计要求，凡以房屋为载体，不可随意移动的附属设备和配套设施，如给排水、采暖、消防、中央空调、电气及智能化楼宇设备等，无论在会计核算中是否单独记账与核算，都应计入房产原值，计征房产税。对于更换房屋附属设备和配套设施的，在将其价值计入房产原值时，可扣减原来相应设备和设施的价值；对附属设备和配套设施中易损坏、需要经常更换的零配件，更新后不再计入房产原值。

(5) 居民住宅区内业主共有的经营性房产缴纳房产税。从2007年1月1日起，对居民住宅区内业主共有的经营性房产，由实际经营（包括自营和出租）的代管人或使用人缴纳房产税。其中自营的，依照房产原值减除10%—30%后的余值计征，没有房产原值或不能将业主共有房产与其他房产的原值准确划分开的，由房产所在地地方税务机关参照同类房产核定房产原值；出租的，依照租金收入计征。

（6）凡在房产税征收范围内的具备房屋功能的地下建筑，包括与地上房屋相连的地下建筑及完全建在地面以下的建筑、地下人防设施等，均应当依照有关规定征收房产税。上述具备房屋功能的地下建筑是指有屋面和维护结构，能够遮风避雨，可供人们在其中生产、经营、工作、学习、娱乐、居住或储藏物资的场所。自用的地下建筑，按以下方式计税：

第一，工业用途房产，以房屋原价的50%—60%作为应税房产原值。

应纳房产税的税额 = 应税房产原值 ×（1 - 扣除比例）×1.2%

第二，商业和其他用途房产，以房屋原价的70%—80%作为应税房产原值。

应纳房产税的税额 = 应税房产原值 ×（1 - 扣除比例）×1.2%

房屋原价折算为应税房产原值的具体比例，由各省、自治区、直辖市和计划单列市财政和地方税务部门在上述幅度内自行确定。

第三，对于与地上房屋相连的地下建筑，如房屋的地下室、地下停车场、商场的地下部分等，应将地下部分与地上房屋视为一个整体，按照地上房屋建筑的有关规定计算征收房产税。

2. 从租计征。

房产出租的，以房产租金收入为房产税的计税依据。

所谓房产的租金收入，是房屋产权所有人出租房产使用权所得的报酬，包括货币收入和实物收入。

如果是以劳务或者其他形式为报酬抵付房租收入的，应根据当地同类房产的租金水平，确定一个标准租金额从租计征。

对出租房产，租赁双方签订的租赁合同约定有免收租金期限的，免收租金期间由产权所有人按照房产原值缴纳房产税。

出租的地下建筑，按照出租地上房屋建筑的有关规定计算征收房产税。

五、应纳税额的计算

房产税的计税依据有两种，与之相适应的应纳税额计算也分为两种：一是从价计征；二是从租计征。

1. 从价计征。

从价计征是按房产的原值减除一定比例后的余值计征，其计算公式为：

应纳税额 = 应税房产原值 ×（1 - 扣除比例）×1.2%

如前所述，房产原值是“固定资产”科目中记载的房屋原价；减除一定比例是省、自治区、直辖市人民政府规定的10%—30%的减除比例；计征的适用税率为1.2%。

【例7-1】某企业的经营用房原值为5000万元，按照当地规定允许减除30%后按余值计税，适用税率为1.2%。请计算其应纳房产税税额。

【解答】应纳税额 = 5000 ×（1 - 30%）×1.2% = 42（万元）

2. 从租计征。

从租计征是按房产的租金收入计征，其计算公式为：

应纳税额 = 租金收入 ×12%（或4%）

【例7-2】某公司出租房屋3间，年租金收入为30000元，适用税率为12%。请计算其应纳房产税税额。

【解答】应纳税额 = 30000 × 12% = 3600（元）

六、税收优惠

房产税的税收优惠是根据国家政策需要和纳税人的负担能力制定的。由于房产税属地方税，因此给予地方一定的减免权限，有利于地方因地制宜地处理问题。

目前，房产税的税收优惠政策主要有：

1. 国家机关、人民团体、军队自用的房产免征房产税。但上述免税单位的出租房产以及非自身业务使用的生产、营业用房，不属于免税范围。

上述“人民团体”，是指经国务院授权的政府部门批准设立或登记备案，并由国家拨付行政事业费的各种社会团体。

上述“自用的房产”，是指这些单位本身的办公用房和公务用房。

2. 由国家财政部门拨付事业经费的单位，如学校、医疗卫生单位、托儿所、幼儿园、敬老院、文化、体育、艺术这些实行全额或差额预算管理的事业单位所有的，本身业务范围内使用的房产免征房产税。

3. 宗教寺庙、公园、名胜古迹自用的房产免征房产税。

宗教寺庙自用的房产，是指举行宗教仪式等的房屋和宗教人员使用的生活用房。

公园、名胜古迹自用的房产，是指供公共参观游览的房屋及其管理单位的办公用房。

宗教寺庙、公园、名胜古迹中附设的营业单位，如影剧院、饮食部、茶社、照相馆等所使用的房产及出租的房产，不属于免税范围，应照章纳税。

4. 个人所有非营业用的房产免征房产税。

个人所有的非营业用房，主要是指居民住房，不分面积多少，一律免征房产税。

对个人拥有的营业用房或者出租的房产，不属于免税房产，应照章纳税。

5. 经财政部批准免税的其他房产，主要有：

（1）对非营利性医疗机构、疾病控制机构和妇幼保健机构等卫生机构自用的房产，免征房产税。

（2）从2001年1月1日起，对按政府规定价格出租的公有住房和廉租住房，包括企业和自收自支事业单位向职工出租的单位自有住房；房管部门向居民出租的公有住房；落实私房政策中带户发还产权，并以政府规定租金标准向居民出租的私有住房等，暂免征收房产税。

（3）经营公租房的租金收入，免征房产税。公共租赁住房经营管理单位应单独核算公共租赁住房租金收入，未单独核算的，不得享受免征房产税优惠政策。

七、征收管理

（一）纳税义务发生时间

1. 纳税人将原有房产用于生产经营，从生产经营之月起缴纳房产税。

2. 纳税人自行新建房屋用于生产经营，从建成之次月起缴纳房产税。

3. 纳税人委托施工企业建设的房屋，从办理验收手续之次月起缴纳房产税。

4. 纳税人购置新建商品房，自房屋交付使用之次月起缴纳房产税。

5. 纳税人购置存量房，自办理房屋权属转移、变更登记手续，房地产权属登记机关签发房屋权属证书之次月起，缴纳房产税。

6. 纳税人出租、出借房产，自交付出租、出借房产之次月起，缴纳房产税。

7. 房地产开发企业自用、出租、出借本企业建造的商品房，自房屋使用或交付之次月起，缴纳房产税。

8. 纳税人因房产的实物或权利状态发生变化而依法终止房产税纳税义务的，其应纳税款的计算应截止到房产的实物或权利状态发生变化的当月末。

（二）纳税期限

房产税实行按年计算、分期缴纳的征收方法，具体纳税期限由省、自治区、直辖市人民政府确定。

（三）纳税地点

房产税在房产所在地主管税务机关缴纳。房产不在同一地方的纳税人，应按房产的坐落地点分别向房产所在地的税务机关纳税。

第二节　车船税法

车船税是以车船为征税对象，向拥有车船的单位和个人征收的一种税。征收车船税有利于车船的管理与合理配置。购置、使用车船越多，应缴纳的车船税越多，促使纳税人加强对自己拥有的车船管理和核算，改善资源配置，合理使用车船；有利于调节财富差异。车船税是对拥有的财产或财富（如轿车、游艇等）进行调节，缓解财富分配不公。随着我国经济增长，部分先富起来的个人拥有私人轿车、游艇及其他车船的情况将会日益增加，我国征收车船税的财富再分配作用亦会更加重要。

车船税法是指国家制定的用以调整车船税征收与缴纳权利及义务关系的法律规范。现行车船税法的基本规范，是2011年2月25日，中华人民共和国第十一届全国人民代表大会常务委员会第十九次会议通过了《中华人民共和国车船税法》（以下简称《车船税法》），自2012年1月1日起施行。

一、纳税义务人

所谓车船税，是指在中华人民共和国境内的车辆、船舶的所有人或者管理人按照中华人民共和国车船税法应缴纳的一种税。

车船税的纳税义务人，是指在中华人民共和国境内，车辆、船舶（以下简称“车船”）的所有人或者管理人，应当依照《车船税法》的规定缴纳车船税。

二、征税范围

车船税的征税范围是指在中华人民共和国境内属于车船税法所附《车船税税目税额表》

规定的车辆、船舶。车辆、船舶是指：

1. 依法应当在车船管理部门登记的机动车辆和船舶。

2. 依法不需要在车船管理部门登记、在单位内部场所行驶或者作业的机动车辆和船舶。前款所称车船管理部门，是指公安、交通运输、农业、渔业、军队、武装警察部队等依法具有车船登记管理职能的部门；单位，是指依照中国法律、行政法规规定，在中国境内成立的行政机关、企业、事业单位、社会团体及其他组织。

三、税目与税率

车船税实行定额税率。定额税率，也称固定税额，是税率的一种特殊形式。定额税率计算简便，适宜于从量计征的税种。车船税的适用税额，依照车船税法所附的《车船税税目税额表》执行。

车辆的具体适用税额由省、自治区、直辖市人民政府依照车船税法所附《车船税税目税额表》规定的税额幅度和国务院的规定确定。

船舶的具体适用税额由国务院在车船税法所附《车船税税目税额表》规定的税额幅度内确定。

车船税采用定额税率，即对征税的车船规定单位固定税额。车船税确定税额总的原则是：非机动车船的税负轻于机动车船；人力车的税负轻于畜力车；小吨位船舶的税负轻于大船舶。由于车辆与船舶的行驶情况不同，车船税的税额也有所不同（见表 7－1）。

表 7－1　　车船税税目、税额表

	税　目	计税单位	年基准税额（元）	备　注
乘用车按发动机气缸容量（排气量分档）	1.0 升（含）以下的	每辆	60—360	核定载客人数 9 人（含）以下
	1.0 升以上至 1.6 升（含）的		300—540	
	1.6 升以上至 2.0 升（含）的		360—660	
	2.0 升以上至 2.5 升（含）的		660—1200	
	2.5 升以上至 3.0 升（含）的		1200—2400	
	3.0 升以上至 4.0 升（含）的		2400—3600	
	4.0 升以上的		3600—5400	
商用车	客车	每辆	480—1440	核定载客人数 9 人（包括电车）以上
	货车	整备质量每吨	16—120	1. 包括半挂牵引车、挂车、客货两用汽车、三轮汽车和低速载货汽车等 2. 挂车按照货车税额的 50% 计算
其他车辆	专用作业车	整备质量每吨	16—120	不包括拖拉机
	轮式专用机械车	整备质量每吨	16—120	
摩托车		每辆	36—180	

续表

	税 目	计税单位	年基准税额（元）	备 注
船舶	机动船舶	净吨位每吨艇	3—6	拖船、非机动驳船分别按照机动船舶税额的50%计算；游艇的税额另行规定
	游艇	身长度每米	600—2000	

（一）机动船舶

1. 净吨位小于或者等于200吨的，每吨3元。
2. 净吨位201—2000吨的，每吨4元。
3. 净吨位2001—10000吨的，每吨5元。
4. 净吨位10001吨及以上的，每吨6元。

拖船按照发动机功率每1千瓦折合净吨位0.67吨计算征收车船税。

（二）游艇

1. 艇身长度不超过10米的游艇，每米600元。
2. 艇身长度超过10米但不超过18米的游艇，每米900元。
3. 艇身长度超过18米但不超过30米的游艇，每米1300元。
4. 艇身长度超过30米的游艇，每米2000元。
5. 辅助动力帆艇，每米600元。

游艇艇身长度是指游艇的总长。

车船税法及其实施条例涉及的整备质量、净吨位、艇身长度等计税单位，有尾数的一律按照含尾数的计税单位据实计算车船税应纳税额。计算得出的应纳税额小数点后超过两位的可四舍五入保留两位小数。

乘用车以车辆登记管理部门核发的机动车登记证书或者行驶证书所载的排气量毫升数确定税额区间。

车船税法和实施条例所涉及的排气量、整备质量、核定载客人数、净吨位、功率（千瓦或马力）、艇身长度，以车船登记管理部门核发的车船登记证书或者行驶证相应项目所载数据为准。

依法不需要办理登记、依法应当登记而未办理登记或者不能提供车船登记证书、行驶证的，以车船出厂合格证明或者进口凭证相应项目标注的技术参数、所载数据为准；不能提供车船出厂合格证明或者进口凭证的，由主管税务机关参照国家相关标准核定，没有国家相关标准的参照同类车船核定。

四、应纳税额的计算

纳税人按照纳税地点所在的省、自治区、直辖市人民政府确定的具体适用税额缴纳车船税。车船税由地方税务机关负责征收。

1. 购置的新车船，购置当年的应纳税额自纳税义务发生的当月起按月计算。计算公式为：

应纳税额 =（年应纳税额 ÷ 12）× 应纳税月份数

应纳税月份数 = 12 − 纳税义务发生时间（取月份）+ 1

2. 在一个纳税年度内，已完税的车船被盗抢、报废、灭失的，纳税人可以凭有关管理机关出具的证明和完税证明，向纳税所在地的主管税务机关申请退还自被盗抢、报废、灭失月份起至该纳税年度终了期间的税款。

3. 已办理退税的被盗抢车船，失而复得的，纳税人应当从公安机关出具相关证明的当月起计算缴纳车船税。

4. 在一个纳税年度内，纳税人在非车辆登记地由保险机构代收代缴机动车车船税，且能够提供合法有效完税证明的，纳税人不再向车辆登记地的地方税务机关缴纳车辆车船税。

5. 已缴纳车船税的车船在同一纳税年度内办理转让过户的，不另纳税，也不退税。

【例 7－3】某运输公司拥有载货汽车 15 辆（货车整备质量全部为 10 吨）；乘人大客车 20 辆；小客车 10 辆。要求计算该公司应纳车船税。

（注：载货汽车每吨年税额 80 元，乘人大客车每辆年税额 800 元，小客车每辆年税额 700 元）

【解答】载货汽车应纳税额 = 15 × 10 × 80 = 12000（元）

乘人汽车应纳税额 = 20 × 800 + 10 × 700 = 23000（元）

全年应纳车船税额 = 12000 + 23000 = 35000（元）

五、税收优惠

（一）法定减免

1. 捕捞、养殖渔船，是指在渔业船舶登记管理部门登记为捕捞船或者养殖船的船舶。

2. 军队、武装警察部队专用的车船，是指按照规定在军队、武装警察部队车船管理部门登记，并领取军队、武警牌照的车船。

3. 警用车船。是指公安机关、国家安全机关、监狱、劳动教养管理机关和人民法院、人民检察院领取警用牌照的车辆和执行警务的专用船舶。

4. 依照法律规定应当予以免税的外国驻华使领馆、国际组织驻华代表机构及其有关人员的车船。

5. 对节约能源、使用新能源的车船可以减征或者免征车船税；对受严重自然灾害影响纳税困难，以及有其他特殊原因确需减税、免税的，可以减征或者免征车船税。节约能源、使用新能源的车辆包括纯电动汽车、燃料电池汽车和混合动力汽车。纯电动汽车、燃料电池汽车和插电式混合动力汽车免征车船税，其他混合动力汽车按照同类车辆适用税额减半征税。

6. 省、自治区、直辖市人民政府根据当地实际情况，可以对公共交通车船，农村居民拥有并主要在农村地区使用的摩托车、三轮汽车和低速载货汽车定期减征或者免征车船税。

（二）特定减免

1. 经批准临时入境的外国车船和中国香港特别行政区、澳门特别行政区、台湾地区的车船，不征收车船税。

2. 按照规定缴纳船舶吨税的机动船舶，自车船税法实施之日起5年内免征车船税。

3. 依法不需要在车船登记管理部门登记的机场、港口、铁路站场内部行驶或作业的车船，自车船税法实施之日起5年内免征车船税。

六、征收管理

（一）纳税义务发生时间

车船税纳税义务发生时间为取得车船所有权或者管理权的当月。以购买车船的发票或其他证明文件所载日期的当月为准。

（二）纳税地点

车船税的纳税地点为车船的登记地或者车船税扣缴义务人所在地主管税务机关。依法不需要办理登记的车船，车船税的纳税地点为车船的所有人或者管理人所在地主管税务机关。

扣缴义务人代收代缴车船税的，纳税地点为扣缴义务人所在地主管税务机关。

纳税人自行申报缴纳车船税的，纳税地点为车船登记地主管税务机关。

依法不需要办理登记的车船，纳税地点为车船所有人或者管理人所在地主管税务机关。

（三）纳税申报

车船税按年申报，分月计算，一次性缴纳。纳税年度为公历1月1日至12月31日。车船税按年申报缴纳，具体申报纳税期限由省、自治区、直辖市人民政府规定。

1. 税务机关可以在车船管理部门、车船检验机构的办公场所集中办理车船税征收事宜。

2. 公安机关交通管理部门在办理车辆相关登记和定期检验手续时，对未提交自上次检验后各年度依法纳税或者免税证明的，不予登记，不予发放检验合格标志。

3. 海事部门、船舶检验机构在办理船舶登记和定期检验手续时，对未提交依法纳税或者免税证明，且拒绝扣缴义务人代收代缴车船税的纳税人，不予登记，不予发放检验合格标志。

4. 对于依法不需要购买机动车交通事故责任强制保险的车辆，纳税人应当向主管税务机关申报缴纳车船税。

5. 纳税人在首次购买机动车交通事故责任强制保险时缴纳车船税或者自行申报缴纳车船税的，应当提供购车发票及反映排气量、整备质量、核定载客人数等与纳税相关的信息及其相应凭证。

6. 从事机动车第三者责任强制保险业务的保险机构为机动车车船税的扣缴义务人，应当在收取保险费时依法代收车船税，并出具代收税款凭证。

第三节 印花税法

印花税是以经济活动和经济交往中，书立、领受应税凭证的行为为征税对象征收的一种税。印花税因其采用在应税凭证上粘贴印花税票的方法缴纳税款而得名。征收印花税有利于增加财政收入、有利于配合和加强经济合同的监督管理、有利于培养纳税意识，也有利于配合对其他应纳税种的监督管理。

印花税法是指国家制定的用以调整印花税征收与缴纳权利及义务关系的法律规范。现行印花税法的基本规范是1988年8月6日国务院发布并于同年10月1日实施的《中华人民共和国印花税暂行条例》（以下简称《印花税暂行条例》）。

一、纳税义务人

印花税的纳税义务人，是在中国境内书立、使用、领受印花税法所列举的凭证并应依法履行纳税义务的单位和个人。

所称单位和个人，是指国内各类企业、事业、机关、团体、部队，以及中外合资企业、合作企业、外资企业、外国公司和其他经济组织及其在华机构等单位和个人。

上述单位和个人，按照书立、使用、领受应税凭证的不同，可以分别确定为立合同人、立据人、立账簿人、领受人、使用人和各类电子应税凭证的签订人。

1. 立合同人。

指合同的当事人。所谓当事人，是指对凭证有直接权利义务关系的单位和个人，但不包括合同的担保人、证人、鉴定人。各类合同的纳税人是立合同人。各类合同，包括购销、加工承揽、建设工程承包、财产租赁、货物运输、仓储保管、借款、财产保险、技术合同或者具有合同性质的凭证。

所称合同，是指根据《中华人民共和国合同法》的规定订立的各类合同。所称具有合同性质的凭证，是指具有合同效力的协议、契约、合约、单据、确认书及其他各种名称的凭证。

当事人的代理人有代理纳税的义务，他与纳税人负有同等的税收法律义务和责任。

2. 立据人。

产权转移书据的纳税人是立据人。立据人是指土地、房屋权属转移过程中买卖双方的当事人。

3. 立账簿人。

营业账簿的纳税人是立账簿人。所谓立账簿人，指设立并使用营业账簿的单位和个人。例如，企业单位因生产、经营需要，设立了营业账簿，该企业即为印花税的纳税人。

4. 领受人。

权利、许可证照的纳税人是领受人。领受人，是指领取或接受并持有该项凭证的单位和个人。例如，某人因其发明创造，经申请依法取得国家专利机关颁发的专利证书，该人即为纳税人。

5. 使用人。

在国外书立、领受，但在国内使用的应税凭证，其纳税人是使用人。

6. 各类电子应税凭证的签订人。

即以电子形式签订的各类应税凭证的当事人。

值得注意的是，对应税凭证，凡由两方或两方以上当事人共同书立的，其当事人各方都是印花税的纳税人，应各就其所持凭证的计税金额履行纳税义务。

二、税目

印花税的税目，指印花税法明确规定的应当纳税的项目，它具体划定了印花税的征税范围。一般地说，列入税目的就要征税，未列入税目的就不征税。印花税共有13个税目。

1. 购销合同。

包括供应、预购、采购、购销结合及协作、调剂、补偿、贸易等合同。此外，还包括出版单位与发行单位之间订立的图书、报纸、期刊和音像制品的应税凭证，例如订购单、订数单等。还包括发电厂与电网之间、电网与电网之间（国家电网公司系统、南方电网公司系统内部各级电网互供电量除外）签订的购售电合同。但是，电网与用户之间签订的供用电合同不属于印花税列举征税的凭证，不征收印花税。

2. 加工承揽合同。

包括加工、定做、修缮、修理、印刷广告、测绘、测试等合同。

3. 建设工程勘察设计合同。

包括勘察、设计合同。

4. 建筑安装工程承包合同。

包括建筑、安装工程承包合同。承包合同，包括总承包合同、分包合同和转包合同。

5. 财产租赁合同。

包括租赁房屋、船舶、飞机、机动车辆、机械、器具、设备等合同，还包括企业、个人出租门店、柜台等签订的合同。

6. 货物运输合同。

包括民用航空、铁路运输、海上运输、公路运输和联运合同，以及作为合同使用的单据。

7. 仓储保管合同。

包括仓储、保管合同，以及作为合同使用的仓单、栈单等。

8. 借款合同。

银行及其他金融组织与借款人（不包括银行同业拆借）所签订的合同，以及只填开借据并作为合同使用、取得银行借款的借据。银行及其他金融机构经营的融资租赁业务，是一种以融物方式达到融资目的的业务，实际上是分期偿还的固定资金借款，因此融资租赁合同也属于借款合同。

9. 财产保险合同。

包括财产、责任、保证、信用保险合同，以及作为合同使用的单据。财产保险合同分为，企业财产保险、机动车辆保险、货物运输保险、家庭财产保险和农牧业保险五大类。“家庭财产两全保险”属于家庭财产保险性质，其合同在财产保险合同之列，应照章纳税。

10. 技术合同。

包括技术开发、转让、咨询、服务等合同，以及作为合同使用的单据。

技术转让合同，包括专利申请权转让和非专利技术转让。

技术咨询合同，是当事人就有关项目的分析、论证、预测和调查订立的技术合同。但一般的法律、会计、审计等方面的咨询不属于技术咨询，其所立合同不贴印花。

技术服务合同，是当事人一方委托另一方就解决有关特定技术问题，如为改进产品结构、改良工艺流程、提高产品质量、降低产品成本、保护资源环境、实现安全操作、提高经济效益等提出实施方案，实施所订立的技术合同，包括技术服务合同、技术培训合同和技术中介合同。但不包括以常规手段或者为生产经营目的进行一般加工、修理、修缮、广告、印刷、测绘、标准化测试，以及勘察、设计等所书立的合同。

11. 产权转移书据。

包括财产所有权和版权、商标专用权、专利权、专有技术使用权等转移书据和专利实施许可合同、土地使用权出让合同、土地使用权转让合同、商品房销售合同等权利转移合同。

所称产权转移书据，是指单位和个人产权的买卖、继承、赠与、交换、分割等所立的书据。“财产所有权”转移书据的征税范围，是指经政府管理机关登记注册的动产、不动产的所有权转移所立的书据，以及企业股权转让所立的书据，并包括个人无偿赠送不动产所签订的“个人无偿赠与不动产登记表”。当纳税人完税后，税务机关（或其他征收机关）应在纳税人印花税完税凭证上加盖“个人无偿赠与”印章。

12. 营业账簿。

指单位或者个人记载生产经营活动的财务会计核算账簿。营业账簿按其反映内容的不同，可分为记载资金的账簿和其他账簿。

记载资金的账簿，是指反映生产经营单位资本金数额增减变化的账簿。其他账簿，是指除上述账簿以外的有关其他生产经营活动内容的账簿，包括日记账簿和各明细分类账簿。

但是，对金融系统营业账簿，要结合金融系统财务会计核算的实际情况进行具体分析。凡银行用以反映资金存贷经营活动、记载经营资金增减变化、核算经营成果的账簿，如各种日记账、明细账和总账都属于营业账簿，应按照规定缴纳印花税；银行根据业务管理需要设置的各种登记簿，如空白重要凭证登记簿、有价单证登记簿、现金收付登记簿等，其记载的内容与资金活动无关，仅用于内部备查，属于非营业账簿，均不征收印花税。

13. 权利、许可证照。

包括政府部门发给的房屋产权证、工商营业执照、商标注册证、专利证、土地使用证。

三、税率

印花税的税率设计，遵循税负从轻、共同负担的原则，所以税率比较低。凭证的当事人，即对凭证有直接权利与义务关系的单位和个人均应就其所持凭证依法纳税。

印花税的税率有两种形式，即比例税率和定额税率。

1. 比例税率。

在印花税的13个税目中，各类合同及具有合同性质的凭证（含以电子形式签订的各类应税凭证）、产权转移书据、营业账簿中记载资金的账簿，适用比例税率。

印花税的比例税率分为4个档次，分别是0.05‰、0.3‰、0.5‰、1‰。

（1）适用0.05‰税率的为“借款合同”。

（2）适用0.3‰税率的为“购销合同”“建筑安装工程承包合同”“技术合同”。

（3）适用0.5‰税率的为“加工承揽合同”“建筑工程勘察设计合同”“货物运输合同”“产权转移书据”“营业账簿”税目中记载资金的账簿。

（4）适用1‰税率的为“财产租赁合同”“仓储保管合同”“财产保险合同”。

（5）在上海证券交易所、深圳证券交易所、全国中小企业股份转让系统买卖、继承、赠与优先股所书立的股权转让书据，均依书立时实际成交金额，由出让方按1‰的税率计算缴纳证券（股票）交易印花税。

中国香港市场投资者通过沪港通买卖、继承、赠与上海证券交易所上市A股，按照内地现行税制规定缴纳证券（股票）交易印花税。内地投资者通过沪港通买卖、继承、赠与联交所上市股票，按照香港特别行政区现行税法规定缴纳印花税。

2. 定额税率。

为了简化征管理手续，便于操作，对无法计算金额的凭证，采用定额税率，以件为单位缴纳一定数额的税款。

在印花税的13个税目中，“权利、许可证照”和“营业账簿”税目中的其他账簿，适用定额税率，均为按件贴花，税额为5元。

印花税税目、税率见表7－2。

表7－2　　印花税税目、税率表

税　目	范　围	税　率	纳税人	说　明
1. 购销合同	包括供应、预购、采购、购销结合及协作、调剂、补偿、易货等合同	按购销金额0.3‰贴花	立合同人	
2. 加工承揽合同	包括加工、定做、修缮、修理、印刷广告、测绘、测试等合同	按加工或承揽收入0.5‰贴花	立合同人	
3. 建设工程勘察设计合同	包括勘察、设计合同	按收取费用0.5‰贴花	立合同人	
4. 建筑安装工程承包合同	包括建筑、安装工程承包合同	按承包金额0.3‰贴花	立合同人	
5. 财产租赁合同	包括租赁房屋、船舶、飞机、机动车辆、机械、器具、设备等合同	按租赁金额1‰贴花。税额不足1元，按1元贴花	立合同人	
6. 货物运输合同	包括民用航空运输、铁路运输、海上运输、内河运输、公路运输和联运合同	按运输费用0.5‰贴花	立合同人	单据作为合同使用的，按合同贴花
7. 仓储保管合同	包括仓储、保管合同	按仓储保管费用1‰贴花	立合同人	仓单或栈单作为合同使用的，按合同贴花
8. 借款合同	银行及其他金融组织和借款人（不包括银行同业拆借）所签订的借款合同	按借款金额0.05‰贴花	立合同人	单据作为合同使用的，按合同贴花
9. 财产保险合同	包括财产、责任、保证、信用等保险合同	按收取保险费1‰贴花	立合同人	单据作为合同使用的，按合同贴花
10. 技术合同	包括技术开发、转让、咨询、服务等合同	按所记载金额0.3‰贴花	立合同人	
11. 产权转移书据	包括财产所有权和版权、商标专用权、专利权、专有技术使用权等转移书据，土地使用权出让合同、土地使用权转让合同、商品房销售合同	按所记载金额0.5‰贴花	立据人	

续表

税目	范围	税率	纳税人	说明
12. 营业账簿	生产、经营用账册	记载资金的账簿，按实收资本和资本公积的合计金额0.5‰贴花。其他账簿按件贴花5元	立账簿人	
13. 权利、许可证照	包括政府部门发给的房屋产权证、工商营业执照、商标注册证、专利证、土地使用证	按件贴花5元	领受人	

四、计税依据

印花税的计税依据为各种应税凭证上所记载的计税金额。具体规定为：

1. 购销合同的计税依据为合同记载的购销金额。

2. 加工承揽合同的计税依据是加工或承揽收入的金额。具体规定为：

（1）对于由受托方提供原材料的加工、定做合同，凡在合同中分别记载加工费金额和原材料金额的，应分别按“加工承揽合同”“购销合同”计税，两项税额相加数，即为合同应贴印花；若合同中未分别记载，则应就全部金额依照加工承揽合同计税贴花。

（2）对于由委托方提供主要材料或原料，受托方只提供辅助材料的加工合同，无论加工费和辅助材料金额是否分别记载，均以辅助材料与加工费的合计数，依照加工承揽合同计税贴花。对委托方提供的主要材料或原料金额不计税贴花。

3. 建设工程勘察设计合同的计税依据为收取的费用。

4. 建筑安装工程承包合同的计税依据为承包金额。

5. 财产租赁合同的计税依据为租赁金额；经计算，税额不足1元的，按1元贴花。

6. 货物运输合同的计税依据为取得的运输费金额（即运费收入），不包括所运货物的金额、装卸费和保险费等。

7. 仓储保管合同的计税依据为收取的仓储保管费用。

8. 借款合同的计税依据为借款金额。

9. 财产保险合同的计税依据为支付（收取）的保险费，不包括所保财产的金额。

10. 技术合同的计税依据为合同所载的价款、报酬或使用费。为了鼓励技术研究开发，对技术开发合同，只就合同所载的报酬金额计税，研究开发经费不作为计税依据。单对合同约定按研究开发经费一定比例作为报酬的，应按一定比例的报酬金额贴花。

11. 产权转移书据的计税依据为所载金额。

12. 营业账簿税目中记载资金的账簿的计税依据为“实收资本”与“资本公积”两项的合计金额。实收资本，包括现金、实物、无形资产和材料物资。现金按实际收到或存入纳税人开户银行的金额确定。实物，指房屋、机器等，按评估确认的价值或者合同、协议约定的价格确定。无形资产和材料物资，按评估确认的价值确定。

资本公积，包括接受捐赠、法定财产重估增值、资本折算差额、资本溢价等。如果是实物捐赠，则按同类资产的市场价格或有关凭据确定。

其他账簿的计税依据为应税凭证件数。

13. 权利、许可证照的计税依据为应税凭证件数。

同一凭证，载有两个或两个以上经济事项而适用不同税目税率，如分别记载金额的，应分别计算应纳税额，相加后按合计税额贴花；如未分别记载金额的，按税率高的计税贴花。

纳税人有以下情形的，税务机关可以核定纳税人印花税计税依据：

（1）未按规定建立印花税应税凭证登记簿，或未如实登记和完整保存应税凭证的。

（2）拒不提供应税凭证或不如实提供应税凭证致使计税依据明显偏低的。

（3）采用按期汇总缴纳办法的，未按税务机关规定的期限报送汇总缴纳印花税情况报告，经税务机关责令限期报告，逾期仍不报告的或者税务机关在检查中发现纳税人有未按规定汇总缴纳印花税情况的。

五、应纳税额的计算

纳税人的应纳税额，根据应纳税凭证的性质，分别按比例税率或者定额税率计算，其计算公式为：

应纳税额 = 应税凭证计税金额（或应税凭证件数）× 适用税率

【例 7－4】某企业某年 2 月开业，当年发生以下有关业务事项：领受房屋产权证、工商营业执照、土地使用证各 1 件；与其他企业订立转移专有技术使用权书据 1 份，所载金额 100 万元；订立产品购销合同 1 份，所载金额为 200 万元；订立借款合同 1 份，所载金额为 400 万元；企业记载资金的账簿，“实收资本公积”为 800 万元；其他营业账簿 10 本。要求计算该企业当年应缴纳的印花税税额。

【解答】（1）企业领受权利、许可证照应纳税额：

应纳税额 = 3 × 5 = 15（元）

（2）企业订立转移专有技术使用权书据应纳税额：

应纳税额 = 1000000 × 0.5‰ = 500（元）

（3）企业订立购销合同应纳税额：

应纳税额 = 2000000 × 0.3‰ = 600（元）

（4）企业订立借款合同应纳税额：

应纳税额 = 4000000 × 0.05‰ = 200（元）

（5）企业记载资金的账簿：

应纳税额 = 8000000 × 0.5‰ = 4000（元）

（6）企业其他营业账簿应纳税额：

应纳税额 = 10 × 5 = 50（元）

（7）当年企业应纳印花税税额：

应纳税额 = 15 + 500 + 600 + 200 + 4000 + 50 = 5365（元）

六、税收优惠

印花税的减免税优惠主要有：

1. 对已缴纳印花税凭证的副本或者抄本免税。

凭证的正式签署本已按规定缴纳了印花税，其副本或者抄本对外不发生权利义务关系，只是留存备查。但以副本或者抄本视同正本使用的，则应另贴印花。

2. 对无息、贴息贷款合同免税。

无息、贴息贷款合同，是指我国的各专业银行按照国家金融政策发放的无息贷款，以及由各专业银行发放并按有关规定由财政部门或中国人民银行给予贴息的贷款项目所签订的贷款合同。

一般情况下，无息、贴息贷款体现国家政策，满足特定时期的某种需要，其利息全部或者部分是由国家财政负担的，对这类合同征收印花税没有财政意义。

3. 对房地产管理部门与个人签订的用于生活居住的租赁合同免税。

4. 对农牧业保险合同免税。

对该类合同免税，是为了支持农村保险事业的发展，减轻农牧业生产的负担。

在商品住房等开发项目中配套建造安置住房的，依据政府部门出具的相关材料、房屋征收（拆迁）补偿协议或棚户区改造合同（协议），按改造安置住房建筑面积占总建筑面积的比例免征印花税。

5. 自 2019 年 1 月 1 日至 2021 年 12 月 31 日，对与高校学生签订的高校学生公寓租赁合同免税。

"高校学生公寓"是指为高校学生提供住宿服务，按照国家规定的收费标准收取住宿费的学生公寓。

6. 对公租房经营管理单位建造管理公租房涉及的印花税予以免征。

对公租房经营管理单位购买住房作为公租房，免征印花税；对公租房租赁双方签订租赁协议涉及的印花税予以免征。

在其他住房项目中配套建设公租房，依据政府提供的相关材料，可按公租房建筑面积占总建筑面积的比例免征建造、管理公租房涉及的印花税。

7. 为贯彻落实《国务院关于加快棚户区改造工作意见》，对改造安置住房经营管理单位、开发商与改造安置住房相关的印花税，以及购买安置住房的个人涉及的印花税自 2013 年 7 月 4 日起予以免征。

七、征收管理

（一）纳税方法

印花税的纳税办法，根据税额大小、贴花次数及税收征收管理的需要，分别采用以下三种纳税办法。

1. 自行贴花办法。

这种办法，一般适用于应税凭证较少或者贴花次数较少的纳税人。纳税人书立、领受或者使用印花税法列举的应税凭证的同时，纳税义务即已产生，应当根据应纳税凭证的性质和适用的税目、税率自行计算应纳税额，自行购买印花税票，自行一次贴足印花税票并加以注销或划销，纳税义务才算全部履行完毕。值得注意的是，纳税人购买了印花税票，支付了税款，国家就取得了财政收入。但就印花税来说，纳税人支付了税款并不等于已履行了纳税义务。纳税人必须自行贴花并注销或划销，这样才算完整地完成了纳税义务。这也就是通常所说的"三自"纳税办法。

对已贴花的凭证，修改后所载金额增加的，其增加部分应当补贴印花税票。凡多贴印花税票者，不得申请退税或者抵用。

2. 汇贴或汇缴办法。

这种办法，一般适用应纳税额较大或者贴花次数频繁的纳税人。

一份凭证应纳税额超过500元的，应向当地税务机关申请填写缴款书或者完税证，将其中一联粘贴在凭证上或者由税务机关在凭证上加注完税标记代替贴花。这就是通常所说的“汇贴”办法。

同一种类应纳税凭证，需频繁贴花的，纳税人可以根据实际情况自行决定是否采用按期汇总缴纳印花税的方式，汇总缴纳的期限为1个月。采用按期汇总缴纳方式的纳税人应事先告知主管税务机关。缴纳方式一经选定，1年内不得改变。主管税务机关接到纳税人要求按期汇总缴纳印花税的告知后，应及时登记，制定相应的管理办法，防止出现管理漏洞。对采用按期汇总缴纳方式缴纳印花税的纳税人，应加强日常监督、检查。

实行印花税按期汇总缴纳的单位，对征税凭证和免税凭证汇总时，凡分别汇总的，按本期征税凭证的汇总金额计算缴纳印花税；凡确属不能分别汇总的，应按本期全部凭证的实际汇总金额计算缴纳印花税。

凡汇总缴纳印花税的凭证，应加注税务机关指定的汇缴戳记、编号并装订成册后，将已贴印花或者缴款书的一联粘附册后，盖章注销，保存备查。

经税务机关核准，持有代售许可证的代售户，代售印花税票取得的税款须专户存储，并按照规定的期限，向当地税务机关结报，或者填开专用缴款书直接向银行缴纳，不得逾期不缴或者挪作他用。代售户领存的印花税票及所售印花税票的税款，如有损失，应负责赔偿。

3. 委托代征办法。

这一办法主要是通过税务机关的委托，经由发放或者办理应纳税凭证的单位代为征收印花税税款。税务机关应与代征单位签订代征委托书。所谓发放或者办理应纳税凭证的单位是指，发放权利、许可证照的单位和办理凭证的鉴证、公证及其他有关事项的单位。如按照印花税法规定，工商行政管理机关核发各类营业执照和商标注册证的同时，负责代售印花税票，征收印花税税款，并监督领受单位或个人负责贴花。税务机关委托工商行政管理机关代售印花税票，按代售金额5%的比例支付代售手续费。

印花税法规定，发放或者办理应纳税凭证的单位，负有监督纳税人依法纳税的义务，具体是指对以下纳税事项监督：

（1）应纳税凭证是否已粘贴印花。

（2）粘贴的印花是否足额。

（3）粘贴的印花是否按规定注销。

对未完成以上纳税手续的，应督促纳税人当场完成。

（二）纳税环节

印花税应当在书立或领受时贴花。具体是指在合同签订时、账簿启用时和证照领受时贴花。如果合同是在国外签订，并且不便在国外贴花的，应在将合同带入境时办理贴花纳税手续。

（三）纳税地点

印花税一般实行就地纳税。对于全国性商品物资订货会（包括展销会、交易会等）上所签订合同应纳的印花税，由纳税人回其所在地后及时办理贴花完税手续；对地方主办、不涉及省际关系的订货会、展销会上所签合同的印花税，其纳税地点由各省、自治区、直辖市人民政府自行确定。

第四节 契税法

契税是以在中华人民共和国境内转移土地、房屋权属为征税对象，向产权承受人征收的一种财产税。征收契税有利于增加地方财政收入，有利于保护合法产权，避免产权纠纷。

契税法是指国家制定的用以调整契税征收与缴纳权利及义务关系的法律规范。现行契税法的基本规范，是 1997 年 7 月 7 日国务院发布并于同年 10 月 1 日开始施行的《中华人民共和国契税暂行条例》（以下简称《契税暂行条例》）。

一、纳税义务人

契税的纳税义务人是境内转移土地、房屋权属，承受的单位和个人。境内是指中华人民共和国实际税收行政管辖范围内。土地、房屋权属是指土地使用权和房屋所有权。单位是指企业单位、事业单位、国家机关、军事单位和社会团体以及其他组织。个人是指个体经营者及其他个人，包括中国公民和外籍人员。

二、征税范围

契税是以在中华人民共和国境内转移土地、房屋权属为征税对象，向产权承受人征收的一种财产税。具体征税范围包括以下五项内容：

1. 国有土地使用权出让。

国有土地使用权出让是指土地使用者向国家交付土地使用权出让费用，国家将国有土地使用权在一定年限内让与土地使用者的行为。

国有土地使用权出让，受让者应向国家缴纳出让金，以出让金为依据计算缴纳契税。不得因减免土地出让金而减免契税。

2. 土地使用权的转让。

土地使用权的转让是指土地使用者以出售、赠与、交换或者其他方式将土地使用权转移给其他单位和个人的行为。土地使用权的转让不包括农村集体土地承包经营权的转移。

3. 房屋买卖。

即以货币为媒介，出卖者向购买者过渡房产所有权的交易行为。以下几种特殊情况，视同买卖房屋：

（1）以房产抵债或实物交换房屋。经当地政府和有关部门批准，以房抵债和实物交换房屋，均视同房屋买卖，应由产权承受人，按房屋现值缴纳契税。

例如，甲某因无力偿还乙某债务，而以自有的房产折价抵偿债务。经双方同意，有关部门批准，乙某取得甲某的房屋产权，在办理产权过户手续时，按房产折价款缴纳契税。如以实物（金银首饰等等价物品）交换房屋，应视同以货币购买房屋。

对已缴纳契税的购房单位和个人，在未办理房屋权属变更登记前退房的，退还已纳契税；在办理房屋权属变更登记后退房的，不予退还已纳契税。

（2）以房产作投资、入股。这种交易业务属房屋产权转移，应根据国家房地产管理的有关规定，办理房屋产权交易和产权变更登记手续，视同房屋买卖，由产权承受方按契税税率计算缴纳契税。

例如，甲企业以自有房产投资于乙企业取得相应的股权。其房屋产权变为乙企业所有，故产权所有人发生变化。因此，乙企业在办理产权登记手续后，按甲企业入股房产现值（国有企事业房产须经国有资产管理部门评估核价）缴纳契税。如丙企业以股份方式购买乙企业房屋产权，丙企业在办理产权登记后，按取得房产买价缴纳契税。

以自有房产作股投入本人独资经营的企业，免纳契税。因为以自有的房地产投入本人独资经营的企业，产权所有人和使用权使用人未发生变化，不需办理房产变更手续，也不办理契税手续。

（3）买房拆料或翻建新房，应照章征收契税。例如，甲某购买乙某房产，不论其目的是取得该房产的建筑材料或是翻建新房，实际构成房屋买卖。甲某应首先办理房屋产权变更手续，并按买价缴纳契税。

4. 房屋赠与。

房屋的赠与是指房屋产权所有人将房屋无偿转让给他人所有。其中，将自己的房屋转交给他人的法人和自然人，称作房屋赠与人；接受他人房屋的法人和自然人，称为受赠人。房屋赠与的前提必须是产权无纠纷，赠与人和受赠人双方自愿。

由于房屋是不动产，价值较大，故法律要求赠与房屋应有书面合同（契约），并到房地产管理机关或农村基层政权机关办理登记过户手续，才能生效。如果房屋赠与行为涉及涉外关系，还需公证处证明和外事部门认证，才能有效。房屋的受赠人要按规定缴纳契税。

5. 房屋交换。

房屋交换是指房屋所有者之间互相交换房屋的行为。

随着经济形势的发展，有些特殊方式转移土地、房屋权属的，也将视同土地使用权转让、房屋买卖或者房屋赠与。一是以土地、房屋权属作价投资、入股；二是以土地、房屋权属抵债；三是以获奖方式承受土地、房屋权属；四是以预购方式或者预付集资建房款方式承受土地、房屋权属。

三、税率

契税实行3%—5%的幅度税率。实行幅度税率是考虑到我国经济发展的不平衡，各地经济差别较大的实际情况。因此，各省、自治区、直辖市人民政府可以在3%—5%的幅度税率规定范围内，按照本地区的实际情况决定。

四、计税依据

契税的计税依据为不动产的价格。由于土地、房屋权属转移方式不同，定价方法不同，因而具体计税依据视不同情况而决定。

1. 国有土地使用权出让、土地使用权出售、房屋买卖，以成交价格为计税依据。成交价格是指土地、房屋权属转移合同确定的价格，包括承受者应交付的货币、实物、无形资产或者其他经济利益。

2. 土地使用权赠与、房屋赠与，由征收机关参照土地使用权出售、房屋买卖的市场价格核定。

3. 土地使用权交换、房屋交换，为所交换的土地使用权、房屋的价格差额。也就是说，交换价格相等时，免征契税；交换价格不等时，由多交付的货币、实物、无形资产或者其他经济利益的一方缴纳契税。

4. 以划拨方式取得土地使用权，经批准转让房地产时，由房地产转让者补交契税。计税依据为补交的土地使用权出让费用或者土地收益。

为了避免偷、逃税款，税法规定，成交价格明显低于市场价格并且无正当理由的，或者所交换土地使用权、房屋价格的差额明显不合理并且无正当理由的，征收机关可以参照市场价格核定计税依据。

5. 房屋附属设施征收契税的依据。

（1）不涉及土地使用权和房屋所有权转移变动的，不征收契税。

（2）采取分期付款方式购买房屋附属设施土地使用权、房屋所有权的，应按合同规定的总价款计征契税。

（3）承受的房屋附属设施权属如为单独计价的，按照当地确定的适用税率征收契税；如与房屋统一计价的，适用与房屋相同的契税税率。

6. 个人无偿赠与不动产行为（法定继承人除外），应对受赠人全额征收契税。在缴纳契税时，纳税人须提交经税务机关审核并签字盖章的《个人无偿赠与不动产登记表》，税务机关（或其他征收机关）应在纳税人的契税完税凭证上加盖“个人无偿赠与”印章，在《个人无偿赠与不动产登记表》中签字并将该表格留存。

五、应纳税额的计算

契税采用比例税率。当计税依据确定以后，应纳税额的计算比较简单。应纳税额的计算公式为：

应纳税额 = 计税依据 × 税率

【例 7－5】 居民甲有两套住房，将一套出售给居民乙，成交价格为 200000 元；将另一套两室住房与居民丙交换成两套一室住房，并支付给丙换房差价款 60000 元。要求计算甲、乙、丙相关行为应缴纳的契税（假定税率为 4%）。

【解答】 甲应缴纳契税 = 60000 × 4% = 2400（元）

乙应缴纳契税 = 200000 × 4% = 8000（元）

丙不缴纳契税。

六、税收优惠

（一）契税优惠的一般规定

1. 国家机关、事业单位、社会团体、军事单位承受土地、房屋用于办公、教学、医疗、科研和军事设施的，免征契税。

2. 城镇职工按规定第一次购买公有住房，免征契税。

此外，财政部、国家税务总局规定：自2000年11月29日起，对各类公有制单位为解决职工住房而采取集资建房方式建成的普通住房，或由单位购买的普通商品住房，经当地县以上人民政府房改部门批准、按照国家房改政策出售给本单位职工的，如属职工首次购买住房，均可免征契税。

3. 因不可抗力灭失住房而重新购买住房的，酌情减免。不可抗力是指自然灾害、战争等不能预见、不可避免并不能克服的客观情况。

4. 土地、房屋被县级以上人民政府征用、占用后，重新承受土地、房屋权属的，由省级人民政府确定是否减免。

5. 承受荒山、荒沟、荒丘、荒滩土地使用权，并用于农、林、牧、渔业生产的，免征契税。

6. 经外交部确认，依照我国有关法律规定以及我国缔结或参加的双边和多边条约或协定，应当予以免税的外国驻华使馆、领事馆、联合国驻华机构及其外交代表、领事官员和其他外交人员承受土地、房屋权属，免征契税。

7. 公租房经营单位购买住房作为公租房的，免征契税。

（二）契税优惠的特殊规定

自2018年1月1日起至2020年12月31日，企业、事业单位改制重组过程中涉及的契税按以下规定执行。该规定出台前，企业、事业单位改制重组过程中涉及的契税尚未处理的，符合以下规定的可按以下规定执行。

1. 企业改制。

企业按照《中华人民共和国公司法》有关规定整体改制，包括非公司制企业改制为有限责任公司或股份有限公司，有限责任公司变更为股份有限公司，原企业投资主体存续并在改制（变更）后的公司中所持股权（股份）比例超过75%，且改制（变更）后公司承继原企业权利、义务的，对改制（变更）后公司承受原企业土地、房屋权属，免征契税。

2. 事业单位改制。

事业单位按照国家有关规定改制为企业，原投资主体存续并在改制后企业中出资（股权、股份）比例超过50%的，对改制后企业承受原事业单位土地、房屋权属，免征契税。

3. 公司合并。

两个或两个以上的公司，依照法律规定、合同约定，合并为一个公司，且原投资主体存续的，对合并后公司承受原合并各方土地、房屋权属，免征契税。

4. 公司分立。

公司依照法律规定、合同约定分立为两个或两个以上与原公司投资主体相同的公司，对分立后公司承受原公司土地、房屋权属，免征契税。

5. 企业破产。

企业依照有关法律法规规定实施破产，债权人（包括破产企业职工）承受破产企业抵偿债务的土地、房屋权属，免征契税；对非债权人承受破产企业土地、房屋权属，凡按照《中华人民共和国劳动法》等国家有关法律法规政策妥善安置原企业全部职工，与原企业全部职工签订服务年限不少于3年的劳动用工合同的，对其承受所购企业土地、房屋权属，免征契税；与原企业超过30%的职工签订服务年限不少于3年的劳动用工合同的，减半征收契税。

6. 资产划转。

对承受县级以上人民政府或国有资产管理部门按规定进行行政性调整、划转国有土地、房屋权属的单位，免征契税。

同一投资主体内部所属企业之间土地、房屋权属的划转，包括母公司与其全资子公司之间，同一公司所属全资子公司之间，同一自然人与其设立的个人独资企业、一人有限公司之间土地、房屋权属的划转，免征契税。

7. 债权转股权。

经国务院批准实施债权转股权的企业，对债权转股权后新设立的公司承受原企业的土地、房屋权属，免征契税。

8. 划拨用地出让或作价出资。

以出让方式或国家作价出资（入股）方式承受原改制重组企业、事业单位划拨用地的，不属上述规定的免税范围，对承受方应按规定征收契税。

9. 公司股权（股份）转让。

在股权（股份）转让中，单位、个人承受公司股权（股份），公司土地、房屋权属不发生转移，不征收契税。

七、征收管理

（一）纳税义务发生时间

契税的纳税义务发生时间是纳税人签订土地、房屋权属转移合同的当天，或者纳税人取得其他具有土地、房屋权属转移合同性质凭证的当天。

（二）纳税期限

纳税人应当自纳税义务发生之日起10日内，向土地、房屋所在地的契税征收机关办理纳税申报，并在契税征收机关核定的期限内缴纳税款。

（三）纳税地点

契税在土地、房屋所在地主管税务机关缴纳。

（四）纳税申报

1. 根据人民法院、仲裁委员会的生效法律文书发生土地、房屋权属转移，纳税人不能取得销售不动产发票的，可持人民法院执行裁定书原件及相关材料办理契税纳税申报，税务机关应予受理。

2. 购买新建商品房的纳税人在办理契税纳税申报时，由于销售新建商品房的房地产开发企业已办理注销税务登记或者被税务机关列为非正常户等原因，致使纳税人不能取得销售不动产发票的，税务机关在核实有关情况后应予受理。

第八章

资源和环境类税法

第一节　资源税法

一、概述

（一）资源税的概念和发展历程

资源税是对在我国境内从事应税矿产品开采和生产盐的单位和个人课征的一种税，属于对自然资源占用课税的范畴。

我国于 1984 年开征资源税，设立资源税的初衷是为了调节开发自然资源的企业（单位）因资源结构和开发条件的差异而形成的级差收入，促进资源合理开发利用。最初，主要对开采天然气、石油、煤炭的企业开征，按照销售利润率超过 12% 的利润部分征税。

1993 年 12 月 25 日，国务院发布了《中华人民共和国资源税暂行条例》，并于 1994 年 1 月正式实行。该条例调整扩大了资源税的征税范围，将资源税的征税范围扩至 7 个税目：原油、天然气、煤炭、其他非金属矿原矿、黑色金属矿原矿、有色金属矿原矿、盐，改变了资源税的计税依据，不再按超额利润征税，而是按矿产品销售量征税。

2010 年 5 月 20 日，财政部公布了《新疆原油天然气资源税改革若干问题的规定》，新疆从 2010 年 6 月 1 日起对油气资源税实行从价计征，国家从 2010 年 12 月 1 日起将改革试点扩大至西部的内蒙古自治区、甘肃省等 12 个省区；2011 年 10 月 10 日，国务院公布了修改后的《中华人民共和国资源税暂行条例》，该条例从 2011 年 11 月 1 日起全面施行，以资源税税额由从量计征改为从价计征为核心内容的资源税改革从试点向全国推开。

2014 年 10 月 9 日，财政部、国家税务总局下发《关于实施煤炭资源税改革的通知》，决定自 2014 年 12 月 1 日起，在全国范围内实施煤炭资源税从价计征改革，同时清理相关收费基金，煤炭资源税税率幅度为 2%—10%。

2015 年 5 月 1 日起，对稀土、资源税由从量定额计征改为从价定率计征，2015 年 8 月 1 日，煤炭资源税由从量定额计征改为从价定率计征。同时，清理了涉及煤炭、原油、天然气、稀土、钨、钼的相关收费基金。2016 年 7 月 1 日，将 21 种资源品目和未列举名称的其他金属矿实行从价计征。在实施资源税从价计征改革的同时，将全部资源品目矿产资源补偿费费率降为零，停止征收价格调节基金，取缔地方针对矿产资源违规设立的各种收费基金项目。

（二）资源税的特点

1. 征税范围较窄。

自然资源是生产资料或生活资料的天然来源，它包括的范围很广，如矿产资源、土地资源、水资源、动植物资源等。目前，我国的资源税征税范围较窄，仅选择了部分级差收入差异较大，资源较为普遍，易于征收管理的矿产品和盐列为征税范围。随着我国经济的快速发展，对自然资源的合理利用和有效保护将越来越重要，因此，资源税的征税范围应逐步扩大。

2. 采用从量定额和从价定率的办法计征。

目前我国资源税采用从量和从价相结合的方式计征，从量计征计算简便，适用于价格波动不大的矿产品，但会使得资源税税负与价格脱节，难以发挥促进资源节约和环境保护的作用。自 2010 年 6 月 1 日起，陆续对原油、天然气和煤炭采用从价定率的计征方式。从价计征意味着今后产品资源税征税将不仅和开采量挂钩，还和资源产品的价格挂钩，确保了资源的合理开发和节约使用，有利于经济结构调整，也有利于增加地方财政收入。

3. 实行一次课征制。

资源税是对开采或生产应税资源进行销售或自用的单位和个人，在销售或移作自用时一次性征收，而对批发、零售已税资源产品的单位和个人不再征收。

4. 实行源泉课征。

不论采掘或生产单位是否属于独立核算，资源税均规定在采掘或生产地源泉控制征收，这样征收资源税既照顾了采掘地的利益，又避免了税款的流失。

（三）资源税的作用

1. 调节资源级差收入，有利于企业在同一水平上竞争。我国的资源税属于比较典型的级差资源税，它根据应税产品的品种、质量、存在形式、开采方式以及企业所处地理位置和交通运输条件等客观因素的差异确定差别税率，从而使条件优越者税负较高，反之则税负较低。这种税率设计使资源税能够比较有效地调节由于自然资源条件差异等客观因素给企业带来的级差收入，减少或排除资源条件差异对企业盈利水平的影响，为企业之间开展平等竞争创造有利的外部条件。

2. 促进对自然资源的合理开发利用。通过对开发、利用应税资源的行为课征资源税，体现了国有自然资源有偿占用的原则，从而可以促使纳税人节约、合理地开发和利用自然资源，有利于我国经济可持续发展。

3. 为国家筹集财政资金。随着资源税课征范围的逐渐扩展，资源税的收入规模及其在税收收入总额中所占的比重都相应增加，其财政意义也日渐明显，在为国家筹集财政资金方面发挥着不可忽视的作用。

二、纳税义务人与扣缴义务人

（一）纳税义务人

资源税的纳税义务人是指在中华人民共和国领域及管辖海域开采应税资源的矿产品或者生产盐的单位和个人。

单位是指国有企业、集体企业、私营企业、股份制企业、其他企业和行政单位、事业单位、军事单位、社会团体及其他单位；个人是指个体经营者和其他个人；其他单位和其他个人包括外商投资企业、外国企业及外籍人员。

资源税规定仅对在中国境内开采或生产应税产品的单位和个人征收，因此，进口的矿产品和盐不征收资源税。由于对进口应税产品不征收资源税，相应的，对出口应税产品也不免征或退还已纳资源税。

单位和个人以应税产品投资、分配、抵债、赠与、以物易物等，视同销售，应按规定计算缴纳资源税。

开采海洋或陆上油气资源的中外合作油气田，在 2011 年 11 月 1 日前已签订的合同继续缴纳矿区使用费，不缴纳资源税；自 2011 年 11 月 1 日起新签订的合同缴纳资源税，不再缴纳矿区使用费。开采海洋油气资源的自营油气田，自 2011 年 11 月 1 日起缴纳资源税，不再缴纳矿区使用费。

（二）扣缴义务人

收购未税矿产品的单位为资源税的扣缴义务人。规定资源税的扣缴义务人，主要是针对零星、分散、不定期开采的情况，为了加强管理，避免漏税，由扣缴义务人在收购矿产品时代扣代缴资源税。

收购未税矿产品的单位是指独立矿山、联合企业和其他单位。独立矿山是指只有采矿或只有采矿和选矿，独立核算、自负盈亏的单位，其生产的原矿和精矿主要用于对外销售。联合企业是指采矿、选矿、冶炼（或加工）连续生产的企业或采矿、冶炼（或加工）连续生产的企业，其采矿单位，一般是该企业的二级或二级以下核算单位。其他单位也包括收购未税矿产品的个体户在内。

三、税目

资源税税目包括 5 大类，在 5 个税目下面又设有若干个子目。现行资源税的税目及子目主要是根据资源税应税产品和纳税人开采资源的行业特点设置的。

1. 原油，是指开采的天然原油，不包括人造石油。

2. 天然气，是指专门开采或者与原油同时开采的天然气。

3. 煤炭，包括原煤和以未税原煤（即：自采原煤）加工的洗选煤。

4. 金属矿，包含铁矿、金矿、铜矿、铝土矿、铅锌矿、镍矿、锡矿、钨、钼、未列举名称的其他金属矿产品原矿或精矿。

5. 其他非金属矿，包含石墨、硅藻土、高岭土、萤石、石灰石、硫铁矿、磷矿、氯化钾、硫酸钾、井矿盐、湖盐、提取地下卤水晒制的盐、煤层（成）气、海盐、稀土、未列举名称的其他非金属矿产品。

纳税人在开采主矿产品的过程中伴采的其他应税矿产品，凡未单独规定适用税额的，一律按主矿产品或视同主矿产品税目征收资源税。

四、税率

资源税采取从价定率或者从量定额的办法计征，分别以应税产品的销售额乘以纳税人具体适用的比例税率或者以应税产品的销售数量乘以纳税人具体适用的定额税率计算，实施“级差调节”的原则。级差调节是指运用资源税对因资源贮存状况、开采条件、资源优劣、地理位置等客观存在的差别而产生的资源级差收入，通过实施差别税率或差别税额进行调节（见表8－1）。

表8－1 **资源税税目税率幅度表**

序号	税目		征税对象	税率幅度
1	金属矿	铁矿	精矿	1%—6%
2		金矿	金锭	1%—4%
3		铜矿	精矿	2%—8%
4		铝土矿	原矿	3%—9%
5		铅锌矿	精矿	2%—6%
6		镍矿	精矿	2%—6%
7		锡矿	精矿	2%—6%
8		未列举名称的其他金属矿产品	原矿或精矿	税率不超过20%
9	非金属矿	石墨	精矿	3%—10%
10		硅藻土	精矿	1%—6%
11		高岭土	原矿	1%—6%
12		萤石	精矿	1%—6%
13		石灰石	原矿	1%—6%
14		硫铁矿	精矿	1%—6%
15		磷矿	原矿	3%—8%
16		氯化钾	精矿	3%—8%
17		硫酸钾	精矿	6%—12%
18		井矿盐	氯化钠初级产品	1%—6%
19		湖盐	氯化钠初级产品	1%—6%
20		提取地下卤水晒制的盐	氯化钠初级产品	3%—15%
21		煤层（成）气	原矿	1%—2%
22		黏土、砂石	原矿	每吨或立方米0.1元—5元
23		未列举名称的其他非金属矿产品	原矿或精矿	从量税率每吨或立方米不超过30元；从价税率不超过20%
24	海盐		氯化钠初级产品	1%—5%
25	原油			6%—10%
26	天然气			6%—10%
27	煤炭			2%—10%

注：1. 铝土矿包括耐火级矾土、研磨级矾土等高铝黏土。
2. 氯化钠初级产品是指井矿盐、湖盐原盐、提取地下卤水晒制的盐和海盐原盐，包括固体和液体形态的初级产品。
3. 海盐是指海水晒制的盐，不包括提取地下卤水晒制的盐。
4. 轻稀土按地区执行不同的适用税率，其中，内蒙古自治区为11.5%、四川省为9.5%、山东省为75%。
5. 中重稀土资源税适用税率为27%。
6. 钨资源税适用税率为6.5%。
7. 钼资源税适用税率为11%。

对表8-1中列举名称的资源品目，由省级人民政府在规定的税率幅度内提出具体适用税率建议，报财政部、国家税务总局确定核准。

对未列举名称的其他金属和非金属矿产品，按照从价计征为主、从量计征为辅的原则，由省级人民政府根据实际情况确定具体税目和适用税率，报财政部、国家税务总局备案。

各省级人民政府要结合当前矿产企业实际生产经营情况，遵循改革前后税费平移原则，充分考虑企业负担能力来确定本地区资源税适用税率。测算具体适用税率时，要充分考虑本地区资源禀赋、企业承受能力和清理收费基金等因素，按照改革前后税费平移原则，以近几年企业缴纳资源税、矿产资源补偿费金额（铁矿石开采企业缴纳资源税金额按40%税额标准测算）和矿产品市场价格水平为依据确定。一个矿种原则上设定一档税率，少数资源条件差异较大的矿种可按不同资源条件、不同地区设定两档税率。

纳税人开采或者生产不同税目应税产品的，应当分别核算不同税目应税产品的销售额或者销售数量；未分别核算或者不能准确提供不同税目应税产品的销售额或者销售数量的，从高适用税率。

煤炭资源税税率幅度为2%—10%，具体适用税率由省级财税部门在此幅度内，根据本地区清理收费基金、企业承受能力、煤炭资源条件等因素提出建议，报省级人民政府拟定。结合煤炭行业实际情况，现行税费负担较高的地区要适当降低负担水平。省级人民政府需将拟定的适用税率在公布前报财政部、国家税务总局审批。跨省煤田的适用税率由财政部、国家税务总局确定。

五、应纳税额的计算

资源税的应纳税额，按照从价定率或者从量定额的办法，分别以应税产品的销售额乘以纳税人具体适用的比例税率或者以应税产品的销售数量乘以纳税人具体适用的定额税率计算。

（一）从价定率应纳税额的计算

资源税采取从价定率方法计征的，以应税产品的销售额乘以纳税人具体适用的比例税率计算应纳税额，即：

应纳税额=销售额×适用税率

1. 销售额。

从价定率征收的计税依据为销售额，它是指纳税人销售应税产品向购买方收取的全部价款和价外费用，不包括增值税销项税额和运杂费用。

价外费用，包括价外向购买方收取的手续费、补贴、基金、集资费、返还利润、奖励费、违约金、滞纳金、延期付款利息、赔偿金、代收款项、代垫款项、包装费、包装物租金、储备费、优质费，以及其他各种性质的价外收费。运杂费用是指应税产品从坑口或洗选（加工）地到车站、码头或购买方指定地点的运输费用、建设基金，以及随运销产生的装卸、仓储、港杂费用。运杂费用应与销售额分别核算，凡未取得相应凭据或不能与销售额分别核算的，应当一并计征资源税。但不包括符合以下条件代为收取的政府性基金或者行政事业性收费：

（1）由国务院或者财政部批准设立的政府性基金，由国务院或者省级人民政府及其财政、价格主管部门批准设立的行政事业性收费。

（2）收取时开具省级以上财政部门印制的财政票据。

（3）所收款项全额上缴财政。

2. 纳税人以人民币以外的货币结算销售额的，应当折合成人民币计算。其销售额的人民币折合率可以选择销售额发生的当天或者当月 1 日的人民币汇率中间价。纳税人应在事先确定采用何种折合率计算方法，确定后 1 年内不得变更。

【例 8-1】 某油田 2018 年 10 月共计开采原油 8000 吨，当月销售原油 6000 吨，取得销售收入（不含增值税）18000000 元，同时还向购买方收取违约金 23400 元，优质费 5850 元，已知销售原油的资源税税率为 5%。要求计算该油田 10 月应缴纳的资源税。

【解答】 取得违约金和优质费属于价外费用，价外费用一般都是含税的，要换算成不含税的。

应缴纳的资源税 =［18000000 +（23400 +5850）÷（1 +13%）］×5% =901294.25（元）

3. 纳税人将其开采的原煤，自用于连续生产洗选煤的，在原煤移送使用环节不缴纳资源税；将开采的原煤加工为洗选煤销售的，以洗选煤销售额乘以折算率作为应税煤炭销售额，计算缴纳资源税。

洗选煤销售额包括洗选副产品的销售额，不包括洗选煤从洗选煤厂到车站、码头等的运输费用。

折算率可通过洗选煤销售额扣除洗选环节成本、利润计算，也可以通过洗选煤市场价格与其所用同类原煤市场价格的差额及综合回收率计算。折算率由省、自治区、直辖市财税部门或其授权地市级财税部门确定。

纳税人同时以自采未税原煤和外购已税原煤加工洗选煤的，应当分别核算；未分别核算的，按上述规定，计算缴纳资源税。

纳税人将其开采的原煤自用于其他方面的，视同销售原煤；将其开采的原煤加工为洗选煤自用的，视同销售洗选煤，均需缴纳资源税。

【例 8-2】 某煤矿 2018 年 11 月开采原煤 100 万吨，当月对外销售 90 万吨；为职工宿舍供暖，使用本月开采的原煤 2 万吨；向洗煤车间移送本月开采的原煤 5 万吨加工洗煤，尚未对外销售；其余 3 万吨原煤待售。已知该煤矿每吨原煤不含增值税售价为 500 元（不含从坑口到车站、码头等的运输费用），适用的资源税税率为 5%。要求计算该煤矿应该缴纳的资源税。

【解答】 为职工宿含供暖使用的 2 万吨原，视同销售，应缴纳资源税。移送继续加工煤的原煤，在移送环节不缴纳资源税。因此，该煤矿 2018 年 11 月应缴纳的资源税为：

应缴纳的资源税 =（90 +2）×500 ×5% =2300（万元）

4. 征税对象为精矿的，纳税人销售原矿时，应将原矿销售额换算为精矿销售额缴纳资源税；征税对象为原矿的，纳税人销售自采原矿加工的精矿，应将精矿销售额折算为原矿销售额缴纳资源税。换算比或折算率原则上应通过原矿售价、精矿售价和选矿比计算，也可以通过原矿销售额，加工环节平均成本和利润计算。

金矿以标准金锭为征税对象，纳税人销售金原矿、金精矿的，应比照上述规定将其销售额换算为金锭销售额缴纳资源税。换算比或折算率应按简便可行、公平合理的原则，由省级财税部门确定，并报财政部、国家税务总局备案。

纳税人销售其自采原矿，可采用成本法或市场法将原矿销售额核算为精矿销售额计算缴纳资源税。

（1）成本法：

精矿销售额 = 原矿销售额 + 原矿加工为精矿的成本 ×（1 + 成本利润率）

（2）市场法：

精矿销售额 = 原矿销售额 × 换算比

换算比 = 同类精矿单位价格 ÷（原矿单位价格 × 选矿比）

选矿比 = 加工精矿耗用的原矿数量 ÷ 精矿数量

【例 8－3】 某铜矿 2018 年 8 月销售当月铜矿石原矿取得销售收入 600 万元，销售精矿取得收入 1200 万元。已知，矿山铜矿精矿换算比为 120%，适用的资源税税率为 6%。要求计算该铜矿 8 月应纳资源税税额。

【解答】 因为铜矿计税依据为精矿，应将原矿销售额换算为精矿销售额。

该铜矿 8 月应税产品销售额 = 600 × 120% + 1200 = 1920（万元）

该铜矿 8 月应纳资源税额 = 1920 × 6% = 115.2（万元）

5. 纳税人申报的应税产品销售额明显偏低并且无正当理由的、有视同销售应税产品行为而无销售额的，除财政部、国家税务总局另有规定外，按下列顺序确定销售额：

第一，按纳税人最近时期同类产品的平均销售价格确定。

第二，按其他纳税人最近时期同类产品的平均销售价格确定。

第三，按组成计税价格确定。组成计视价格为：

组成计税价格 = 成本 ×（1 + 成本利润率）+（1 － 税率）

公式中的“成本”是指应税产品的实际生产成本，“成本利润率”由省、自治区、直辖市税务机关确定。

（二）从量定额应纳税额的计算

实行从量定额征收的，根据应税产品的销售数量和规定的单位税额计算应纳税额。具体计算公式为：

应纳税额 = 应税产品的销售数量 × 单位税额

代扣代缴应纳税额 = 收购未税矿产品的数量 × 适用的单位税额

实行从量定额征收的以销售数量为计税依据。销售数量的具体规定为：

销售数量，包括纳税人开采或者生产应税产品的实际销售数量和视同销售的自用数量。

纳税人不能准确提供应税产品销售数量的，以应税产品的产量或者主管税务机关确定的折算比换算成的数量为计征资源税的销售数量。

纳税人以自产的液体盐加工固体盐，按固体盐税额征税，以加工的固体盐数量为课税数量。纳税人以外购的液体盐加工固体盐，其加工固体盐所耗用液体盐的已纳税额准予抵扣。

【例 8－4】 某砂石开采企业 2018 年 3 月销售砂石 3000 立方米，资源税税率为 2 元/立方米。请计算该企业 3 月应纳资源税税额。

【解答】 销售砂石应纳税额 = 课税数量 × 单位税额 = 3000 × 2 = 6000（元）

六、减免税项目

资源税贯彻普遍征收、级差调节的原则思想，因此规定的减免税项目比较少。

1. 开采原油过程中用于加热、修井的原油免税。

2. 纳税人开采或者生产应税产品过程中，因意外事故或者自然灾害等原因遭受重大损失的，由省、自治区、直辖市人民政府酌情决定减税或者免税。

3. 对已经缴纳资源税的岩金矿原矿经选矿形成的尾矿进行再利用的，只要纳税人能在统计、核算上清楚地反映，并在堆放等具体操作上能够同应税原矿明确区隔开、不再计征资源税，尾矿与原矿如不能划分清楚的，应按原矿计征资源税。

4. 我国油气田稠油、高凝油和高含硫天然气资源税减征 40%；三次采油资源税减征 30%；低丰度油气田资源税暂减征 20%；深水油气田减征 30%；油田范围内运输油过程中用于加热的原油天然气免征资源税，纳税人开采的原油、天然气同时符合上述两项及两项以上减税规定的，只能选择其中一项执行，不能叠加适用。

5. 对依法在建筑物下、铁路下、水体下通过充填开采方式采出的矿产资源，资源税减征 50%，充填开采是指随着回采工作面的推进，向采空区或离层带等空间充填废石、尾矿、废渣、建筑废料，以及专用充填合格材料等采出矿产品的开采方法。

6. 对实际开采年限在 15 年以上的衰竭期矿山开采的矿产资源，资源税减征 30%。衰竭期矿山是指剩余可采储量下降到原设计可采储量的 20%（含）以下或剩余服务年限不超过 5 年的矿山，以开采企业下属的单个矿山为单位确定。

7. 国务院规定的其他减税、免税项目。

【例 8 -5】 某油田原油价格每吨 6000 元（不含增值税，下同），天然气每立方米 2 元。2018 年 12 月，该企业生产原油 25 万吨，当月销售 20 万吨，加热、修井用 2 万吨，将 3 万吨原油赠送给协作单位；开采天然气 700 万立方米，当月销售 600 万立方米，待售 100 万立方米，原油、天然气的税率均为 5%。该油田 2018 年 12 月应纳资源税多少万元？

【解答】 开采原油过程中用于加热、修井的原油，免税；对外赠送的原油，视同销售。

开采的天然气尚未销售的暂不征税。

应纳税额 =（20 + 3）× 6000 × 5% + 600 × 2 × 5% = 6900 + 60 = 6960（万元）

七、征收管理

资源税在应税产品的销售或自用环节计算缴税，以自采原矿加工精矿产品的，在原矿移送使用时不缴纳资源税，在精矿销售或自用时缴纳资源税。

纳税人以自采原矿加工金锭的，在金锭销售或自用时缴纳资源税。纳税人销售自采原矿或者自采原矿加工的金精矿、粗金，在原矿或者金精矿、粗金销售时缴纳资源税，在移送使用时不缴纳资源税。

（一）纳税义务发生时间

1. 纳税人销售应税产品，其纳税义务发生时间为：

（1）纳税人采取分期收款结算方式的，其纳税义务发生时间，为销售合同规定的收款日期的当天。

（2）纳税人采取预收货款结算方式的，其纳税义务发生时间，为发出应税产品的当天。

（3）纳税人采取其他结算方式的，其纳税义务发生时间，为收讫销售款或者取得索取销售款凭据的当天。

2. 纳税人自产自用应税产品的纳税义务发生时间，为移送使用应税产品的当天。

3. 扣缴义务人代扣代缴税款的纳税义务发生时间，为支付货款的当天。

（二）纳税期限

1. 纳税期限是纳税人发生纳税义务后缴纳税款的期限。资源税的纳税期限为 1 日、3 日、5 日、10 日、15 日或者 1 个月，纳税人的纳税期限由主管税务机关根据实际情况具体核定。不能按固定期限计算纳税的，可以按次计算纳税。

2. 纳税人以 1 个月为一期纳税的，自期满之日起 10 日内申报纳税；以 1 日、3 日、5 日、10 日或者 15 日为一期纳税的，自期满之日起 5 日内预缴税款，于次月 1 日起 10 日内申报纳税并结清上月税款。

（三）纳税环节

1. 资源税在应税产品的销售或自用环节计算缴纳。以自采原矿加工精矿产品的，在原矿移送使用时不缴纳资源税，在精矿销售或自用时缴纳资源税。

2. 纳税人以自采原矿加工金锭的，在金锭销售或自用时缴纳资源税。纳税人销售自采原矿或者自采原矿加工的金精矿、粗金，在原矿或者金精矿、粗金销售时缴纳资源税，在移送使用时不缴纳资源税。

3. 以应税产品投资、分配、抵债、赠与、以物易物等，视同销售，在应税产品所有权转移时计算缴纳资源税。

4. 纳税人以自采原矿直接加工成非应税产品或者以自采原矿加工的精矿连续生产非应税产品的，在原矿或者精矿移送环节计算缴纳资源税。

（四）纳税地点

1. 纳税人应当向矿产品的开采地或者生产地主管税务机关缴纳资源税。

2. 如果纳税人应纳的资源税属于跨省开采，其下属生产单位与核算单位不在同一省、自治区、直辖市的，对其开采或者生产的应税产品，一律在开采地或者生产地纳税。实行从量计征的应税产品，其应纳税款一律由独立核算的单位按照每个开采地或者生产地的销售量及适用税率计算划拨；实行从价计征的应税产品，其应纳税款一律由独立核算的单位按照每个开采地或者生产地的销售量、单位销售价格及适用税率计算划拨。

3. 扣缴义务人代扣代缴的资源税，应当向收购地主管税务机关缴纳。

第二节 环境保护税法

环境保护税法是指国家制定的调整环境保护税征收与缴纳相关权利及义务关系的法律规范。现行环境保护税法的基本规范包括 2016 年 12 月 25 日第十二届全国人民代表大会常务委员会第二十五次会议通过的《中华人民共和国环境保护税法》（以下简称《环境保护税法》）、2017 年 12 月 30 日国务院发布的《中华人民共和国环境保护税法实施条例》等。《环境保护税法》自 2018 年 1 月 1 日起正式实施。

环境保护税是对在我国领域以及管辖的其他海域直接向环境排放应税污染物的企事业单位和其他生产经营者征收的一种税，其立法目的是保护和改善环境，减少污染物排放，推进生态文明建设。环境保护税是我国首个明确以环境保护为目标的独立型环境税税种，有利于解决排污费制度存在的执法刚性不足等问题，有利于提高纳税人环保意识和强化企业治污减排责任。

直接向环境排放应税污染物的企业事业单位和其他生产经营者，除依照《环境保护税法》规定缴纳环境保护税外，还应当对所造成的损害依法承担责任。

作为落实生态文明建设的重要税制改革举措而推出的环境保护税，具有以下基本特点：

1. 属于调节型税种。《环境保护税法》第一条规定了环保税的立法目的是保护和改善环境，减少污染物排放，推进生态文明建设。环保税的首要功能是减少污染排放，而非增加财政收入。

2. 其渊源是排污收费制度。十八届三中全会明确要求"推动环境保护费改税"，环境保护税基本平移了原排污费的制度框架，环保税于 2018 年 1 月 1 日起正式实施，排污费同时停征。

3. 属于综合型环境税。环保税的征税范围包括大气污染物、水污染物、固体废物和噪声四大类，与对单一污染物征收的税种不同，属于综合型环境税。

4. 属于直接排放税。环保税的纳税义务人是在我国领域和管辖的其他海域直接向环境排放应税污染物的企业事业单位和其他生产经营者。如果企业事业单位和其他生产经营者向依法设立的污水集中处理、生活垃圾集中处理场所排放应税污染物，不属于直接排放，不征收环境保护税。

5. 环保税对大气污染物、水污染物规定了幅度比例税率，具体适用税额的确定和调整由省、自治区、直辖市人民政府在规定的税额幅度内提出。对应税污染物规定税率区间，可使经济水平、环境目标要求不同的地区在税负设置方面具有一定的灵活性。

6. 采用税务、环保部门紧密配合的征收方式。环境保护税采用"纳税人自行申报、税务征收、环保监测、信息共享"的征管方式，税务机关负责征收管理，环境保护主管部门负责对污染物监测管理，高度依赖税务、环保的部门配合与协作。

7. 收入纳入一般预算收入，全部划归地方。为促进各地保护和改善环境、增加环境保护投入，国务院决定，环境保护税收入全部作为地方收入。

一、纳税义务人

环境保护税的纳税义务人是在中华人民共和国领域和中华人民共和国管辖的其他海城直接向环境排放应税污染物的企业事业单位和其他生产经营者。

二、征税范围

环境保护税的征税范围是《环境保护税法》所附《环境保护税税目税额表》《应税污染物和当量值表》所规定的大气污染物、水污染物、固体废物和噪声等应税污染物。

有下列情形之一的，不属于直接向环境排放污染物，不缴纳相应污染物的环境保护税：

1. 企业事业单位和其他生产经营者向依法设立的污水集中处理、生活垃圾集中处理场所排放应税污染物的。

2. 企业事业单位和其他生产经营者在符合国家和地方环境保护标准的设施、场所储存或者处置固体废物的。

依法设立的城乡污水集中处理、生活垃圾集中处理场所超过国家和地方规定的排放标准向环境排放应税污染物的，应当缴纳环境保护税。

企业事业单位和其他生产经营者储存或者处置固体废物不符合国家和地方环境保护标准的，应当缴纳环境保护税。

三、税率

环境保护税实行定额税率。税目、税额依照《环境保护税税目税额表》（见表 8－2）执行。

表 8－2　　环境保护税税目税额表

<table>
<tr><th colspan="2">税　目</th><th>计税单位</th><th>税　额</th><th>备　注</th></tr>
<tr><td colspan="2">大气污染物</td><td>每污染当量</td><td>1.2—12 元</td><td></td></tr>
<tr><td colspan="2">水污染物</td><td>每污染当量</td><td>1.4—14 元</td><td></td></tr>
<tr><td rowspan="4">固体废物</td><td>煤矸石</td><td>每吨</td><td>5 元</td><td rowspan="4"></td></tr>
<tr><td>尾矿</td><td>每吨</td><td>15 元</td></tr>
<tr><td>危险废物</td><td>每吨</td><td>1000 元</td></tr>
<tr><td>冶炼渣、粉煤灰、炉渣、其他固体废物（含半固态、液态废物）</td><td>每吨</td><td>25 元</td></tr>
<tr><td rowspan="6">噪声</td><td rowspan="6">工业噪声</td><td>超标 1—3 分贝</td><td>每月 350 元</td><td rowspan="6">1. 一个单位边界上有多处噪声超标，根据最高一处超标声级计算应纳税额；当沿边界长度超过 100 米有两处以上噪声超标，按照两个单位计算应纳税额
2. 一个单位有不同地点作业场所的，应当分别计算应纳税额，合并计征
3. 昼、夜均超标的环境噪声，昼、夜分别计算应纳税额，累计计征
4. 声源一个月内超标不足 15 天的，减半计算应纳税额
5. 夜间频繁突发和夜间偶然突发边界超标噪声，按等效声级和峰值噪声两种指标中超标分贝值高的一项计算应纳税额</td></tr>
<tr><td>超标 4—6 分贝</td><td>每月 700 元</td></tr>
<tr><td>超标 7—9 分贝</td><td>每月 1400 元</td></tr>
<tr><td>超标 10—12 分贝</td><td>每月 2800 元</td></tr>
<tr><td>超标 13—15 分贝</td><td>每月 5600 元</td></tr>
<tr><td>超标 16 分贝以上</td><td>每月 11200 元</td></tr>
</table>

应税大气污染物和水污染物的具体适用税额的确定和调整，由省、自治区、直辖市人民政府统筹考虑本地区环境承载能力、污染物排放现状和经济社会生态发展目标要求，在《环境保护税税目税额表》规定的税额幅度内提出，报同级人民代表大会常务委员会决定，并报全国人民代表大会常务委员会和国务院备案。

四、计税依据

应税污染物的计税依据，按照下列方法确定：

1. 应税大气污染物按照污染物排放量折合的污染当量数确定。
2. 应税水污染物按照污染物排放量折合的污染当量数确定。
3. 应税固体废物按照固体废物的排放量确定。
4. 应税噪声按照超过国家规定标准的分贝数确定。

五、应纳税额的计算

环境保护税应纳税额按照下列方法计算：

1. 应税大气污染物的应纳税额 = 污染当量数 × 具体适用税额。
2. 应税水污染物的应纳税额 = 污染当量数 × 具体适用税额。
3. 应税固体废物的应纳税额 = 固体废物排放量 × 具体适用税额。
4. 应税噪声的应纳税额 = 超过国家规定标准的分贝数对应的具体适用税额。

应税大气污染物、水污染物、固体废物的排放量和噪声的分贝数，按照下列方法和顺序计算：

（1）纳税人安装使用符合国家规定和监测规范的污染物自动监测设备的，按照污染物自动监测数据计算。

（2）纳税人未安装使用污染物自动监测设备的，按照监测机构出具的符合国家有关规定和监测规范的监测数据计算。

（3）因排放污染物种类多等原因不具备监测条件的，按照国务院环境保护主管部门规定的排污系数、物料和衡算方法计算。

（4）不能按上述第1项至第3项规定的方法计算的，按照省、自治区、直辖市人民政府环境保护主管部门规定的抽样测算的方法核定计算。

【例8－6】 甲企业生产150吨炉渣，30吨在符合国家和地方环境保护标准的设施中贮存，100吨综合利用且符合国家和地方环境保护标准，其余倒置弃于空地，已知炉渣适用的环境保护税税额为25元/吨。要求计算甲企业的环境保护税。

【解答】 应纳税额 =（150 － 100 － 30）× 25 = 500（元）

六、税收优惠

下列情形，暂予免征环境保护税：

1. 农业生产（不包括规模化养殖）排放应税污染物的。
2. 机动车、铁路机车、非道路移动机械、船舶和航空器等流动污染源排放应税污染物的。
3. 依法设立的城乡污水集中处理，生活垃圾集中处理场所排放相应应税污染物，不超过国家和地方规定的排放标准的。

4. 纳税人综合利用的固体废物，符合国家和地方环境保护标准的。

5. 国务院批准免税的其他情形。

纳税人排放应税大气污染物或者水污染物的浓度值低于国家和地方规定的污染物排放标准30%的，减按75%征收环境保护税。纳税人排放应税大气污染物或者水污染物的浓度值低于国家和地方规定的污染物排放标准50%的，减按50%征收环境保护税。

七、征收管理

1. 环境保护税由税务机关依照《中华人民共和国税收征收管理法》和《环境保护税法》的有关规定征收管理。

环境保护主管部门应当将排污单位的排污许可、污染物排放数据、环境违法和受行政处罚情况等环境保护相关信息，定期交送税务机关，税务机关应当将纳税人的纳税申报、税款入库、减免税额，欠缴税款以及风险疑点等环境保护税涉税信息，定期交送环境保护主管部门。

2. 纳税义务发生时间为纳税人排放应税污染物的当日。纳税人应当向应税污染物排放地的税务机关申报缴纳环境保护税。

3. 环境保护税按月计算，按季申报缴纳。不能按固定期限计算缴纳的，可以按次申报缴纳。

纳税人按季申报缴纳的，应当自季度终了之日起15日内，向税务机关办理纳税申报并缴纳税款。纳税人按次申报缴纳的，应当自纳税义务发生之日起15日内，向税务机关办理纳税申报并缴纳税款。

第三节　城镇土地使用税法

城镇土地使用税法是指国家制定的调整城镇土地使用税征收与缴纳权利及义务关系的法律规范。现行城镇土地使用税法的基本规范，是2006年12月31日国务院修改并颁布的《中华人民共和国城镇土地使用税暂行条例》，2013年12月4日国务院第32次常务会议作了部分修改（2013年12月7日起实施，以下简称《城镇土地使用税暂行条例》）。

城镇土地使用税是以国有土地为征税对象，对拥有土地使用权的单位和个人征收的一种税。征收城镇土地使用税有利于促进土地的合理使用，调节土地级差收入，也有利于筹集地方财政资金。

一、纳税义务人

城镇土地使用税是以国有土地或集体土地为征税对象，对拥有土地使用权的单位和个人征收的一种税。

在城市、县城、建制镇、工矿区范围内使用土地的单位和个人，为城镇土地使用税（以下简称“土地使用税”）的纳税人。

所称单位，包括各类性质的企业、事业单位、社会团体、国家机关、军队以及其他单位；所称个人，包括个体工商户以及其他个人。

城镇土地使用税的纳税人通常包括以下几类：

1. 拥有土地使用权的单位和个人。

2. 拥有土地使用权的单位和个人不在土地所在地的，其土地的实际使用人和代管人为纳税人。

3. 土地使用权未确定或权属纠纷未解决的，其实际使用人为纳税人。

4. 土地使用权共有的，共有各方都是纳税人，由共有各方分别纳税。

二、征税范围

城镇土地使用税的征税范围，包括在城市、县城、建制镇和工矿区内的国家所有和集体所有的土地。

上述城市、县城、建制镇和工矿区分别按以下标准确认：

1. 城市是指经国务院批准设立的市。

2. 县城是指县人民政府所在地。

3. 建制镇是指经省、自治区、直辖市人民政府批准设立的建制镇。

4. 工矿区是指工商业比较发达，人口比较集中，符合国务院规定的建制镇标准，但尚未设立建制镇的大中型工矿企业所在地，工矿区须经省、自治区、直辖市人民政府批准。

上述城镇土地使用税的征税范围中，城市的土地包括市区和郊区的土地，县城的土地是指县人民政府所在地的城镇的土地，建制镇的土地是指镇人民政府所在地的土地。

建立在城市、县城、建制镇和工矿区以外的工矿企业不需要缴纳城镇土地使用税。

另外，自2009年1月1日起，公园、名胜古迹内的索道公司经营用地，应按规定缴纳城镇土地使用税。

三、税率

城镇土地使用税采用定额税率，即采用有幅度的差别税额，按大、中、小城市和县城、建制镇、工矿区分别规定每平方米城镇土地使用税年应纳税额。具体标准如下：

1. 大城市1.5—30元。

2. 中等城市1.2—24元。

3. 小城市0.9—18元。

4. 县城、建制镇、工矿区0.6—12元。

大、中、小城市以公安部门登记在册的非农业正式户口人数为依据，按照国务院颁布的《城市规划条例》中规定的标准划分。人口在50万人以上者为大城市；人口在20万—50万人之间者为中等城市；人口在20万以下者为小城市。城镇土地使用税税率如表8－3所示。

各省、自治区、直辖市人民政府可根据市政建设情况和经济繁荣程度在规定税额幅度内，确定所辖地区的适用税额幅度。经济落后地区，土地使用税的适用税额标准可适当降低，但降低额不得超过上述规定最低税额的30%。经济发达地区的适用税额标准可以适当提高，但须报财政部批准。

表 8－3 城镇土地使用税税率

级 别	人口（人）	每平方米税额（元）
大城市	50 万以上	1.5—30
中等城市	20 万—50 万	1.2—24
小城市	20 万以下	0.9—18
县城、建制镇、工矿区		0.6—12

土地使用税规定幅度税额主要考虑到我国各地区存在着悬殊的土地级差收益，同一地区内不同地段的市政建设情况和经济繁荣程度也有较大的差别。把土地使用税税额定为幅度税额，拉开档次，而且每个幅度税额的差距规定为 20 倍。这样，各地政府在划分本辖区不同地段的等级，确定适用税额时，有选择余地，便于具体操作。幅度税额还可以调节不同地区、不同地段之间的土地级差收益，尽可能地平衡税负。

四、计税依据

城镇土地使用税以纳税人实际占用的土地面积为计税依据，土地面积计量标准为每平方米。即税务机关根据纳税人实际占用的土地面积，按照规定的税额计算应纳税额，向纳税人征收土地使用税。

纳税人实际占用的土地面积按下列办法确定：

1. 由省、自治区、直辖市人民政府确定的单位组织测定土地面积的，以测定的面积为准。

2. 尚未组织测量，但纳税人持有政府部门核发的土地使用证书的，以证书确认的土地面积为准。

3. 尚未核发土地使用证书的，应由纳税人申报土地面积，据以纳税，待核发土地使用证以后再作调整。

对在城镇土地使用税征税范围内单独建造的地下建筑用地，按规定征收城镇土地使用税。其中，已取得地下土地使用权证的，按土地使用权证确认的土地面积计算应征税款；未取得地下土地使用权证或地下土地使用权证上未标明土地面积的，按地下建筑垂直投影面积计算应征税款。

对上述地下建筑用地暂按应征税款的 50% 征收城镇土地使用税。

五、应纳税额的计算

城镇土地使用税的应纳税额可以通过纳税人实际占用的土地面积乘以该土地所在地段的适用税额求得。其计算公式为：

全年应纳税额＝实际占用应税土地面积（平方米）×适用税额

【例 8－7】设在某城市的一家企业使用土地面积为 10000 平方米，经税务机关核定，该土地为应税土地，每平方米年税额为 4 元。请计算其全年应纳的土地使用税税额。

【解答】全年应纳税额＝10000×4＝40000（元）

六、税收优惠

（一）法定免征土地使用税

1. 国家机关、人民团体、军队自用的土地。

这部分土地，是指这些单位本身的办公用地和公务用地。如国家机关、人民团体的办公楼用地，军队的训练场用地等。

2. 由国家财政部门拨付事业经费的单位自用的土地。

这部分土地是指这些单位本身的业务用地。如学校的教学楼、操场、食堂等占用的土地。

3. 宗教寺庙、公园、名胜古迹自用的土地。

宗教寺庙自用的土地，是指举行宗教仪式等的用地和寺庙内的宗教人员生活用地。

公园、名胜古迹自用的土地，是指供公共参观游览的用地及其管理单位的办公用地。

以上单位的生产、经营用地和其他用地，不属于免税范围，应按规定缴纳土地使用税，如公园、名胜古迹中附设的营业单位如影剧院、饮食部、茶社、照相馆等使用的土地。

4. 市政街道、广场、绿化地带等公共用地。

5. 直接用于农、林、牧、渔业的生产用地。

这部分土地是指直接从事于种植养殖、饲养的专业用地，不包括农副产品加工场地和生活办公用地。

6. 经批准开山填海整治的土地和改造的废弃土地，从使用的月份起免缴土地使用税5—10年。

具体免税期限由各省、自治区、直辖市地方税务局在《城镇土地使用税暂行条例》规定的期限内自行确定。

7. 对非营利性医疗机构、疾病控制机构和妇幼保健机构等卫生机构自用的土地，免征城镇土地使用税。

8. 企业办的学校、医院、托儿所、幼儿园，其用地能与企业其他用地明确区分的，免征城镇土地使用税。

9. 免税单位无偿使用纳税单位的土地（如公安、海关等单位使用铁路、民航等单位的土地），免征城镇土地使用税。纳税单位无偿使用免税单位的土地，纳税单位应照章缴纳城镇土地使用税。纳税单位与免税单位共同使用、共有使用权土地上的多层建筑，对纳税单位可按其占用的建筑面积占建筑总面积的比例计征城镇土地使用税。

10. 对行使国家行政管理职能的中国人民银行总行（含国家外汇管理局）所属分支机构自用的土地，免征城镇土地使用税。

11. 为了体现国家的产业政策，支持重点产业的发展，对石油、电力、煤炭等能源用地，民用港口、铁路等交通用地和水利设施用地，三线调整企业、盐业、采石场、邮电等一些特殊用地划分了征免税界限和给予政策性减免税照顾。具体规定如下：

（1）对石油天然气生产建设中用于地质勘探、钻井、井下作业、油气田地面工程等施工临时用地暂免征收城镇土地使用税。

（2）对企业的铁路专用线、公路等用地，在厂区以外、与社会公用地段未加隔离的，暂免征收城镇土地使用税。

（3）对企业厂区以外的公共绿化用地和向社会开放的公园用地，暂免征收城镇土地使用税。

（4）对盐场的盐滩、盐矿的矿井用地，暂免征收城镇土地使用税。

（二）省、自治区、直辖市地方税务局确定的减免土地使用税

1. 个人所有的居住房屋及院落用地。

2. 房产管理部门在房租调整改革前经租的居民住房用地。

3. 免税单位职工家属的宿舍用地。

4. 集体和个人办的各类学校、医院、托儿所、幼儿园用地。

七、征收管理

（一）纳税期限

城镇土地使用税实行按年计算、分期缴纳的征收方法，具体纳税期限由省、自治区、直辖市人民政府确定。

（二）纳税义务发生时间

1. 纳税人购置新建商品房，自房屋交付使用之次月起，缴纳城镇土地使用税。

2. 纳税人购置存量房，自办理房屋权属转移、变更登记手续，房地产权属登记机关签发房屋权属证书之次月起，缴纳城镇土地使用税。

3. 纳税人出租、出借房产，自交付出租、出借房产之次月起，缴纳城镇土地使用税。

4. 以出让或转让方式有偿取得土地使用权的，应由受让方从合同约定交付土地时间的次月起缴纳城镇土地使用税；合同未约定交付时间的，由受让方从合同签订的次月起缴纳城镇土地使用税。

5. 纳税人新征用的耕地，自批准征用之日起满 1 年时开始缴纳土地使用税。

6. 纳税人新征用的非耕地，自批准征用次月起缴纳土地使用税。

7. 自 2009 年 1 月 1 日起，纳税人因土地的权利发生变化而依法终止城镇土地使用税纳税义务的，其应纳税款的计算应截止到土地权利发生变化的当月末。

（三）纳税地点

1. 城镇土地使用税在土地所在地主管税务机关缴纳。

2. 纳税人使用的土地不属于同一省、自治区、直辖市管辖的，由纳税人分别向土地所在地的税务机关缴纳土地使用税；在同一省、自治区、直辖市管辖范围内，纳税人跨地区使用的土地，其纳税地点由各省、自治区、直辖市税务局确定。

第四节 耕地占用税法

耕地占用税法是指国家制定的调整耕地占用税征收与缴纳权利及义务关系的法律规范。现行耕地占用税法的基本规范，是 2007 年 12 月 1 日国务院重新颁布的《中华人民共和国耕地占用税暂行条例》（以下简称《耕地占用税暂行条例》）。

耕地占用税是对占用耕地建房或从事其他非农业建设的单位和个人，就其实际占用的耕地面积征收的一种税，它属于对特定土地资源占用的课税。耕地是土地资源中最重要的组成部分，是农业生产最基本的生产资料。但我国人口众多，耕地资源相对较少，要用占世界总量7%的耕地，养活占世界总量22%的人口，人多地少的矛盾十分突出。为了遏制并逐步改变这种状况，政府决定开征耕地占用税，运用税收经济杠杆与法律、行政等手段相配合，以便有效地保护耕地。通过开征耕地占用税，使那些占用耕地建房及从事其他非农业建设的单位和个人承担必要的经济责任，有利于政府运用税收经济杠杆调节他们的经济利益，引导他们节约、合理地使用耕地资源。这对于保护国土资源、促进农业可持续发展，以及强化耕地管理、保护农民的切身利益等，都具有十分重要的意义。

一、纳税义务人

耕地占用税的纳税义务人，是占用耕地建房或从事非农业建设的单位和个人。

所称单位，包括各类性质的企业、事业单位、社会团体、国家机关、军队以及其他单位；所称个人，包括个体工商户以及其他个人。

二、征税范围

耕地占用税的征税范围包括纳税人为建房或从事其他非农业建设而占用的国家所有和集体所有的耕地。

耕地指种植农业作物的土地，包括菜地、园地。其中，园地包括花圃、苗圃、茶园、果园、桑园和其他种植经济林木的土地。

占用鱼塘及其他农用土地建房或从事其他非农业建设，也视同占用耕地，必须依法征收耕地占用税。占用已开发从事种植、养殖的滩涂、草场、水面和林地等从事非农业建设，由省、自治区、直辖市本着有利于保护土地资源和生态平衡的原则，结合具体情况确定是否征收耕地占用税。

三、税率

由于在我国的不同地区之间人口和耕地资源的分布极不均衡，有些地区人烟稠密，耕地资源相对匮乏；而有些地区则人烟稀少，耕地资源比较丰富。各地区之间的经济发展水平也有很大差异。考虑到不同地区之间客观条件的差别，以及与此相关的税收调节力度和纳税人负担能力方面的差别，耕地占用税在税率设计上采用了地区差别定额税率。税率规定如下：

1. 人均耕地不超过 1 亩的地区（以县级行政区域为单位，下同），每平方米为 10—50 元；
2. 人均耕地超过 1 亩但不超过 2 亩的地区，每平方米为 8—40 元；
3. 人均耕地超过 2 亩但不超过 3 亩的地区，每平方米为 6—30 元；
4. 人均耕地超过 3 亩以上的地区，每平方米为 5—25 元。

经济特区、经济技术开发区和经济发达、人均耕地特别少的地区，适用税额可以适当提高，但最多不得超过当地适用税额的50%（见表 8－4）。

表 8-4 各省、自治区、直辖市耕地占用税平均税额

地 区	每平方米平均税额（元）
上海	45
北京	40
天津	35
江苏、浙江、福建、广东	30
辽宁、湖北、湖南	25
河北、安徽、江西、山东、河南、重庆、四川	22.5
广西、海南、贵州、云南、陕西	20
山西、吉林、黑龙江	17.5
内蒙古、西藏、甘肃、青海、宁夏、新疆	12.5

四、计税依据

耕地占用税以纳税人占用耕地的面积为计税依据，以每平方米为计量单位。

五、应纳税额的计算

耕地占用税以纳税人实际占用的耕地面积为计税依据，以每平方米土地为计税单位，按适用的定额税率计税。其计算公式为：

应纳税额 = 实际占用耕地面积（平方米）× 适用定额税率

【例 8-8】 南山市一家企业新占用 20000 平方米耕地用于工业建设，所占耕地适用的定额税率为 20 元/平方米。要求计算该企业应纳的耕地占用税。

【解答】 应纳税额 = 20000 × 20 = 400000（元）

六、税收优惠

耕地占用税对占用耕地实行一次性征收，对生产经营单位和个人不设立减免税，仅对公益性单位和需照顾群体设立减免税。

（一）免征耕地占用税

1. 军事设施占用耕地。
2. 学校、幼儿园、养老院、医院占用耕地。

（二）减征耕地占用税

1. 铁路线路、公路线路、飞机场跑道、停机坪、港口、航道占用耕地，减按每平方米 2 元的税额征收耕地占用税。
2. 农村居民占用耕地新建住宅，按照当地适用税额减半征收耕地占用税。

农村烈士家属、残疾军人、鳏寡孤独以及革命老根据地、少数民族聚居区和边远贫困山区生活困难的农村居民，在规定用地标准以内新建住宅缴纳耕地占用税确有困难的，经所在地乡（镇）人民政府审核，报经县级人民政府批准后，可以免征或者减征耕地占用税。

免征或者减征耕地占用税后，纳税人改变原占地用途，不再属于免征或者减征耕地占用税情形的，应当按照当地适用税额补缴耕地占用税。

七、征收管理

（一）纳税义务发生时间

经批准占用耕地的，耕地占用税纳税义务发生时间为纳税人收到土地管理部门办理占用农用地手续通知当天；未经批准占用耕地的，耕地占用税纳税义务发生时间为纳税人实际占用耕地的当天。

（二）纳税期限

耕地占用税的纳税期限为30天。即获得占用耕地的单位和个人应当在收到土地管理部门的通知之日起30日内缴纳耕地占用税。

（三）纳税地点

耕地占用税由耕地所在地主管税务机关负责征收。土地管理部门在通知单位或者个人办理占用耕地手续时，应当同时通知耕地所在地同级主管税务机关。土地管理部门凭耕地占用税完税凭证或者免税凭证和其他有关文件发放建设用地批准书。

第九章

特定目的类税法

第一节 城市维护建设税法

一、概念

城市维护建设税是对从事工商经营，缴纳增值税、消费税的单位和个人征收的一种税。

城市维护建设税法，是指国家制定的用以调整城市维护建设税征收与缴纳权利及义务关系的法律规范。现行城市维护建设税的基本规范是 1985 年 2 月 8 日国务院发布并于同年 1 月 1 日实施的《中华人民共和国城市维护建设税暂行条例》（以下简称《城市维护建设税暂行条例》）。

二、城市维护建设税的特点

（1）税款专款专用。所征税款要求保证用于城市公用事业和公共设施的维护和建设。

（2）属于一种附加税。城市维护建设税是以纳税人实际缴纳的增值税、消费税税额为计税依据，随“两税”同时征收，其本身没有特定的课税对象。

（3）根据城镇规模及其维护建设资金需要设计不同比例税率。

城市维护建设税的征收首先弥补了城市维护建设资金的不足；调动了地方政府进行城市维护和建设的积极性，城市维护建设税专项保证用于城市的公用事业和公共设施的维护建设。

三、纳税义务人与征税范围

城市维护建设税的纳税义务人，是指负有缴纳增值税、消费税义务的单位和个人，包括国有企业、集体企业、私营企业、股份制企业、其他企业和行政单位、事业单位、军事单位、社会团体、其他单位，以及个体工商户及其他个人。

增值税、消费税的代扣代缴、代收代缴义务人同时也是城市维护建设税的代扣代缴、代收代缴义务人。

四、税率

城市维护建设税按纳税人所在地的不同，设置了三档地区差别的比例税率。

1. 纳税人所在地为市区的，税率为7%。

2. 纳税人所在地为县城、镇的，税率为5%。

3. 纳税人所在地不在市区、县城或者镇的，税率为1%；开采海洋石油资源的中外合作油（气）田所在地在海上，其城市维护建设税适用1%的税率。

五、计税依据

城市维护建设税的计税依据，是指纳税人实际缴纳的增值税、消费税税额。如果要免征或者减征增值税、消费税税额，也就要同时免征或者减征城市维护建设税。但对出口产品退还增值税、消费税的，不退还已缴纳的城市维护建设税。

六、应纳税额的计算

城市维护建设税纳税人的应纳税额大小是由纳税人实际缴纳的增值税、消费税税额决定的，其计算公式为：

应纳税额 = 纳税人实际缴纳的增值税、消费税税额 × 适用税率

【例9－1】南山企业位于县城，2019年9月撤县设区，该企业2019年9月实际缴纳增值税500000元，缴纳消费税400000元。计算该企业应纳的城市维护建设税税额。

【解答】应纳城市维护建设税税额 =（500000 + 400000）× 7% = 63000（元）

七、税收优惠

城市维护建设税原则上不单独减免，但因城市维护建设税又具附加税性质，当增值税、消费税税额发生减免时，城市维护建设税相应发生税收减免。

为支持国家重大水利工程建设，对国家重大水利工程建设基金免征城市维护建设税。

八、征收管理

（一）纳税环节

城市维护建设税的纳税环节，实际就是纳税人缴纳增值税、消费税的环节。纳税人只要发生增值税、消费税的纳税义务，就要在同样的环节计算缴纳城市维护建设税。

（二）纳税地点

城市维护建设税以纳税人实际缴纳的增值税、消费税税额为计税依据，分别与增值税、消费税同时缴纳。所以，除特殊规定外，纳税人缴纳增值税、消费税的地点，就是该纳税人缴纳城市维护建设税的地点。

（三）纳税期限

由于城市维护建设税是由纳税人在缴纳增值税、消费税时同时缴纳的，所以其纳税期限分别与增值税、消费税的纳税期限一致。根据增值税法和消费税法规定，增值税、消费税的纳税期限分别为1日、3日、5日、10日、15日或者1个月。

（四）纳税申报

《城市维护建设税纳税申报表》（略）。

第二节 教育费附加

教育费附加是对缴纳增值税、消费税的单位和个人，就其实际缴纳的税额为计算依据征收的一种附加费。教育费附加是为加快地方教育事业，扩大地方教育经费的资金而征收的一项专用基金。

国务院于1986年4月28日颁布了《征收教育费附加的暂行规定》。自2006年9月1日起施行的《中华人民共和国教育法》规定："税务机关依法足额征收教育费附加，由教育行政部门统筹管理，主要用于实施义务教育。省、自治区、直辖市人民政府根据国务院的有关规定，可以决定开征用于教育的地方附加费，专款专用。"2010年财政部下发了《关于统一地方教育附加政策有关问题的通知》对各省、市、自治区的地方教育附加进行了统一。

一、征收范围及计征依据

教育费附加和地方教育附加对缴纳增值税、消费税的单位和个人征收，以其实际缴纳的增值税、消费税税款为计征依据，分别与增值税、消费税同时缴纳。

二、征收比率

教育费附加计征比率曾几经变化。现行教育费附加征收比率为3%，地方教育附加征收比率从2010年起统一为2%。

三、教育费附加的计算

教育费附加的计算公式为：

应纳教育费附加或地方教育附加＝实际缴纳的增值税、消费税×征收比率

【例9－2】南昌市区一家企业2019年3月实际缴纳增值税300000元，缴纳消费税300000元。计算该企业应缴纳的教育费附加和地方教育附加。

【解答】应纳教育费附加＝(300000＋300000)×3%＝18000（元）

应纳地方教育附加＝(300000＋300000)×2%＝12000（元）

四、教育费附加的减免规定

1. 对海关进口的产品征收的增值税、消费税，不征收教育费附加。

2. 由于减免增值税、消费税而发生退税的，可同时退还已征收的教育费附加。但对出口产品退还增值税、消费税的，不退还已征的教育费附加。

3. 对国家重大水利工程建设基金免征教育费附加。

4. 自2016年2月1日起，按月纳税的月销售额不超过10万元或按季度纳税的季度销售额不超过30万元的纳税人，免征教育费附加、地方教育附加。

第三节　关税法

一、概念

关税是海关依法对进出境货物、物品征收的一种税。所谓“境”是指关境，又称“海关境域”或“关税领域”，是国家《海关法》全面实施的领域。通常情况下，一国关境与国境是一致的，包括国家全部的领土、领海、领空。

关税法是指国家制定的调整关税征收与缴纳权利义务关系的法律规范。现行关税基本法规包括国务院于 2003 年 11 月发布的《中华人民共和国进出口关税条例》（以下简称《进出口关税条例》）、国务院关税税则委员会审定并报国务院批准的《中华人民共和国海关进出口税则》（以下简称《海关进出口税则》）和《中华人民共和国海关入境旅客行李物品和个人邮递物品征收进口税办法》等。进出口税则以税率表为主体，通常还包括实施税则的法令、使用税则的有关说明和附录等。《海关进出口税则》是我国海关凭以征收关税的法律依据。

二、纳税义务人

进口货物的收货人、出口货物的发货人、进出境物品的所有人，是关税的纳税义务人。一般情况下，对于携带进境的物品，推定其携带人为所有人；对分离运输的行李，推定相应的进出境旅客为所有人；对以邮递方式进境的物品，推定其收件人为所有人；以邮递或其他运输方式出境的物品，推定其寄件人或托运人为所有人。

三、征税对象

关税的征税对象是准许进出境的货物和物品。货物是指贸易性商品；物品指入境旅客随身携带的行李物品、个人邮递物品、各种运输工具上的服务人员携带进口的自用物品、馈赠物品以及其他方式进境的个人物品。

四、关税税率

（一）进口关税税率

自 2002 年 1 月 1 日起，我国进口税则设有最惠国税率、协定税率、特惠税率、普通税率、关税配额税率等税率。最惠国税率适用原产于与我国共同适用最惠国待遇条款的 WTO 成员或地区的进口货物，或原产于与我国签订有相互给予最惠国待遇条款的双边贸易协定的国家或地区进口的货物，以及原产于我国境内的进口货物；协定税率适用原产于我国参加的含有关税优惠条款的区域性贸易协定有关缔约方的进口货物；特惠税率适用原产于与我国签订有特殊优惠关税协定的国家或地区的进口货物；普通税率适用于原产于上述国家或地区以外的其他国家或地区的进口货物。

按征收关税的标准，可以分为从价税率、从量税率、复合税率、滑准税率等。

（1）从价税率。它是以货物的价格或者价值为征税标准。货物进口时，以此税率和海关审定的实际进口货物完税价格相乘计算应征税额。

（2）从量税率。从量税率是以货物的数量、重量、体积、容量等计量单位为计税标准，以每计量单位货物的应征税额为税率。我国目前对原油、啤酒和胶卷等进口商品适用从量税率。

（3）复合税率。复合税率又称混合税率，它是对某种进口货物混合使用从价税率和从量税率计征。我国目前对录像机、放像机、摄像机、数字照相机和摄录一体机等进口商品适用复合税率。

（4）滑准税率。它是一种关税税率随进口货物价格由高至低而由低至高设置计征关税的税率。

（二）出口关税税率

我国出口税则为一栏税率，即出口税率。国家仅对少数资源性产品及易于竞相杀价、盲目进口、需要规范出口秩序的半制成品征收出口关税。现行税则对100余种商品计征出口关税，主要是鳗鱼苗、部分有色金属矿砂及其精矿、生锑、磷、氟钽酸钾、苯、山羊板皮、部分铁合金、钢铁废碎料、铜和铝原料及其制品、镍锭、锌锭、锑锭等。

现行税则按照《进（出）口商品从量税、复合税、滑准税税目税率表》（略）。

五、关税完税价格

《中华人民共和国海关法》（以下简称《海关法》）规定，进出口货物的完税价格，由海关以该货物的成交价格为基础审查确定。成交价格不能确定时，完税价格由海关依法估定。

（一）进口货物的完税价格

根据《海关法》规定，进口货物的完税价格包括货物的货价、货物运抵我国境内输入地点起卸前的运输及其相关费用、保险费。进口货物完税价格的确定方法大致可分为：成交价格估价方法（以进口货物的成交价格为基础进行调整，从而确定进口货物完税价格）、海关估价方法（在进口货物的成交价格不符合规定条件或者成交价格不能确定的情况下，海关审查确定进口货物完税价格）。

1. 进口货物的运输及其相关费用。

应当按照由买方实际支付或者应当支付的费用计算。如果进口货物的运输及其相关费用无法确定的，海关应当按照该货物进口同期的正常运输成本审查确定。

2. 进口货物的保险费。

应当按照实际支付的费用计算。如果进口货物的保险费无法确定或者未实际发生，海关应当按照“货价加运费”两者总额的3‰计算保险费，其计算公式如下：

保险费＝（货价＋运费）×3‰

3. 邮运进口的货物，应当以邮费作为运输及其相关费用、保险费。

（二）出口货物的完税价格

1. 以成交价格为基础的完税价格。

出口货物的完税价格，由海关以该货物的成交价格为基础审查确定，并且应当包括货物运至我国境内输出地点装载前的运输及其相关费用、保险费。

2. 出口货物海关估价方法。

出口货物的成交价格不能确定时，海关经了解有关情况，并且与纳税义务人进行价格磋商后，审查确定该货物的完税价格。

六、应纳税额的计算

（一）从价税率计税

关税税额 = 应税进（出）口货物数量 × 单位完税价格 × 税率

（二）从量税率计税

关税税额 = 应税进（出）口货物数量 × 税率

（三）复合税率计税

关税税额 = 应税进（出）口货物数量 × 定额税率 + 应税进（出）口货物数量 × 单位完税价格 × 比例税率

（四）滑准税率计税

关税税额 = 应税进（出）口货物数量 × 单位完税价格 × 滑准税税率

【例 9-3】南山商场于 2019 年 6 月进口一批高档美容修饰类化妆品。该批货物在国外的买价为 120 万元，货物运抵我国入关前发生的运输费、保险费和其他费用分别为 10 万元、6 万元、4 万元。货物报关后，该商场按规定缴纳了进口环节的增值税和消费税并取得了海关开具的缴款书。将该批化妆品从海关运往商场所在地取得增值税专用发票，注明运输费用 5 万元、增值税进项税额 0.50 万元，该批化妆品当月在国内全部销售，取得不含税销售额 520 万元（假定化妆品进口关税税率 20%，增值税税率 13%，消费税税率 15%）。要求：计算该批化妆品进口环节应缴纳的关税、增值税、消费税和国内销售环节应缴纳的增值税。

【解答】关税完税价格 = 120 + 10 + 6 + 4 = 140（万元）

应缴纳进口关税 = 140 × 20% = 28（万元）

进口环节的组成计税价格 =（140 + 28）÷（1 − 15%）= 197.65（万元）

进口环节应缴纳增值税 = 197.65 × 13% = 25.69（万元）

进口环节应缴纳消费税 = 197.65 × 15% = 29.65（万元）

国内销售环节应缴纳增值税 = 520 × 13% − 0.50 − 25.69 = 41.41（万元）

七、减免规定

（一）法定减免税

法定减免税是税法中明确列出的减税或免税。符合税法规定可予减免税的进出口货物，纳税义务人无须提出申请，海关可按规定直接予以减免税。我国《海关法》和《进出口关税条例》明确规定，下列货物、物品予以减免关税：

关税税额在人民币 50 元以下的一票货物、无商业价值的广告品和货样、外国政府和国际组织无偿赠送的物资、进出境运输工具装载的途中必需的燃物料和饮食用品、在海关放行前损失的货物，可免征关税；在海关放行前遭受损坏的货物、我国缔结或者参加的国际条约规定减免征关税的货物和物品，可按照规定减征关税。

（二）特定减免税

特定减免税也称政策性减免税。在法定减免税之外，国家按照国际通行规则和我国实际情况，制定发布的有关进出口货物减免关税的政策。包括科教用品、残疾人专用品、慈善捐赠物资等。

八、征收管理

（一）关税缴纳

进口货物的纳税义务人应当自运输工具申报进境之日起 14 日内，出口货物的纳税义务人除海关特准的外，应当在货物运抵海关监管区后、装货的 24 小时以前，向货物的进出境地海关申报，海关根据税则归类和完税价格计算应缴纳的关税和进口环节代征税，并填发税款缴款书。纳税义务人应当自海关填发税款缴款书之日起15 日内，向指定银行缴纳税款。

关税纳税义务人因不可抗力或者在国家税收政策调整的情形下，不能按期缴纳税款的，经依法提供税款担保后，可以延期缴纳税款，但最长不得超过6 个月。

（二）关税的强制执行

纳税义务人未在关税缴纳期限内缴纳税款，即构成关税滞纳。《海关法》赋予海关对滞纳关税的纳税义务人强制执行的权利。

1. 征收关税滞纳金。滞纳金自关税缴纳期限届满滞纳之日起，至纳税义务人缴纳关税之日止，按滞纳税款万分之五的比例按日征收。

2. 强制征收。如纳税义务人自缴纳税款期限届满之日起 3 个月仍未缴纳税款，经直属海关关长或者其授权的隶属海关关长批准，海关可以采取强制扣缴、变价抵缴等强制措施。强制扣缴即海关书面通知纳税义务人开户银行或者其他金融机构从其存款中扣缴税款。变价抵缴即海关将纳税义务人的应税货物依法扣留并依法变卖其价值相当于应纳税款的货物或者其他财产，以变卖所得抵缴税款。

（三）关税退还

根据《海关法》和《进出口关税条例》的规定，海关多征的税款，海关发现后应当立即退还；纳税义务人发现多缴税款的，自缴纳税款之日起 1 年内，可以以书面形式要求海关退还多缴的税款并加算银行同期活期存款利息；海关应当自受理退税申请之日起 30 日内查实并通知纳税义务人办理退还手续。

（四）关税补征和追征

根据《海关法》和《进出口关税条例》的规定，进出境货物和物品放行后，海关发现少征或者漏征税款，应当自缴纳税款或者货物、物品放行之日起 1 年内，向纳税义务人补征税款；因纳税义务人违反规定而造成的少征或者漏征的税款，海关可以自纳税义务人缴纳税款或者货物、物品放行之日起 3 年以内追征，并从缴纳税款或者货物、物品放行之日起按日加收少征或者漏征税款万分之五的滞纳金。

（五）关税纳税争议的处理

我国《海关法》和《进出口关税条例》规定，在纳税义务人同海关发生纳税争议时，可以向海关申请复议，但同时应当在规定期限内按海关核定的税额缴纳关税，逾期则构成滞纳，海关有权按规定采取强制执行措施。

纳税争议的申诉程序：纳税义务人自海关填发税款缴款书之日起 60 日内，向原征税海关的上一级海关提出复议申请。逾期申请复议的，海关不予受理。海关行政复议机关应当自受理复议申请之日起 60 日内做出复议决定，并以复议决定书的形式正式答复纳税义务人；纳税义务人对海关复议决定仍然不服的，可以自收到复议决定书之日起 15 日内，向人民法院提起诉讼。

第四节　船舶吨税法

船舶吨税是根据船舶运载量课征的一种税。

现行船舶吨税的基本规范是 2017 年 12 月 27 日第十二届全国人民代表大会常委会第三十一次会议通过的《中华人民共和国船舶吨税法》，自 2018 年 7 月 1 日起施行。

一、征税范围

自中华人民共和国境外港口进入境内港口的船舶（以下简称“应税船舶”），应当缴纳船舶吨税（以下简称“吨税”）。吨税的税目、税率依照《吨税税目税率表》（略）执行。

二、税率

吨税设置优惠税率和普通税率。中华人民共和国国籍的应税船舶，船籍国（地区）与中华人民共和国签订含有相互给予船舶税费最惠国待遇条款的条约或者协定的应税船舶，适用优惠税率。其他应税船舶，适用普通税率。

三、应纳税额的计算

吨税按照船舶净吨位和吨税执照期限征收。净吨位，是指由船籍国（地区）政府授权签发的船舶吨位证明书上标明的净吨位。计算公式为：

应纳税额 = 船舶净吨位 × 定额税率

应税船舶在进入港口办理入境手续时，应当向海关申报纳税领取吨税执照，或者交验吨税执照。应税船舶在离开港口办理出境手续时，应当交验吨税执照。

【例 9－4】南国某运输公司一艘货轮驶入我国某港口，该货轮净吨位为 30000 吨，货轮负责人已向我国该海关领取了吨税执照，在港口停留期限为 30 天。南国已与我国签订有相互给予船舶税费最惠国待遇条款，根据相关规定，该货轮应享受每净吨位为 3.3 元的优惠税率。请计算该货轮负责人应向我国海关缴纳的船舶吨税。

【解答】应缴纳船舶吨税 = 30000 × 3.3 = 99000（元）。

四、税收优惠

下列船舶免征吨税：

应纳税额在人民币 50 元以下的船舶；自境外以购买、受赠、继承等方式取得船舶所有权的初次进口到港的空载船舶；吨税执照期满后 24 小时内不上下客货的船舶；非机动船舶（是指自身没有动力装置，依靠外力驱动的船舶）；捕捞、养殖渔船；避难、防疫隔离、修理、终止运营或者拆解，并不上下客货的船舶；军队、武装警察部队专用或者征用的船舶；依照法律规定应当予以免税的外国驻华使领馆、国际组织驻华代表机构及其有关人员的船舶；国务院规定的其他船舶。

五、征收管理

1. 吨税由海关负责征收。海关征收吨税应当制发缴款凭证。

2. 吨税纳税义务发生时间为应税船舶进入港口的当日。应税船舶在吨税执照期满后尚未离开港口的，应当申领新的吨税执照，自上一次执照期满的次日起续缴吨税。

3. 应税船舶负责人应当自海关填发吨税缴款凭证之日起 15 日内缴清税款。未按期缴清税款的，自滞纳税款之日起，按日加收滞纳税款万分之五的税款滞纳金。

4. 应税船舶到达港口前，经海关核准先行申报并办结出入境手续的，应税船舶负责人应当向海关提供与其依法履行吨税缴纳义务相适应的担保；应税船舶到达港口后，依法向海关申报纳税。

5. 海关发现少征或者漏征税款的，应当自应税船舶应当缴纳税款之日起 1 年内，补征税款。但因应税船舶违反规定造成少征或者漏征税款的，海关可以自应当缴纳税款之日起 3 年内追征税款，并自应当缴纳税款之日起按日加收少征或者漏征税款万分之五的税款滞纳金。

海关发现多征税款的，应当立即通知应税船舶办理退还手续，并加算银行同期活期存款利息。

应税船舶发现多缴税款的，可以自缴纳税款之日起 3 年内以书面形式要求海关退还多缴的税款并加算银行同期活期存款利息；海关应当自受理退税申请之日起 30 日内查实并通知应税船舶办理退还手续。

应税船舶应当自收到退税通知之日起 3 个月内办理有关退还手续。

第五节 车辆购置税法

一、概念

车辆购置税是以在中国境内购置规定车辆为课税对象、在特定的环节向车辆购置者征收的一种税。

车辆购置税法是指国家制定的用以调整车辆购置税征收与缴纳权利及义务关系的法律规范。现行车辆购置税法的基本规范，是 2018 年 12 月 29 日第十三届全国人民代表大会常委会第七次会议通过，并于2019年7月1日起施行的《中华人民共和国车辆购置税法》（以下简称《车辆购置税法》）。车辆购置税是指在中国境内购置汽车、有轨电车、汽车挂车、排气量超过150毫升的摩托车（以下统称“应税车辆”）向车辆购置者征收的一种税。其中购置是指以购买、进口、受赠、自产、获奖或者其他方式取得并自用应税车辆的行为。车辆购置税实行一次性征收。购置已征车辆购置税的车辆，不再征收车辆购置税。

二、纳税义务人

车辆购置税的纳税人是指在中国境内购置应税车辆的单位和个人。

所称单位，包括国有企业、集体企业、私营企业、股份制企业、外商投资企业、外国企业以及其他企业，事业单位、社会团体、国家机关、部队以及其他单位。所称个人，包括个体工商户及其他个人，既包括中国公民又包括外国公民。

三、征税范围

车辆购置税以列举的车辆作为征税对象，未列举的车辆不纳税。其征税范围包括汽车、摩托车、电车、挂车、农用运输车。其中：摩托车是指轻便摩托车、二轮摩托车、三轮摩托车；电车是指无轨电车、有轨电车；挂车是指全挂车、半挂车；农用运输车是指三轮农用运输车、四轮农用运输车。

四、税率

车辆购置税实行统一比例税率，税率为10%。

五、计税依据

应税车辆的计税价格为车辆购置税的计税依据。

1. 纳税人购买自用的应税车辆，计税价格为纳税人实际支付给销售者的全部价款，不包含增值税税款。

2. 纳税人进口自用的应税车辆，以组成计税价格为计税依据。计算公式为：

组成计税价格 = 关税完税价格 + 关税 + 消费税

3. 纳税人自产自用应税车辆的计税价格，按照纳税人生产的同类应税车辆的销售价格确定，不包含增值税税款。

4. 纳税人以受赠、获奖或者以其他方式取得并自用应税车辆的计税价格，按照购置应税车辆时相关凭证载明的价格确定，不包含增值税税款。

计税价格明显偏低的，主管税务机关有权核定应税车辆的计税价格。

六、应纳税额的计算

车辆购置税实行从价定率的方法计算应纳税额，计算公式为：

应纳税额 = 计税依据 × 税率

【例9－5】张某2019年7月从某汽车有限公司购买一辆小汽车供自己使用，支付了含增值税税款在内的款项234000元，另支付代收临时牌照费550元、代收保险费1000元，支付购买工具件和零配件价款3000元，车辆装饰费1300元。所支付的款项均由该汽车有限公司开具“机动车销售统一发票”和有关票据。请计算张某应纳车辆购置税。

【解答】 计税依据 =（234000 + 550 + 1000 + 3000 + 1300）÷（1 + 13%）= 212256.64（元）

应纳税额 = 212256.64 × 10% = 21225.66（元）

【例 9 – 6】 南山外贸进出口公司 2019 年 8 月，从国外进口 10 辆某公司生产的某型号小轿车。该公司报关进口这批小轿车时，经报关地海关对有关报关资料的审查，确定关税完税价格为每辆 185000 元人民币，海关按关税政策规定每辆征收了关税 46200 元，并按消费税、增值税有关规定分别代征了每辆小轿车的进口消费税 25600 元和增值税 41000 元。由于联系业务需要，该公司将一辆小轿车留在本单位使用。根据以上资料，计算应纳车辆购置税。

【解答】 计税依据 = 185000 + 46200 + 25600 = 256800（元）

应纳税额 = 256800 × 10% = 25680（元）

【例 9 – 7】 南山客车制造厂将自产的一辆某型号的客车，用于本厂后勤服务，该厂在办理车辆上牌落籍前，出具该车的发票，注明金额 65000 元，并按此金额向主管税务机关申报纳税。经审核，国家税务总局对该车同类型车辆核定的最低计税价格为 80000 元。计算该车应纳车辆购置税。

【解答】 应纳税额 = 80000 × 10% = 8000（元）

七、税收优惠

我国车辆购置税实行法定减免，减免税范围的具体规定是：

1. 外国驻华使馆、领事馆和国际组织驻华机构及其外交人员自用车辆免税；
2. 中国人民解放军和中国人民武装警察部队列入军队武器装备订货计划的车辆免税；
3. 设有固定装置的非运输车辆免税；
4. 农用三轮运输车免征车辆购置税；
5. 有国务院规定予以免税或者减税的其他情形的，按照规定免税或减税。

八、征收管理

（一）纳税义务发生时间

车辆购置税的纳税义务发生时间为纳税人购置应税车辆的当日。

（二）纳税环节

纳税人应当在向公安机关等车辆管理机构办理车辆登记注册手续前，缴纳车辆购置税。购买二手车时，购买者应当向原车主索要《车辆购置税完税证明》。

（三）纳税地点

纳税人购置应税车辆，应当向车辆登记注册地的主管税务机关申报纳税；购置不需办理车辆登记注册手续的应税车辆，应当向纳税人所在地主管税务机关申报纳税。

（四）纳税期限

纳税人购买自用的应税车辆，自购买之日起 60 日内申报纳税；进口自用的应税车辆，应当自进口之日起60日内申报纳税；自产、受赠、获奖和以其他方式取得并自用的应税车辆，应当自取得之日起60日内申报纳税。申报时如实填写《车辆购置税纳税申报表》（略），主管税务机关应对纳税申报资料进行审核，征收税款，核发完税证明。

第六节　烟叶税法

烟叶税是以纳税人收购烟叶的收购金额为计税依据征收的一种税。

2006年4月28日，国务院公布了《中华人民共和国烟叶税暂行条例》。2017年12月27日第十二届全国人民代表大会常委会第三十一次会议通过《中华人民共和国烟叶税法》，自2018年7月1日起施行。

一、纳税义务人

在中华人民共和国境内依照《中华人民共和国烟叶税暂行条例》（以下简称《暂行条例》）的规定收购烟叶的单位为烟叶税的纳税人。

二、征税范围

烟叶税的征税范围是指晾晒烟叶、烤烟叶。

三、税率

烟叶税实行比例税率，税率为20%。

四、应纳税额的计算

烟叶税的应纳税额按照纳税人收购烟叶实际支付的价款乘以税率计算，计算公式为：

应纳税额 = 实际支付价款 × 税率

实际支付价款包括纳税人支付给烟叶生产销售者的烟叶收购价款和价外补贴。其中，价外补贴统一按烟叶收购价款的10%计算。

实际支付价款 = 收购价款 ×（1 + 10%）

【例9－8】 南山烟草公司系增值税一般纳税人，2019年8月收购烟叶100000千克，烟叶收购价格10元/千克，总计1000000元，货款已全部支付。请计算该烟草公司8月收购烟叶应缴纳的烟叶税。

【解答】 应缴纳烟叶税 = 1000000 ×（1 + 10%）× 20% = 220000（元）

五、征收管理

（一）纳税义务发生时间

烟叶税的纳税义务发生时间为纳税人收购烟叶的当日。收购烟叶的当天是指纳税人向烟叶销售者付讫收购烟叶款项或者开具收购烟叶凭据的当日。

（二）纳税地点

纳税人收购烟叶，应当向烟叶收购地的主管税务机关申报纳税。

（三）纳税期限

烟叶税按月计征，纳税人应当于纳税义务发生月终了之日起 15 日内申报纳税。申报时如实填写《烟叶税纳税申报表》（略）。

第十章

税收征收管理法

《中华人民共和国税收征收管理法》（以下简称《征管法》）于1992年9月4日第七届全国人民代表大会常务委员会第二十七次会议通过，1993年1月1日起施行。1995年、2001年、2013年和2015年全国人民代表大会常务委员会对《征管法》进行过四次修订。

第一节　税务管理

一、税务登记

税务登记（又称“纳税登记”）是税务机关对纳税人的生产、经营活动进行登记并据此对纳税人实施税务管理的一种法定制度。它是税务机关对纳税人实施税收管理的首要环节和基础工作，也是纳税人必须依法履行的义务。

（一）设立税务登记

1. 设立税务登记的对象。

（1）领取营业执照从事生产、经营的纳税人。具体包括：企业（即国有、集体、私营企业，外商投资企业，以及各种联营、联合、股份制企业等）、企业在外地设立的分支机构和从事生产经营的场所、个体工商户、从事生产经营的事业单位。

（2）其他纳税人。前款规定以外的纳税人，除国家机关、个人和无固定生产、经营场所的流动性农村小商贩外，也应该按规定办理税务登记。

2. 设立税务登记的内容。

设立税务登记的内容包括：单位名称、法定代表人或业主姓名及其居民身份证、护照或者其他证明身份的合法证件；住所、经营地点；登记注册类型及所属主管单位；核算方式；行业、经营范围、经营方式；注册资金（资本）、投资总额、开户银行及账号；经营期限、从业人数、营业执照号码；财务负责人、办税人员；其他有关事项。

（二）变更或注销税务登记

变更税务登记是纳税人税务登记内容发生重要变化时向税务机关申报办理的税务登记手续；注销税务登记是指纳税人税务登记内容发生了根本性变化，需终止履行纳税义务时向税务机关申报办理的税务登记手续。

1. 纳税人税务登记内容发生变化的，应当自工商行政管理机关变更登记之日起 30 日内，持有关证件向原税务登记机关申报办理变更税务登记。

2. 纳税人发生解散、破产、撤销以及其他情形，依法终止纳税义务的，应当在向工商行政管理机关或者其他机关办理注销登记前，持有关证件向原税务登记管理机关申报办理注销税务登记；按规定不需要在工商管理机关或者其他机关办理注销登记的，应当自有关机关批准或者宣告终止之日起 15 日内，持有关证件和资料向原税务登记机关申报办理注销税务登记。

（三）停业或复业登记

实行定期定额征收方式的纳税人需要停业的，应当在停业前向税务机关申报办理停业登记。纳税人的停业期限不得超过 1 年。纳税人停业期间发生纳税义务的，应当依法申报纳税。

纳税人应当于恢复生产经营之前，向税务机关申报办理复业登记，如实填写《停业复业报告书》。

（四）外出经营报验登记

1. 纳税人跨省税务机关管辖区域从事生产经营活动的，应当在外出生产经营以前，持税务登记证向主管税务机关申请开具《外出经营活动税收管理证明》（以下简称《外管证》）。

税务机关按照一地一证的原则发放《外管证》，《外管证》的有效期限一般为 30 日，最长不得超过 180 天，但建筑安装行业纳税人项目合同期限超过 180 天的，按照合同期限确定有效期限。

2. 纳税人应当在《外管证》注明地进行生产经营前向当地税务机关报验登记，并提交税务登记证件副本和《外管证》。从事建筑安装的纳税人另需提供外出经营合同或外出经营活动情况说明。

3. 纳税人外出经营活动结束，应当向经营地税务机关填报《外出经营活动情况申报表》，并结清税款、缴销发票。

4. 纳税人应当在《外管证》有效期届满后 10 日内，持《外管证》回原税务登记地税务机关办理《外管证》缴销手续。

二、账证管理

账簿是纳税人、扣缴义务人连续地记录其各种经济业务的账册或簿籍。凭证是纳税人用来记录经济业务，明确经济责任，并据以登记账簿的书面证明。账簿和凭证管理是继税务登记之后税收征管的又一重要环节。

（一）账务管理

根据《征管法》第十九条和《中华人民共和国税收征收管理法实施细则》（以下简称《实施细则》）第二十二条的有关规定，所有的纳税人和扣缴义务人都必须依法设置账簿。从事生产经营的纳税人应当自领取营业执照或者发生纳税义务之日起 15 日内设置账簿。扣缴义务人应当自税法规定的扣缴义务发生之日起10日内，按照所代扣、代收的税种，分别设置代扣代缴、代收代缴税款账簿。

根据《征管法》第二十条和《实施细则》第二十四条的有关规定，凡从事生产经营的纳税人必须将所采用的财务、会计制度和具体的财务、会计处理办法，按税务机关的规定，自领取税务登记证件之日起15日内，及时报送主管税务机关备案。

根据《征管法》第二十条的有关规定，当从事生产经营的纳税人、扣缴义务人所使用的财务会计制度和具体的财务、会计处理办法与国务院、财政部和国家税务总局有关税收方面的规定相抵触时，纳税人、扣缴义务人必须按照国务院制定的税收法规的规定或者财政部、国家税务总局制定的有关税收的规定计缴税款。

（二）发票管理

根据《征管法》第二十一条规定：税务机关是发票的主管机关，负责发票的印制、领购、开具、取得、保管、缴销的管理和监督。

根据《征管法》第二十二条规定：增值税专用发票由国务院税务主管部门指定的企业印制；其他发票，按照国务院税务主管部门的规定，分别由省、自治区、直辖市税务机关指定企业印制。未经规定的税务机关指定，不得印制发票。

1. 依法办理税务登记的单位和个人，在领取税务登记证后，向主管税务机关申请领用发票。

2. 单位和个人在购销商品、提供或者接受经营服务以及从事其他经营活动中，应当按照规定开具、使用、取得发票。

销货方按规定填开发票；购买方按规定索取发票；纳税人进行电子商务必须开具或取得发票；发票要全联一次填写，并开具发票要加盖财务印章或发票专用章；发票不得跨省、直辖市、自治区使用；开具发票后，如发生销货退回需开红字发票的，必须收回原发票并注明“作废”字样或取得对方有效证明，如发生销售折让的，在收回原发票并证明“作废”后，重新开具发票。

3. 开具发票和使用发票的单位、个人必须建立严格的发票保管制度。

三、税控管理

税控管理是税收征收管理的一个重要组成部分。它是指税务机关利用税控装置对纳税人的生产经营情况进行监督和管理，以保障国家税收收入，防止税款流失，提高税收征管工作效率，降低征收成本的各项活动的总称。

《征管法》第二十三条规定：国家根据税收征收管理的需要，积极推广使用税控装置。纳税人应当按照规定安装、使用税控装置，不得损毁或者擅自改变税控装置。

四、纳税申报管理

纳税申报是纳税人按照税法规定的期限和内容，向税务机关提交有关纳税事项书面报告的法律行为，是纳税人履行纳税义务、界定纳税人法律责任的主要依据。

根据《征管法》第二十五条的规定，纳税申报的对象为纳税人和扣缴义务人。

纳税申报的内容，主要在各税种的纳税申报表和代扣代缴、代收代缴税款报告表中体现，主要内容包括：税种、税目，应纳税项目或者应代扣代缴、代收代缴税款项目，计税依据，扣除项目及标准，适用税率，应退税项目及税额、应减免税项目及税额，应纳税额或者应代扣代缴、代收代缴税额，以及税款所属期限、延期缴纳税款、欠税、滞纳金等。

纳税人办理纳税申报时，应当如实填写纳税申报表，并根据不同的情况相应报送财务会计报表及其说明材料、税控装置的电子报税资料、外出经营活动税收管理证明和异地完税凭证等有关证件资料。

《征管法》第二十六条规定：纳税人、扣缴义务人可以直接到税务机关办理纳税申报，或者报送代扣代缴、代收代缴税款报告表，也可以按照规定采取邮寄、数据电文或者其他方式办理申报事项。

《征管法》第二十七条和《实施细则》第三十七条及有关法规的规定，纳税人因有特殊情况，不能按期进行纳税申报的，经县以上税务机关核准，可以延期申报。但应当在规定的期限内向税务机关提出书面延期申请，经税务机关核准，在核准的期限内办理。

第二节 税款征收

一、税款征收的原则

（一）税务机关是征税的唯一行政主体

《征管法》第二十九条的规定：除税务机关、税务人员以及经税务机关依照法律、行政法规委托的单位和个人外，任何单位和个人不得进行税款征收活动。第四十一条同时规定：采取税收保全措施、强制执行措施的权利，不得由法定的税务机关以外的单位和个人行使。

（二）税务机关只能依法征收税款

《征管法》第二十八条的规定，税务机关只能依照法律、行政法规的规定征收税款。未经法定机关和法定程序调整，征纳双方均不得随意变动。

《征管法》第二十八条规定：税务机关依照法律、行政法规的规定征收税款，不得违反法律、行政法规的规定开征、停征、多征、少征、提前征收、延缓征收或者摊派税款。

（三）税款优先

《征管法》第四十五条的规定，第一次在税收法律上确定了税款优先的地位，确定了税款征收在纳税人支付各种款项和偿还债务时的顺序。税款优先的原则不仅增强了税法的刚性，而且增强了税法在执行中的可操作性。

1. 税收优先于无担保债权。这里所说的税收优先于无担保债权是有条件的，也就是说并不是优先于所有的无担保债权，对于法律上另有规定的无担保债权，不能行使税收优先权。

2. 纳税人发生欠税在前的，税收优先于抵押权、质权和留置权的执行。欠缴的税款是指纳税人发生纳税义务，但未按照税法规定向税务机关申报缴纳的税款或者少缴的税款。

3. 税收优先于罚款、没收非法所得。纳税人欠缴税款，同时又被税务机关或其他行政部门处以罚款、没收非法所得的，税收优先于罚款、没收非法所得。

二、税款征收的方式

（一）查账征收

查账征收是指税务机关按照纳税人提供的账表所反映的经营情况，依照适用税率计算缴纳税款的方式。这种方式一般适用于财务会计制度较为健全，能够认真履行纳税义务的纳税单位。

（二）查定征收

查定征收是指税务机关根据纳税人的从业人员、生产设备、采用原材料等因素，对其产制的应税产品查实核定产量、销售额并据以征收税款的方式。这种方式一般适用于账册不够健全，但是能够控制原材料或进销货的纳税单位。

（三）查验征收

查验征收是指税务机关对纳税人应税商品，通过查验数量，按市场一般销售单价计算其销售收入并据以征税的方式。这种方式一般适用于经营品种比较单一，经营地点、时间和商品来源不固定的纳税单位。

（四）定期定额征收

定期定额征收是指税务机关通过典型调查，逐户确定营业额和所得额并据以征税的方式。这种方式一般适用于无完整考核依据的小型纳税单位。

（五）委托代征税款

委托代征税款是指税务机关委托代征人以税务机关的名义征收税款，并将税款缴入国库的方式。这种方式一般适用于小额、零散税源的征收。

（六）其他方式

如邮寄纳税、利用网络申报等方式。

三、税款征收制度

（一）代扣代缴、代收代缴税款制度

扣缴义务人代扣、代收税款，只限于税法规定的范围，并依照税法规定的征收标准执行。对税法没有规定代扣、代收的，扣缴义务人不能超越范围代扣、代收税款，扣缴义务人也不得提高或降低标准代扣、代收税款。税务机关按照规定付给扣缴义务人代扣、代收手续费。

（二）延期缴纳税款制度

纳税人和扣缴义务人必须在税法规定的期限内缴纳、解缴税款。但考虑到纳税人在履行纳税义务的过程中，可能会遇到特殊困难的客观情况，为了保护纳税人的合法权益，《征管

法》第三十一条第二款规定：纳税人因有特殊困难，不能按期缴纳税款的，经省、自治区、直辖市税务机关批准，可以延期缴纳税款，但最长不得超过3个月。

特殊困难的主要内容包括：一是因不可抗力，导致纳税人发生较大损失，正常生产经营活动受到较大影响的；二是当期货币资金在扣除应付职工工资、社会保险费后，不足以缴纳税款的。

（三）税收滞纳金征收制度

《征管法》第三十二条规定：纳税人未按照规定期限缴纳税款的，扣缴义务人未按照规定期限解缴税款的，税务机关除责令限期缴纳外，从滞纳税款之日起，按日加收滞纳税款万分之五的滞纳金。

（四）税收保全制度

税收保全制度是指税务机关对可能由于纳税人的行为或者某种客观原因，致使以后税款的征收不能保证或难以保证的案件，采取限制纳税人处理或转移商品、货物或其他财产的措施。

《征管法》第三十八条规定：税务机关有根据认为从事生产、经营的纳税人有逃避纳税义务行为的，可以在规定的纳税期之前，责令限期缴纳税款；在限期内发现纳税人有明显的转移、隐匿其应纳税的商品、货物以及其他财产迹象的，税务机关应责令其提供纳税担保。如果纳税人不能提供纳税担保，经县以上税务局（分局）局长批准，税务机关可以采取下列税收保全措施：

1. 书面通知纳税人开户银行或者其他金融机构冻结纳税人的金额相当于应纳税款的存款。

2. 扣押、查封纳税人的价值相当于应纳税款的商品、货物或者其他财产。

采取税收保全措施不当，或者纳税人在期限内已缴纳税款，税务机关未立即解除税收保全措施，使纳税人的合法利益遭受损失的，税务机关应当承担赔偿责任。

个人及其所扶养家属维持生活必需的住房和用品，不在税收保全措施的范围之内。生活必需的住房和用品不包括机动车辆、金银饰品、古玩字画、豪华住宅或者一处以外的住房。

（五）税收强制执行制度

税收强制执行制度是指当事人不履行法律、行政法规规定的义务，税务机关采用法定的强制手段，强迫当事人履行义务的行为。

《征管法》第四十条规定：从事生产、经营的纳税人、扣缴义务人未按照规定的期限缴纳或者解缴税款，纳税担保人未按照规定的期限缴纳所担保的税款，由税务机关责令限期缴纳，逾期仍未缴纳的，经县以上税务局（分局）局长批准，税务机关可以采取下列强制执行措施：

1. 书面通知其开户银行或者其他金融机构从其存款中扣缴税款。

2. 扣押、查封、依法拍卖或者变卖其价值相当于应纳税款的商品、货物或者其他财产，以拍卖或者变卖所得抵缴税款。

税务机关采取强制执行措施时，对上款所列纳税人、扣缴义务人、纳税担保人未缴纳的滞纳金同时强制执行。

个人及其所扶养家属维持生活必需的住房和用品，不在强制执行措施的范围之内。

（六）税款的退还和追征制度

1. 税款的退还。《征管法》第五十一条规定，纳税人超过应纳税额缴纳的税款，税务机关发现后应当立即退还；纳税人自结算缴纳税款之日起 3 年内发现的，可以向税务机关要求退还多缴的税款并加算银行同期存款利息，税务机关及时查实后应当按照规定程序退还。

2. 税款的追征。《征管法》第五十二条规定：因税务机关责任，致使纳税人、扣缴义务人未缴或者少缴税款的，税务机关在 3 年内可要求纳税人、扣缴义务人补缴税款，但是不得加收滞纳金。

因纳税人、扣缴义务人计算等失误，未缴或者少缴税款的，税务机关在 3 年内可以追征税款、滞纳金；有特殊情况（如因失误而未缴或少缴税款累计在 10 万元以上）的追征期可以延长到 5 年。

第三节 税务检查

一、税务检查的形式

（一）重点检查

重点检查指对公民举报、上级机关交办或有关部门转来的有偷税行为或偷税嫌疑的，纳税申报与实际生产经营情况有明显不符的纳税人及有普遍逃税行为的行业的检查。

（二）集中性检查

集中性检查指税务机关在一定时间、一定范围内，统一安排、统一组织的税务检查，这种检查一般规模比较大。

（三）专项检查

专项检查指税务机关根据税收工作实际，对某一税种或税收征收管理某一环节进行的检查。比如增值税一般纳税专项检查等。

（四）其他形式的检查

如分类计划检查、临时性检查等。

二、税务检查的方法

（一）全查法

全查法是对被查纳税人一定时期内所有会计凭证、账簿、报表及各种存货进行全面、系统检查的一种方法。

(二) 抽查法

抽查法是对被查纳税人一定时期内的会计凭证、账簿、报表及各种存货抽取一部分进行检查的一种方法。

(三) 现场检查法

现场检查法是指税务机关派人员到被查纳税人的机构办公地点对其账务资料进行检查的一种方法。

(四) 控制计算法

控制计算法（也称逻辑推算法）指根据被查纳税人财务数据的相互关系，用可靠或科学测定的数据，验证其账面记录或申报的资料是否正确的一种检查方法。

(五) 观察法

观察法指通过被查纳税人的生产经营场所、仓库、工地等现场，实地观察其生产经营及存货等情况，以发现纳税问题或验证账中可疑问题的一种检查方法。

(六) 盘存法

盘存法指通过对被查纳税人的货币资金、存货及固定资产等实物进行盘点清查，核实其账实是否相符，进而发现纳税问题的一种检查方法。

(七) 其他方法

如调账检查法、比较分析法、审阅法、核对法等。

第四节 法律责任

一、违反税务管理基本规定的法律责任

1. 《征管法》第六十条和《实施细则》第九十条规定：纳税人有下列行为之一的，由税务机关责令限期改正，可以处2000元以下的罚款；情节严重的，处2000元以上1万元以下的罚款。

（1）未按照规定的期限申报办理税务登记、变更或者注销登记的；

（2）未按照规定设置、保管账簿或者保管记账凭证和有关资料的；

（3）未按照规定将财务、会计制度或者财务、会计处理办法和会计核算软件报送税务机关备查的；

（4）未按照规定将其全部银行账号向税务机关报告的；

（5）未按照规定安装、使用税控装置，或者损毁或擅自改动税控装置的；

（6）纳税人未按照规定办理税务登记证件验证或者换证手续的。

2. 扣缴义务人未按照规定办理扣缴税款登记的，税务机关应当自发现之日起3日内责令其限期改正，并可处以1000元以下的罚款。

二、偷税的法律责任

《征管法》第六十三条规定：纳税人伪造、变造、隐匿、擅自销毁账簿、记账凭证，或者在账簿上多列支出或者不列、少列收入，或者经税务机关通知申报而拒不申报或者进行虚假的纳税申报，不缴或者少缴应纳税款的，是偷税。对纳税人偷税的，由税务机关追缴其不缴或者少缴的税款、滞纳金，并处不缴或者少缴税款的50%以上5倍以下的罚款；构成犯罪的，依法追究刑事责任。

《中华人民共和国刑法》第二百零一条规定：纳税人采取欺骗、隐瞒手段进行虚假纳税申报或者不申报，逃避缴纳税款数额较大并且占应纳税额10%以上的，处3年以下有期徒刑或者拘役，并处罚金；数额巨大并且占应纳税额30%以上的，处3年以上7年以下有期徒刑，并处罚金。

三、虚假申报或不申报的法律责任

《征管法》第六十四条规定：纳税人、扣缴义务人编造虚假计税依据的，由税务机关责令限期改正，并处5万元以下的罚款。纳税人不进行纳税申报，不缴或者少缴应纳税款的，由税务机关追缴其不缴或者少缴的税款、滞纳金，并处不缴或者少缴税款50%以上5倍以下的罚款。

四、逃避追缴欠税的法律责任

《征管法》第六十五条规定：纳税人欠缴应纳税款，采取转移或者隐匿财产的手段，妨碍税务机关追缴欠缴的税款的，由税务机关追缴欠缴的税款、滞纳金，并处欠缴税款50%以上5倍以下的罚款；构成犯罪的，依法追究刑事责任。

《中华人民共和国刑法》第二百零三条规定：纳税人欠缴应纳税款，采取转移或者隐匿财产的手段，致使税务机关无法追缴欠缴的税款，数额在1万元以上不满10万元的，处3年以下有期徒刑或者拘役，并处或者单处欠缴税款1倍以上5倍以下罚金；数额在10万元以上的，处3年以上7年以下有期徒刑，并处欠缴税款1倍以上5倍以下罚金。

五、骗取出口退税的法律责任

《征管法》第六十六条规定：纳税人以假报出口或者其他欺骗手段，骗取国家出口退税款，由税务机关追缴其骗取的退税款，并处骗取税款1倍以上5倍以下的罚款；构成犯罪的，依法追究刑事责任。

《中华人民共和国刑法》第二百零四条规定：纳税人以假报出口或者其他欺骗手段，骗取国家出口退税款，数额较大的，处5年以下有期徒刑或者拘役，并处骗取税款1倍以上5倍以下罚金；数额巨大或者有其他严重情节的，处5年以上10年以下有期徒刑，并处骗取税款1倍以上5倍以下罚金；数额特别巨大或者有其他特别严重情节的，处10年以上有期徒刑或者无期徒刑，并处骗取税款1倍以上5倍以下罚金或者没收财产。

六、抗税的法律责任

《征管法》第六十七条规定：以暴力、威胁方法拒不缴纳税款的，是抗税。情节轻微，未构成犯罪的，由税务机关追缴其拒缴的税款、滞纳金，并处拒缴税款1倍以上5倍以下的罚款；构成犯罪的，依法追究刑事责任。

《中华人民共和国刑法》第二百零二条规定：以暴力、威胁方法拒不缴纳税款的，处3年以下有期徒刑或者拘役，并处拒缴税款1倍以上5倍以下罚金；情节严重的，处3年以上7年以下有期徒刑，并处拒缴税款1倍以上5倍以下罚金。

七、不配合税务机关依法检查的法律责任

《征管法》第七十条规定：纳税人、扣缴义务人逃避、拒绝或者以其他方式阻挠税务机关检查的，由税务机关责令改正，可以处1万元以下的罚款；情节严重的，处1万元以上5万元以下的罚款。

八、非法印制发票的法律责任

《征管法》第七十一条规定：违反本法第二十二条规定，非法印制发票的，由税务机关销毁非法印制的发票，没收违法所得和作案工具，并处1万元以上5万元以下的罚款；构成犯罪的，依法追究刑事责任。

《中华人民共和国刑法》第二百零六条规定：伪造或者出售伪造的增值税专用发票的，处3年以下有期徒刑、拘役或者管制，并处2万元以上20万元以下罚金；数量较大或者有其他严重情节的，处3年以上10年以下有期徒刑，并处5万元以上50万元以下罚金；数量巨大或者有其他特别严重情节的，处10年以上有期徒刑或者无期徒刑，并处5万元以上50万元以下罚金或者没收财产。

《中华人民共和国刑法》第二百零九条规定：伪造、擅自制造或者出售伪造、擅自制造的可以用于骗取出口退税、抵扣税款的其他发票的，处3年以下有期徒刑、拘役或者管制，并处2万元以上20万元以下罚金；数量巨大的，处3年以上7年以下有期徒刑，并处5万元以上50万元以下罚金；数量特别巨大的，处7年以上有期徒刑，并处5万元以上50万元以下罚金或者没收财产。

非法印制、转借、倒卖、变造或者伪造完税凭证的，由税务机关责令改正，处2000元以上1万元以下的罚款；情节严重的，处1万元以上5万元以下的罚款；构成犯罪的，依法追究刑事责任。

九、渎职行为的法律责任

《征管法》第八十一条规定：税务人员利用职务上的便利，收受或者索取纳税人、扣缴义务人财物或者谋取其他不正当利益，构成犯罪的，依法追究刑事责任；尚不构成犯罪的，依法给予行政处分。

《征管法》第八十二条规定：税务人员徇私舞弊或者玩忽职守，不征收或者少征应征税款，致使国家税收遭受重大损失，构成犯罪的，依法追究刑事责任；尚不构成犯罪的，依法给予行政处分。

《中华人民共和国刑法》第四百零四条规定：税务人员徇私舞弊，不征或者少征应征税款，致使国家税收遭受重大损失的，处5年以下有期徒刑或者拘役；造成特别重大损失的，处5年以上有期徒刑。

十、不按规定征收税款的法律责任

《征管法》第八十三条规定：违反法律、行政法规的规定提前征收、延缓征收或者摊派税款的，由其上级机关或者行政监察机关责令改正，对直接负责的主管人员和其他直接责任人员依法给予行政处分。

《征管法》第八十四条规定：违反法律、行政法规的规定，擅自作出税收的开征、停征或者减税、免税、退税、补税以及其他同税收法律、行政法规相抵触的决定的，除依法撤销其擅自作出的决定外，补征应征未征税款，退还不用征收而征收的税款，并由上级机关追究直接负责的主管人员和其他直接责任人员的行政责任；构成犯罪的，依法追究刑事责任。

十一、违反税务代理的法律责任

税务代理人违反税收法律、行政法规，造成纳税人未缴或者少缴税款的，除由纳税人缴纳或者补缴应纳税款、滞纳金外，对税务代理人处纳税人未缴或者少缴税款50%以上3倍以下的罚款。

复习测试题及参考答案

复习测试题

一、填空题

1. 消费税税率的形式有____________、____________、______________三种。

2. 税收法律关系由____________、____________、______________三方面构成。

3. 个人所得税专项附加扣除是__________、____________、__________、__________、__________、__________。

4. 中央政府与地方政府共享收入的典型税种是__________、__________、__________。

二、单选题

1. 根据税收征收管理制度，下列个人财产中，不适用税收保全措施的是（　　）。

A. 机动车辆　B. 金银首饰　C. 古玩字画　D. 维护生活必需的住房

2. 下列项目不属于消费税税目的是（　　）。

A. 电池　B. 涂料　C. 小汽车　D. 鲜奶

3. 一般纳税人提供交通运输服务适用的税率是（　　）。

A. 3%　B. 6%　C. 9%　D. 17%

4. 纳税人自结算缴纳税款之日起（　　）年内发现多缴税款，可以向税务机关要求退还多缴的税款。

A. 7　B. 5　C. 3　D. 1

5. 在下列环节中，纳税人需要缴纳消费税的有（　　）。

A. 高尔夫球的零售环节　B. 金银首饰的生产环节

C. 白酒的批发环节　D. 卷烟的批发环节

6. “中国公民秦简从电视剧制作中心获得的《锦绣未央》剧本使用费收入”按（　　）项目征收个人所得税。

A. 工资薪金所得　B. 稿酬所得

C. 劳务报酬所得　D. 特许权使用费所得

7. 根据企业所得税相关规定，下列收入中属于免税收入的有（　　）。

A. 销售货物收入　B. 财政拨款

C. 国债利息收入　D. 企业债券利息收入

8. 下列各项支出中，可以在计算企业所得税前扣除的项目有（　　）。

A. 合理的劳动保护支出　　　　B. 被税务机关征收的税收滞纳金
C. 为投资者支付的商业保险费　　D. 非广告性质的赞助支出

9. 增值税一般纳税人销售化肥、农药的适用税率是（　　）%。
A. 13　　B. 9　　C. 6　　D. 3

10. 下列行为不征收增值税的是（　　）。
A. 某商店为服装厂代销儿童服装
B. 某企业将外购的原材料用于对外投资
C. 某企业将外购的空调无偿赠送给其他单位
D. 某企业将外购的部分饮料用于职工福利

三、多选题

1. 消费税税目中采用复合税率的是（　　）。
A. 卷烟　　B. 化妆品　　C. 白酒　　D. 成品油

2. 城建税的税率包括（　　）%。
A. 1　　B. 3　　C. 5　　D. 7

3. 小规模纳税人增值税税率（征收率）有（　　）%。
A. 3　　B. 5　　C. 6　　D. 9

4. 土地增值税的土地使用权具有以下特征（　　）。
A. 国有土地　　B. 产权转移　　C. 取得收入　　D. 集体土地

5. 购货方持有增值税专用发票的联次是（　　）。
A. 存根联　　B. 发票联　　C. 抵扣联　　D. 记账联

四、计算题

1. 中国公民刘先生属于独生子女，假设其 2019 年扣完“四险一金”后的税前工资收入 102000 元，取得稿酬收入 30000 元和特许权使用费 20000 元，领取全年一次性含税奖金 38000 元（并入当年综合所得）。刘先生育有一个女儿正在读高二，其父母健在且均已年满 60 岁。

要求：计算刘先生当年应纳个人所得税税额。

综合所得个人所得税税率表

级数	全年应纳税所得额（含税级距）	税率	速算扣除数
1	不超过 36000 元的部分	3%	0
2	超过 36000 元至 144000 元的部分	10%	2520
3	超过 144000 元至 300000 元的部分	20%	16920
4	超过 300000 元至 420000 元的部分	25%	31920
5	超过 420000 元至 660000 元的部分	30%	52920
6	超过 660000 元至 960000 元的部分	35%	85920
7	超过 960000 元的部分	45%	181920

2. 南山化妆品生产企业为增值税一般纳税人，2019 年 5 月从国外进口一批散装高档化妆品，化妆品的进口关税税率为 40%，消费税税率为 30%，支付给国外的货价为 120 万元，买方负担的经纪费为 12 万元，运抵我国海关前的运杂费和保险费为 18 万元。进口机器设备一套，进口关税税率为 20%，支付给国外的货价为 35 万元，运抵我国海关前的运杂费和保险费为 5 万元。散装化妆品和机器设备均验收入库。本月内企业将进口的散装高档化妆品的 80% 生产加工为成套化妆品 7800 件，对外批发销售 6000 件，取得不含税销售额 290 万元；向消费者零售 800 件，取得含税销售额 51.48 万元。

要求：（1）计算进口散装高档化妆品应缴纳的关税；

（2）计算该企业国内生产销售环节应缴纳的消费税。

3. 南山卷烟生产企业为增值税一般纳税人，适用企业所得税税率为 25%。假设该企业 2019 年生产经营情况如下：

（1）销售自产的乙类卷烟 4000 标准箱，开具增值税专用发票，取得不含税收入 8600 万元，与其配比的销售成本 5660 万元；

（2）取得国债利息收入 130 万元；

（3）当年购进原材料取得增值税专用发票，注明价款 2000 万元、增值税 340 万元，另支付运输费 35 万元，取得运输公司增值税专用发票。

（4）销售费用 1650 万元，其中广告费 1400 万元；

（5）管理费用 850 万元，其中业务招待费 90 万元；

（6）财务费用 80 万元，其中含向非金融企业借款 500 万元所支付的年利息 40 万元（当年金融企业同期同类贷款利率为 5.8%）；

（7）营业外支出 300 万元，其中包括通过公益性社会团体向贫困山区的捐款 150 万元；

（8）该企业 2018 年度留有来自美国所得已纳所得税超过抵免限额 2 万元；2019 年来自美国所得 40 万元，并在美国已纳所得税 5 万元；

（9）假设该企业消费税、城建税等可扣除税金为 93.59 万元。

要求：（1）计算 2019 年该企业应缴纳的增值税；

（2）计算 2019 年该企业的利润总额；

（3）计算 2019 年该企业境内外应纳税所得额；

（4）计算 2019 年该企业实际应缴纳企业所得税。

参考答案

一、填空题

1. 比例税率、定额税率、复合税率
2. 主体、客体、内容
3. 子女教育、继续教育、大病医疗、住房贷款利息、住房租金、赡养老人
4. 增值税、企业所得税、个人所得税

二、单项选择题

1. D 2. D 3. C 4. C 5. D 6. D 7. C 8. A 9. B 10. D

三、多项选择题

1. AC 2. ACD 3. AB 4. ABC 5. BC

四、计算题

1.（1）当年综合所得应纳税所得额 = 102000 + 38000 + 30000 ×（1 − 20%）× 70% + 20000 ×（1 − 20%）− 60000 − 12000 − 24000 = 76800（元）

查表得知，适用税率是 10%，速算扣除数是 2520。

（2）刘先生当年应缴纳的个人所得税 = 76800 × 10% − 2520 = 5160（元）

2.（1）进口高档散装化妆品的应纳关税 =（120 + 12 + 18）× 40% = 60（万元）

进口高档散装化妆品的应纳消费税 =（120 + 12 + 18 + 60）÷（1 − 30%）× 30% = 90（万元）

（2）国内生产销售环节的应纳消费税 = [290 + 51.48 ÷（1 + 13%）] × 30% − 90 × 80%
= 28.67（万元）

3.（1）销项税额 = 8600 × 13% = 1118（万元）

进项税额 = 340 + 35 × 9% = 343.15（万元）

应缴纳的增值税 = 1118 − 343.15 = 774.85（万元）

（2）该企业会计利润总额 = 8600 + 130 − 5660 − 1650 − 850 − 80 − 300 − 93.59 + 40
= 136.41（万元）

广告费用应调增应纳税所得额 = 1400（万元）（烟草企业广告费不准扣除）

业务招待费应调增应纳税所得额 = 90 − 43 = 47（万元）

（90 × 60% = 54 万元 > 8600 × 5‰ = 43 万元）

借款利息应调增应纳税所得额 = 40 − 500 × 5.8% = 11（万元）

公益性捐赠应调增应纳税所得额 = 150 − 136.41 × 12% = 133.63（万元）

（3）该企业当年度境内外应纳税所得额 = 136.41 − 130 + 1400 + 47 + 11 + 133.63
= 1598.04（万元）

（4）该企业境外所得抵免限额 = 40 × 25% = 10 万元 > 境外已纳所得税 5 万。

当年用境外所得抵免限额抵免境外已纳所得税后的余额 = 10 − 5 = 5（万元），可用于抵扣该企业上年境外已纳所得税留抵的 2 万元。所以，当年该企业累计可抵免境外所得已纳所得税 7 万元（5 万元 + 2 万元）。

该企业当年实际应缴纳的企业所得税 = 1598.04 × 25% − 7 = 392.51（万元）。

主要参考文献

[1] 中国注册会计师协会. 税法 [M]. 北京：中国财政经济出版社，2019.

[2] 全国税务师职业资源考试教材编写组. 税法（Ⅰ）[M]. 北京：中国税务出版社，2019.

[3] 全国税务师职业资格考试教材编写组. 税法（Ⅱ）[M]. 北京：中国税务出版社，2019.